하나님은 교회를 세상 속에 두셨다. 세상에 있지만 세상에 속하지 않았기 때문에 교회는 하나님의 대안 공동체였다. 그러나 오늘날의 교회는 세상과 동떨어진 천상의 이야기만 나누고 있어, 마치 세상에 있지 않은 것 같다. 역설적으로 이런 교회 속에 세상이 기어들어 와 있다. 그래서 오늘날의 교회는 종교적 이야기를 하지만, 실제는 세속적 가치와 방법에 지배당한다.

톰 라이트는 1세기 역사학자답게 초대교회가 처했던 상황에 대해 예리하게 분석하고, 현대 서구 사회 속에 존재하는 우상들을 보여 준다. 더불어 초대교회가 당대의 우상을 극복하였던 것처럼 현대의 우상을 극복할 것을 제안한다. 그가 다루는 현대 서구 사회가 직면한 문제들이 우리 한국적 토양의 특수성을 다 담아 내지는 못하지만, 그것은 우리의 몫이다. 이 과제를 위해 이 책은 우리에게 깊은 통찰력과 구체적 실천력을 제공한다. 현대 한국 사회 속에 건강한 교회를 세우려는 모든 사람이 꼭 읽고 타산지석으로 삼아야 할 책이다.

김형국 나들목교회 대표 목사, 하나님나라복음DNA네트워크 대표

톰 라이트의 『우상의 시대 교회의 사명』은 출간된 지 20년이 넘었으나 적실성과 호소력은 여전히 강하다. 이 책은 이교적 모습을 공공연히 드러내고 있는 현대 사회를 초대교회의 십자가와 부활의 복음으로 돌파하려는 영적 기백을 보여 준다. 저자는 신이교주의적 뉴에이지 세계관과 맘몬, 마르스의 지배 아래 이교 신들의 활극장으로 변모하고 있는 서구 사회를 향한 교회의 응전은, 사악한 세력을 피할 안식처를 제공하는 이원론적 세계관으로 돌아가는 것이 아니라 나사렛 예수의 하나님 나라 운동과 그레코로만 문명을 돌파하려 한 초기 그리스도인들의 태도라고 주장한다. 나사렛 예수의 십자가와 부활의 복음으로 무장한 초대교회는 온갖 우상이 지배하는 세상 속으로 나아가 거룩한 사회변혁을 이루는 데 성공했다. 저자는 정통 기독교 신앙 노선(특히 삼위일체 하나님에 대한 심오한 이해) 안에 이교주의로 물들어 가는 서구 사회를 전복할 힘이 있다고 믿는다.

이 책은 서구 사회의 이교화를 겨냥했지만 돈의 신 맘몬과 전쟁의 신 마르스를 숭배하는 한반도 그리스도인들에게 강력한 영감과 도전을 준다. 특히 핵전쟁의 위협이 점증하는 이 땅에 사는 그리스도인들이 그리스도의 평화를 갈구하고 그것을 이 땅에 실현하려고 분투할 때 톰 라이트의 통찰과 권면은 큰 용기를 줄 것이다. 핵무기, 돈, 권력 숭배가 횡행하는 이 땅에서 한국 교회는 주 예수의 십자가를 지는

복음과 죽은 자 가운데서 다시 사는 부활 복음으로 추동되어 평화를 만드는 자로 우뚝 설 절호의 기회를 맞이하고 있다. 이 책이 널리 읽혀 돈과 권력, 전쟁과 폭력 숭배의 시대에 하나님의 자녀들이 평화를 만들기 위해 연대할 수 있기를 간구한다.
김회권 숭실대학교 기독교학과 교수, 하나님나라신학연구소 소장

성경은 읽는 사람으로 하여금 개혁적 성향을 띠게 만드는가? 이 문제는 오랜 신학 논쟁의 주제였다. 이것은 개인 구원이 중요한지, 사회 구원이 중요한지, 교회 존재의 무게중심을 둘 중 어디에 둬야 하는지에 대한 신학적 근거가 되기 때문이다. 바로 오래된 그러나 매우 중요한 이 주제를 다루는 톰 라이트의 『우상의 시대 교회의 사명』은 보수적 신앙을 가졌던 저자 자신이 성경을 연구하면서 전도와 선교에 대해 어떻게 달리 생각하게 되었는지 매우 잘 보여 준다. 존 스토트의 시대가 가고 톰 라이트의 시대가 왔다는 말이 나올 만큼 독창적인 '칭의론' 해석으로 신학계에 많은 도전과 논란을 불러온 톰 라이트는 이 책에서 '교회의 사명'에 대한 고민과 숙제를 다시 한번 한국 교회에 던지고 있다. 종교개혁 500주년을 맞이하는 오늘, 한국 교회가 매너리즘에 빠져 있지는 않은지, 교회의 근본 사명을 소홀히 하고 있지는 않은지 돌아보게 만드는 이 책을 적극 권한다.
오대식 높은뜻정의교회 목사, 『골리앗 세상에서 다윗으로 살기』 저자

교회 때문에 울고 웃는다. 교회 때문에 만나고 헤어진다. 교회 때문에 다투고 화해한다. 도대체 교회란 무엇인가? 톰 라이트는 예수님이 이스라엘을 대하신 것과 같이 세상을 대하는 공동체가 교회라고 알려 준다. 그는 우리가 대하는 세상이 지난 세기보다 한층 더 강력한 우상의 신전이기에 교회가 세상에 조금 더 깊이 발을 담그고 재촉한다. 『우상의 시대 교회의 사명』은 교회 자체의 온전함과 교회가 소유한 복음의 온전함을 지키는 데서 출발한다. 그 사명은 십자가와 부활의 완벽한 균형 속에 전진한다. 그리고 뉴에이지를 비롯한 이교주의와 허다한 다신론과 무신론의 땅을 정복하기 위해 저자는 우리 모두에게 전신 갑주를 취하라고 당부한다. 넋 놓고 세상을 바라보고 있는 교회들을 흔들어 깨우는 이 책의 통찰을 한국 교회가 부디 간파하길 기도한다.
조정민 베이직교회 목사, 『땅의 시간 하늘의 시간』 저자

그리스도인의 부르심에 대해 급진적이면서도 성서적으로 재검토하는 이 책은 풍부한 통찰력이 담겨 있으며 매우 흥미롭고 건설적이다. 그리고 무엇보다 우리가 기도하도록 이끈다. 무엇을 더 바라겠는가!

제임스 패커 『하나님을 아는 지식』 저자

『우상의 시대 교회의 사명』은 복음 전도와 교회 갱신에 관한 흔한 책들과 달리 저자의 시각과 예리한 분석이 주목을 끈다. 세계적 신약성서학자인 톰 라이트는 자신의 깊이 있는 학문적 통찰을 평범한 독자들에게 유의미하도록 전달하는 데 탁월하다. 라이트는 문제를 긴 안목으로 내다본다. 우리는 문제에 답하기 전에 우리가 사는 시대를 이해하고 교회의 참된 본질은 무엇인지 이해해야 한다. 시대와 문화는 변하지만, 고대 세계의 기저에 있던 이교주의는 새로운 외양을 띠고 여전히 살아 있다. 타협하지 않는 예수 그리스도의 복음은 1세기 세계에서 그러했듯이 뉴에이지 운동이 에워싼 오늘날에도 의의가 있다.

콜린 브라운 풀러 신학교

예수 그리스도의 교회는 세 번째 천년을 눈앞에 둔 시점에 밖에서는 잠식해 들어오는 이교주의, 안에서는 왜곡되고 위축된 복음이라는 이중 도전에 봉착했다. 톰 라이트는 이러한 위기에 당면한 그리스도인들이 성경의 참된 예수를 새롭게 살펴보는 것을 토대로 회개하고 새로워지기를 권고한다. 열정적이고 재기 넘치며 희망으로 가득 차 있으며, 이 시대에 절실한 책이다. 삼위일체 신앙의 필요성을 다루는 마무리 장은 그것만으로도 책값만큼의 가치가 있다. 타락한 문화 속에서 기독교적으로 살고자 하는 모든 신앙인을 위한 책이다.

티모시 조지 비슨 신학교

우상의 시대
교회의 사명

IVP(InterVarsity Press)는
캠퍼스와 세상 속의 하나님 나라 운동을 지향하는
IVF(InterVarsity Christian Fellowship)의 출판부로
생각하는 그리스도인을 위한 문서 운동을 실천합니다.

ⓒ Nicholas Thomas Wright 1992, 2017

First edition published in 1992 as *New Tasks for a Renewed Church*
by Hodder & Stoughton, London, United Kingdom.
This second edition published in 2017 as *Spiritual and Religious*
by The Society for Promoting Christian Knowledge,
36 Causton Street, London SW1P 4ST, United Kingdom.
License arranged through rMaeng2, Seoul, Republic of Korea.
All rights reserved.

This Korean edition ⓒ 2016 by Korea InterVarsity Press
156-10 Donggyo-ro, Mapo-gu, Seoul 04031, Republic of Korea.

이 한국어판의 저작권은 알맹2를 통하여 SPCK와 독점 계약한 IVP에 있습니다.
신 저작권법에 의하여 한국 내에서 보호받는 저작물이므로
무단 전재와 무단 복제를 금합니다.

우상의 시대
교회의 사명

거짓 신들에 맞서는 예수의 복음

톰 라이트
김소영 옮김

Ivp

알렉 그레이엄과
성공회 뉴캐슬어폰타인 교구를 위하여

차례

서문 — 11

1부 현대 세계와 기독교의 메시지
1. 하나님 나라와 어긋난 기독교 세계 — 19
2. 위기에 처한 예수님의 세상 — 39
3. 이교주의에 빠지는 길 — 59
4. 세상의 빛으로 부르시다 — 81
5. 뉴에이지와 새로운 이교주의 — 103
6. 다른 신들은 강했다 — 123
7. 예수님의 옳으심과 교회의 사명 — 143

2부 세상을 위한 교회
8. 권세에 맞서기 — 167
9. 새로워지는 교회 (1) — 187
10. 새로워지는 교회 (2) — 209
11. 승리의 기를 꽂아야 할 자리: 마르스와 맘몬의 땅 — 225
12. 승리의 기를 꽂아야 할 자리: 아프로디테와 가이아, 다신론의 땅 — 243
13. 전신 갑주를 취하라 — 265
14. 양날의 검: 복음 전도와 사회참여 — 287
15. 우리가 고백하는 삼위일체 하나님 — 303

에필로그: 삼위일체 기도 — 319
읽을거리 — 333
주 — 337

서문

리스 앤더슨(Leith Anderson)은 『변화를 위한 죽음』(*Dying for Change*)에서 오늘날의 교회가 직면한 문제와 기회를 신랄하고도 정확히 지적한다.

그리스도인들과 교회가 현대 이교도들의 마음을 얻으려면 일단 그들에게 가야 한다. 다시 말해, 우리는 복음 전도의 출발점을 바꿔야 한다. 우리가 있는 곳이 아니라 그들이 있는 곳에서 시작해야 한다.

현대의 이교도들이 실제로 그리스도인이 될 때는, 현존하는 전통 교회와 조직에 자신을 맞추는 방식으로 사회학적 도약을 이룰 수 없을지도 모른다. 지금은 예측할 수 없는 새로운 형태를 입은, 새롭게 표현된 교회가 그들에게 필요할 것이다. 이전에 교회 바깥에 있던 이들을 위한 교회처럼 말이다.[1]

새로운 출발점, 새로운 최종 결과물이 필요하다. 이는 어느 조직에게나 마찬가지인데 특히 교회에 도전이 된다. 좋은 소식은 하나님이 그 길을 준비하기 위해 우리보다 앞서 가셨다는 것이며, 이 책이 궁극적으로 다루는 내용 역시 그것이다.

첫째, 나는 리스 앤더슨이 말한 것처럼, 기독교에 대해 어느 정도 알고 있으며 적당히 공감하는 사람들에게 설교하는 문제가 오늘날 우리가 직면한 과제가 아니라는 것을 하나님이 자신의 교회에 보여 주신다고 생각한다. 그것은 단지 종교 문제에 있어서 스스로를 '중립적'이라고 여기는 '세속적'인 사람들에게 다가가는 문제도 아니다. 우리의 과제는 이교적 모습을 점점 그리고 공공연하게 드러내는 서구 세계에 맞서는 것이다.

우리는 현대 세계, 구체적으로는 현대 서구 세계에서 무슨 일이 일어나고 있는지 이해해야 한다. 엘리엇(T. S. Eliot)은 50여 년 전 『기독교 사회의 내면』(The Idea of a Christian Society, 온이퍼브)에서 사회는 멈춰 있지 않는다고 강력하게 주장했다. 그러므로 사회가 명확한 이상(그는 기독교적 이상을 옹호했다)을 채택하지 않으면 표류하게 된다는 것이다. 그가 강하게 염두에 둔 것은 1930년대 유럽의 신(新)이교주의였다. 지난 50년 동안 우리는 그의 예언이 실현되는 것을 목격했다. 누군가 오늘날 우리가 여전히 기독교 사회에 살아간다고 생각한다면 그야말로 현실과 동떨어진 것이다. 우리는 부지중에 다양한 유형의 이교주의에 빠져들었다. 이제는 사실을 있는 그대로 말할 때다.

어떤 그리스도인들은 이 사실을 거북스러워한다. 이교주의가 광분하며 날뛴다는 생각에 그들은 황급히 낡은 이원론적 세계관으로 되돌아간다. 불쾌하고 사악한 세력을 피할 '안전한' 안식처를 이원론적 세계관 안에서 찾으려는 것이다. 이 책에서 논의하게 될 보다 적절한 기독교적 반응은 신약에 기록된 초기 그리스도인들의 사례에서 볼 수 있다. 그들은 부활한 예수님에게서 드러난 참된 하나님에 관한 지식 위에 굳건히 서서, 이런저런 형태의 이교주의 외에는 전혀 알지 못하던 세상 속으로 나아갔다.

그들은 사회에 도전하는 데 성공했다. 우리 역시 그렇게 할 수 있다. 이 책의 첫 부분에서 우리는 예수님의 복음을 어느 정도 상세히 탐구할 것이다. 그리고 이 부분에서 예수님의 복음이 이교주의의 근간에 맞서는 방식을 보여 줄 것이다.

둘째, 나는 하나님이 자신의 교회를 새로운 상황에 대처하도록 여러 방식으로 부흥시키며 갱신하고 계신다고 믿는다. 지난 20년간 교회의 여러 부분으로 확산된 독특하고 다양한 운동이 많았다. 그 운동들을 개별적으로 확인하면 계획성이 없거나 균형 잡혀 보이지 않지만, 그것들을 한데 모으면 낡은 구조에 새로운 생명을 조용히 불어넣으시는 하나님을 발견할 수 있다. 하나님은 왜 이렇게 하실까? 의심할 나위 없이 우리 모두를, 즉 여기저기의 작은 무리들이 아니라 온 교회를 준비시켜 우리 앞에 놓인 새로운 도전에 맞서도록 하시기 위해서다. 이 책의 두 번째 부분에서는 이러한 여러 갱신 운동에 초점을 맞출 것이며, 그 운동들이 어떻게 종합적으로 교회로 하여금 그 과제를 수행하도록 이끄는지 보여 줄 것이다. 리스 앤더슨의 제안대로 오늘날 이교적 세계에서 온 사람들을 환대할 수 있으려면 교회는 변해야 한다. 우리 스스로 변화를 꾀할 필요는 없다. 우리에게 관찰력이 있다면 하나님이 도처에서 그 일을 하고 계신다는 사실을 볼 수 있다.

그런데 그 과제 자체는 어떠한가? 이 물음에 직면하여 교회는 복음 전도와 선교의 낡은 모델로 되돌아가는 경향이 있었다. 그 모델들이 지난 한두 세대에 걸쳐 우리에게 큰 도움이 되었더라도, 오늘날 우리가 사방에서 드러나는 새롭고 강력한 이교주의와 전투를 벌이는 데는 그만큼 효과적이지 않을 수도 있다. 그러므로 이 책은 우리의 목적과 목표를 재고하고 재정비할 수 있는 방식들을 제안할 것이다. 그리고 진지한 사고와 기도를 요청하며 끝맺을 것이다. 교회가 사고하지 않으면 신이교주의의 영리하고 세련되며 지능적인 속임수에 넘어가기 쉽다. 교회가 기도하지 않으면 보호 장구를 갖추지 않은 풋볼 팀같이 된다. 이 책은 교회가 하나님, 예수님, 교회, 세상에 대한 사고를 분명히 하고 그에 비추어 하나님의 능력이 새로운 방식으로, 우리 스스로는 상상하거나 계획할 수 없는 방식으로 우리를 통해 일하기를 기도하도록 격려하고자 기획되었다.

나는 우리가 예수님의 주권, 성령의 은사, 하나님의 온전한 계시를 경축하는 때인, 사순절이 시작되는 재의수요일부터 성령강림절과 삼위일체 주일에 이르는 교회력의 순서에 맞추어 이 책의 장들을 배열했다. 또한 각 요점마다 말할 수 있는 것이 많지만, 이제는 성공회 신도뿐 아니라 영국과 다른 지역의 다양한 그리스도인이 따르는 성서 일과의 몇몇 본문과 나의 생각을 관련짓기 위해 노력했다. 때로 한 구절을 상세히 해설했고, 때로 그저 본문에서 나오는 울림이 여러 지점에서 들리도록 내버려 두었다. 각 장 처음에 이 본문들을 언급했는데, 성경이나 기도서(service book)를 구비하여 관련 구절들을 찾아보면 도움이 될 수 있다. 이 책은 이 기간 동안 매주 만나는 모임에서 토론 교재로도 쓰일 수 있다. 그런 용도를 고려해 나는 각 장의 끝에 토론을 위한 몇 가지 질문을 제시해 두었다. 그렇지만 나는 이 책이 그런 틀 없이 읽고 연구하는 사람들에게도 똑같이 유용하기를 바란다.

책의 내용을 교회력의 한 부분과 일치시키려 시도한 이유 가운데 하나는 이 책을 특정한 목적을 염두에 두고 썼다는 데 있다. 나는 잉글랜드의 아름다운 북동부 지방 노섬벌랜드 태생으로, 비록 오랫동안 타지 생활을 하고 있으나 언제나 그곳의 가족 및 친구들과 새롭게 접촉할 구실을 찾고 있으며 뉴캐슬 교구의 교회에 특별한 빚을 지고 있다. 따라서 뉴캐슬의 알렉 그레이엄(Alec A. K. Graham) 주교께서 나를 1992년 11월에 열리는 교구 총회의 연설자로 초청했을 때, 나는 응당 이야기될 것들을 위해 나 자신과 교구가 준비되기를 바랐다. 그리고 그를 위한 최선의 방법은 여러 핵심 문제를 제기하는 내용이 담긴 1992년 사순절을 위한 연구 자료를 한데 모으는 것이라고 판단했다. 이 책은 그 판단의 결실이다.

나는 이 책을 다소 급하게 썼다. 명료하고 간결하게 쓰려다 많은 문제를 지나치게 단순화했음도 잘 안다. 사소한 문제점들은 일부러 그대로 뒀다. 일점일획도 틀리지 말아야 할 사안들이 있지만(특히 사복음서와 거기에 담긴 사건들을 다룰 때), 여기서는 아니다. 그러나 원고의 일부 또는 전부를 읽고 내가 몇몇 다루기 힘든 지점을 잘 통과하도록 도와준 여러 친구에게 감사드린다. 특히 앤드루 고다드(Andrew Goddard), 프랭크 덱스터(Frank Dexter), 밥 키와 대프니 키(Bob and Daphne Key)가 생각난다. 덧붙여 1990년 12월 졸업식 연설자로 나를 초청해 주어 이 책과 맥락을 같이하는 몇몇 초기 생각을 촉발시켜 준 브리스틀 트리니티 칼리지의 총장과 직원들에게 감사드린다. 그리고 1991년 8월 공개 강연에 초청해 준 캐나다 밴쿠버 리젠트 칼리지에도 감사드린다. 자료의 일부가 그 강연의 기초를 형성했다. 또한 이 기획을 맡아 준 호더앤스토튼(Hodder and Stoughton) 출판사에 감사드린다. 특별히 처음부터 이 기획에 믿음을 갖고 줄곧 면밀히 작업해 준 캐럴라인 아미티지(Carolyn Armitage)와 예리한 눈으로 불분명하거나 오해의 소지가 있는 많은 구절을 찾아내 준 줄리엣 뉴포트(Juliet Newport)에게 감사드린다. 남아 있는 오류들은 물론 나의 책임이다.

나는 이 책이 단지 한 나라의 한 지역 또는 교회의 한 분파에 말을 건네는 데 그치지 않기를 간절히 희망한다. 교회가 무엇을 **위해** 존재하는지 그리고 어떻게 하면 하나님이 주신 사명에 가장 잘 동참할 수 있는지 이해하기를 원하는 전 세계의 그리스도인에게 말을 건네기를 바란다. 이 책이 사람들의 생각을 자극하면 나는 기쁠 것이고, 논쟁을 유발한다면 만족할 것이다. 또한 교회의 사명을 새롭게 그리는 데 기여한다면, 그리고 그 새로운 사명을 수행하기 위해 필요한 새로운 에너지를 형성하는 데 기여한다면 무척 기쁠 것이다.

옥스퍼드 우스터 칼리지에서
톰 라이트

1부

현대 세계와
기독교의 메시지

1장
하나님 나라와 어긋난 기독교 세계

재의 수요일
___
이사야 58:1-8; 요엘 2:12-17; 누가복음 18:9-14

하나님 나라의 선포

1986년 6월의 어느 뜨겁고 끈적이는 오후였다. 나는 교통 체증이 심한 캐나다 몬트리올 시내에서 차에 에어컨이 있었으면 하는 처음이 아닌 바람을 품은 채 앉아 있었다. 라디오를 켰다. 프로그램 막간에 뉴스가 흘러나왔다. 대규모 국제 박람회인 엑스포 86이 밴쿠버에서 진행되고 있었는데 그날은 러시아 전시관이 공개될 차례였다. 고위 관리들이 참석한 가운데 축하연이 열렸고 연설들이 이어졌다. 그런데 돌연 그날의 머리기사가 된 사건이 발생했다. 관람객 사이에서 한 젊은 유대인이 부리나케 올라와 마이크를 붙잡은 것이다. 그는 소리쳤다. "러시아 사람들에게 전할 말이 있습니다. 바로 이것입니다. 하나님은 존재하시며, 러시아 사람들에게 책임을 물으실 것입니다. 하나님은 심판하실 것입니다. 왜냐하면…" 행사 관계자들이 황급히 마이크를 잡아채고 그를 밀쳐 내는 바람에 그가 말하려던 나머지 부분은 들리지 않았다. 나는 교통 체증 속에 앉아 그 소동을 전해 듣고 있었는데, 이상하리만치 다음과 같은 생각에 사로잡혔다. '저 남자는 **하나님 나라를 선포하고 있다.**' 그리고 두 번째 생각은 이것이었다. '그는 **왕의 이름조차 알지 못한다.**'

누가 보더라도 그의 행동은 모호했다. 항의하려던 걸까? 그렇게 하면 문제 해결에 도움이 되기보다 해가 되는 게 아닐까? 역시 정상적 경로를 통해 일하는 게 더 낫다고? 하지만 정상적 경로들도 문제가 있기는 마찬가지다. 교회는 어떨까? 일어나 무언가를 말해야 할까? 그렇다면 무엇을 말해야 할까? 교회는 어떤 마이크를 잡아야 하며, 마이크를 도로 빼앗기기 전 어떤 소식 또는 메시지를 전해야 할까? 그리고 하나님의 심판이 다가온다며 러시아 사람들에게 회개를 촉구하는 저 젊은 유대인이 옳다면, 그의 메시지는 교회나 세상의 다른 곳에 어떻게 적용될까? 그것이 가능하다면 우리는 무엇을 회개해야 하며, 그렇게 하면 무엇이 바뀔까?

그때 각인된 문제의식은 1986년 밴쿠버에서 겪은 두 번째 경험으로 고조되었다. 나는 그해 여름 밴쿠버에서 강연을 하게 되어 엑스포에 방문할 기회를 얻었다. 각 나라는 전시관을 운영하며 자국 문화의 갖가지 면모를 전시 중이었다. 나는 파키스탄이나 사우디아라비아와 같은 나라의 전시를 가장 인상 깊게 보았다. 전시장에 들어서자마자 마주하게 되는 상징물과 문구들은 이 나라들이 경전인 꾸란에 따라 사회를 이끌어 나가는 이슬람 국가임을 상기시켜 주었다. 다른 모든 것은 이 기본 신념을 반영하도록 배치되어 있었다.

서구와 북미의 전시관 가운데 그에 필적하는 것으로 무엇이 있었을까? 이 나라들이 어떤 의미에서든 '기독교적'이라는 혹은 과거에 그러했다는 암시 따위는 없었다. 문화유산의 일부로 포함된 특이한 성당 그림을 제외하고는 말이다. 그 대신 이슬람 상징물과 문구가 이슬람 국가들의 기본 태도를 강력하게 전달한 것처럼 공장, 산업 단지, 기술 혁신과 같은 특정한 문화적 상징에 쏟는 서구 국가들의 열정이 전해졌다. 이 나라들은 돈 버는 일에 관심이 많다는 메시지가 아주 선명하게 다가왔다. 산업과 기술은 그 게임의 이름들이었고, 우리는 그 게임을 (비록 일본과의 경쟁을 점점 더 염려하고 있지만) 어느 누구보다 더 잘 해내고 있었다.

단언하기에 모호한 면이 있지만 지난 시기 서구 문화의 중심에 있던 기독교 복음은 어디 있을까? 드넓은 엑스포 현장의 한쪽 끝에 다른 모든 전시관과 구별되는 한 전시관이 서 있었다. 기독교 전시관이었다. 잘 짜여

졌으며 분위기가 밝고 매력적이었다. 내부에 놓인 책과 영화, 소책자, 다양한 전시물과 자료는 다른 곳에서 찾을 수 없는 것을 예수 그리스도 안에서 찾으라며 여러 나라에서 온 손님들을 초대하고 있었다.

내 안에 머물던 질문이 다시 한번 나를 강력하게 사로잡았다. 이 책의 탄생에 일정 부분 기여한 질문이기도 하다. 세상의 변두리에 머물며 세상이 제멋대로 흘러가게 내버려 둔 채 그곳에서 탈출하는 것을 구원으로 제시하는 것이 진정 교회의 사명인가? 복음은 이슬람 세계의 꾸란처럼 현대 서구 사회에서 중심 위치를 점하고 있는 기술과 사업에 이의를 제기할 수 없는 것인가? 또한 이와 관련하여, 세상의 많은 나라에서 꾸란이 점한 중심 위치에 복음이 도전하는 것은 무의미한가? 사람들에게 사사로운 종교적 선택안을 제공함으로써, 언뜻 삶의 나머지 부분은 건드리지 않고 내버려 두는 것처럼 보이게 하는 것이 복음의 유일한 목적인가?

밴쿠버와 연관된 이 두 일화는 우리가 다루어야 할 질문들을 이해하는 데 필요한 배경이 된다. 20세기의 끝에 다가서는 이때 교회는 어떤 과제들로 부름받을까? 우리는 그 과제들을 어떻게 파악하고 수행할 것인가? 적어도 서구 세계에서 교회는 자신의 과제에 대해서 마이크를 움켜잡은 젊은 유대인과 엑스포 현장 한쪽 끝에 자리 잡은 매력적인 기독교 전시관으로 상징되는 두 가지 이해 사이를 계속 왔다 갔다 했다. 난잡한 정치판 속으로 기세 좋게 뛰어들어 좌파와 (사실 그보다) 우파를 규탄하면서 종교와 정치를 뒤섞는다는 나쁜 평판을 얻을 것인가, 아니면 세상에서 도피해 사적 영역으로 숨는 것을 의미하는 구원을 세상에 내놓을 것인가? 또한 우리가 이 문제를 교회의 '공식적' 정책의 차원에서 풀 수 있다고 가정하더라도, 정치적 영향력이나 복음 전도에 있어 특별한 은사가 없는 보통 그리스도인에게 그것은 무슨 의미가 있는가?

　이런 질문들 때문에 나는 1장에서 오늘날 재의수요일의 의미는 무엇인지 숙고하게 되었다. 교회의 전통적 사순절 금식이 시작되는 재의수요일은 회개와 뉘우침, 악에서 돌이키는 것에 관하여 말한다. 우리의 세상과 인간에게 무언가 문제가 있다는 것은 의심의 여지가 없다. 그런데 **무엇이** 잘못되었는가? 우리는 그것을 바로잡는 일에 어떻게 다가가야 하는가? 무엇을 회개해야 하는가?

　교회는 참으로 세상에 회개를 권고해야 한다. 하지만 그 방식은 정치적 활동에 관한 '사회적 복음'이나 개인적 경건에 관한 '단순한 복음' 중 하나를 설교하는 이들이 보통 상상하는 것과는 달라야 한다. 현대 세계는 심각한 정체성의 위기를 겪고 있다. 우리는 "코번트리에 있음. 원래 내가 어디에 있어야 하지?"라고 아내에게 전보를 보낸 얼빠진 교수와도 같다. 우리는 어디로 가고 있었는지 잊어버렸다. 수많은 조언을 듣지만 누구를 신뢰할 수 있단 말인가? 나는 이러한 위기가 현대 서구 세계의 **이교주의**를 야기했다고 생각한다. 이것이 바로 우리가 세상에 회개를 권고할 지점이다. 이것은 현대 서구 그리스도인들이 일반적으로 자기 과업을 이해해 온 방식은 아니다. 그러므로 시간을 들여 내 말이 무엇을 의미하는지 설명하겠다.

　이와 동시에 나는 동일한 복음이 교회를 향해 교회의 실패, 결점, 어리석음에 대해 회개할 것을 명한다고 생각한다. 실로, 교회 스스로 내부를 잘 정돈하고 있어야 세상에 회개를 권고할 수 있다. 그렇다고 교회가 정돈될 때까지 세상에 말 걸기를 미뤄야 한다는 말은 아니다. 오랜 시간을 기다려야 할지도 모르니 말이다. 두 가지 일은 불완전하더라도 동시에 이루어져야 한다.

그러므로 나는 세상의 현 상태와 세상이 지닌 문제를 파악하고 푸는 데 있어 우리가 기본적으로 가정하는 것들이 궁극적으로 중요하다고 말하고 싶다. 사람들은 세상을 여러 방식으로 분석해 왔다. 그리고 자기 분석을 명료하게 표현하지 못하는 이들마저 자기 삶의 방식 안에 그 분석을 취하고 있다. 우리는 제시되는 두 가지 주요 분석 유형을 보고 그것들이 어디에서 잘못되었으며 그와 관련해 우리가 무엇을 할 수 있는지 제안해야 한다. 어떤 사람들은 세상을 둘로 나누기를 좋아한다. 세상을 정비되지 않은 하나의 전체로 보려는 이들도 있다. 각각의 접근에는 심각한 문제가 있다. 두 접근을 다 이해하면, 이 책의 나머지 부분에서 우리가 마주할 중요한 질문들을 다루는 데 도움이 될 핵심 단서를 얻게 될 것이다.

반으로 갈라진 세상

분노에 찬 하원의원이 「타임스」(The Times)에 "종교와 정치를 뒤섞어 버린" 성직자에 대해 불평하는 기고문을 쓴다. 사업가는 인도주의적 윤리의 압박에도 아랑곳하지 않고 돈벌이가 되는 계획을 추진한다. 설교자는 회중에게 정치와 사회의 세속적 관심사들은 내버려 두고 정치·사회적 생활의 골치 아픈 일들 때문에 부패되거나 손상되지 않는 '영적' 메시지를 발견하라고 촉구한다. 1986년 밴쿠버의 기독교 전시관에서 전한 메시지가 무엇이었든 그 전시관의 위치와, 주류 서구 전시관들 안에 기독교적 성향(반드시 무슬림의 성향과 같은 양식으로는 아니라도)이 부재했다는 사실이 전달한 메시지는 종교와 사회가 서로 분리되어 있다는 신념이었다. 종교는 사람들이 자기의 고독을 처리하는 방편일 뿐이다.

이 각각의 사례에서 우리는 '선'이라는 이름표가 붙은 한 부분과 '악'이라는 이름표가 붙은 다른 한 부분으로 갈라져 있는 세상을 보게 된다. 간단히 말해 이 세계관을 지칭하는 용어는 **이원론**이다. 이 사고방식의 계보를 살펴보자면 적어도 2,500년 전 그리스 철학자 플라톤으로 거슬러 올라가야 한다. 3세기 전쯤 계몽주의라고 알려진 서구의 문화 운동을 통해 새로운 추동력을 얻은 이 사고방식은 여전히 서구 세계에서 매우 인기 있다. 이 체계는 실재를 (1) 물리적 현상들의 세계와 (2) 영원한, '이성'의 진리들의 세계로 나눈다. 그리고 우리가 두 세계의 간극을 뛰어넘을 수 없다고 주장한다.

이 체계가 어떤 형태를 취하더라도 그렇게 인기를 끄는 이유가 무엇인지 이해하기는 어렵지 않다. 인간은 대개 선과 악의 대비를 인식한다. 또한 물질세계와 비물질적 가치의 대비를 인식한다. 그리고 분명한 악의 형태들이 물질세계와 밀접히 연관되어 있음을 본다. 그 둘을 동일시하는 것만큼 자연스러운 일이 있을까? 그러나 우리는 이 피상적 분석이 온갖 문제를 수반한다는 것을 곧 살펴볼 것이다.

이원론이 초래한 결과 중 하나는 무신론이다. 여러 계몽주의 사상 속에서 '하나님'은 골칫거리다. 그는 계속해서 간섭한다. 그리고 주제넘게 '하나님'을 대신해 말한다는 사람들은 사리사욕을 채우기 위해 필요한 권력에 집착하고 있을 뿐이다. 그렇게 '하나님'은 (처음에) 명목상 치켜세워지며, 이익이 나는 땅을 소유하고 있지만 실제로 거주하지 않는 부재지주로서 한 자리를 부여받는다. 그가 세상을 만들었을지도 모르고 아직 그것에 잠시 흥미를 느낄지도 모르지만 별로 관여하지 않으므로, 우리가 나서서 최선을 다해 세상을 꾸려 나가야 한다.

그러나 일단 하나님을 부재지주로 만들면, 머지않아 그를 부재자로 만들게 된다. 마르크스와 프로이트, 볼테르와 (우리에게 천국이 없다고 상상해 보기를 청하며 그것은 한번 해 보면 쉬운 일이라고 노래한) 존 레논의 무신론은 18세기의 부재지주 신학—'이신론'—의 논리적 최종 결과물이다. 교회 안에서도 많은 사람이 이러한 이신론에 기꺼이 동조했다. 그 사상이 그들로 하여금 외부의 어떤 간섭도 받지 않고 조용하게 완전히 혹은 적당히 사사로운 종교 생활을 하게 해 주었기 때문이다. 그렇게 타협하며 안주해 왔기에 세상이 교회를 점점 더 하찮게 여기더라도 스스로를 탓하는 수밖에 없다. 서구의 많은 교회가 이원론을 묵인했을 뿐 아니라, (앞으로 보게 되겠지만) 자주 그것을 복음 자체로 착각했다.

그러나 체스터턴(G. K. Chesterton)이 논평한 대로, 사람들이 하나님에 대한 믿음을 포기했다고 해서 아무것도 믿지 않는 것은 아니다. 그들은 **무엇인가**를 믿는다. 그리고 그 무엇인가에는 수많은 대체 믿음 체계가 포함되어 왔다. 그 체계들 중 몇몇은 기이하고(점성학, 점술 등), 몇몇은 분명 '정상적'이고 극적이지도 않으며(물질주의, 국민총생산 등), 몇몇은 혁명적이다(마르크스주의). 우리는 이 가운데 몇 가지를 3장과 5장에서 살펴볼 것이다. 지금은 이원론과 대칭을 이루는 거울상으로 넘어가겠다. 어떤 이들은 조금도 분열되지 않은 통일된 세계관을 고집한다.

거대 보편 이론?

분열된 세계는 혼란스럽다. 모든 것을 하나의 큰 덩어리로 뭉쳐 놓는 편이 훨씬 더 깔끔하다. 그런데 어떻게 그렇게 할 수 있을까? 대개는 계몽주의의 분열을 유지하되 실은 한쪽이 다른 쪽의 한 양상이라고 주장함으로써 그렇게 했다. 예를 들면, 지난 100년 동안 어떤 이들은 모든 것이 유물론으로 환원될 수 있다고 주장하려고 했다. 영적 혹은 초월적 세계와 같이 실재와 다른 차원을 암시하는 듯한 것은 무엇이든 사회적 또는 심리적 힘의 결과일 뿐이며, 이 힘은 다시 물리학이나 화학, 생물학 용어로 환원될 수 있다는 것이다. 어떤 이들은 물질세계가 단지 정신세계의 혹은 어쩌면 위대한 단일 정신(Mind)의 한 양상임을 논증하려고 노력해 왔다. 세계를 둘로 나누는 것을 이원론이라고 부른다면, 이처럼 다시 합하는 것은 **일원론**이라고 부른다.

방금 언급한 두 종류의 일원론(정신 일원론과 물질 일원론) 가운데, 금세기 서구 세계에서 오래도록 방해받지 않고 지배적 영향력을 행사한 것은 유물론적 일원론이다. 그렇지만 세계를 보는 이 방식에는 아주 큰 문제들이 있다. 좋은 유물론적 일원론자가 되려고 아무리 열심히 노력하더라도, 대부분의 인간은 자기가 사는 세계가 단지 과학자가 분석할 수 있는 물질적 개체들의 장소일 뿐 아니라 경외감과 경이를 자아내는 신비로운 장소라는 것을 어떻게든 의식한다. 과학자는 팽팽하게 당겨진 바이올린 줄 위로 말총 한 가닥을 그으면 특정한 음이 울리는 이유를 말해 줄 수 있으나, 베토벤의 바이올린 협주곡이 그토록 아름다운 이유를 말해 줄 수는 없다. 과학자는 지는 해가 낮 시간에 비해 더 붉게 보이는 이유를 말해 줄 수 있으나, 그 광경이 내면에 무언가를 강하게 불러일으키는 이유를 말해 줄 수는 없다. 과학적 역사가는 이론상으로 예수님이 죽은 정확한 날과 시간을 말해 줄 수 있을지도 모른다. 그러나 평범한 의미에서 과학은 『천로역정』의 저자 버니언(Bunyan)이 발견한 것, 즉 십자가를 보았을 때 그의 등짐이 벗겨진 일은 결코 설명하지 못한다. 일원론자는 이 모든 것을 어떻게 이해할까?

대답은 현대 서구 문화에서 얻을 수 있다. 그리고 이 논의에서 우리는 최신 상황을 알게 된다. 우리는 새로운 형태의 정신 일원론을 구축해야 한다. 현대의 일원론자는 우리가 다시 이원론으로 되돌아가고 물질세계와 비물질세계를 분리해서 보도록 하는 세계의 신비에 대한 모든 설명을 거부한다. 오늘날 우리는 지난 수백 년 이래 가장 커다란 문화적 전환 속에서 물질세계 자체를 새로운 눈으로 바라보는 시대를 살고 있다. 물질세계는 과거에 그것 너머의 실재에 투사하던 속성을 부여받고 있다. 바로 세계 자체가 하나님, 유일한 신인 것이다. 범신론은 대중의 새로운 종교다. 위대한 정신이 있으며, 그것은 세계와 동일시된다.

이런 사고의 전환을 드러내는 강력한 증거를 갑작스러운 언어 변화에서 발견할 수 있다. 즉, 수개월 사이에 '녹색'이라는 단어가 단지 색을 나타내는 형용사일 뿐 아니라 영어에서 가장 강한 찬사 중 하나가 된 것이다. 모두 갑자기 회개하고 있다. 무엇에 대하여? 이원론에 대하여! 우리는 세계를 마치 금광이나 재떨이에 지나지 않는 것처럼 취급했다며 회개하고, 인간의 몸을 우리가 '영적'이라고 칭한 삶과 무관한 것으로 취급했다며 회개하고 있다. 5장에서 살펴보겠지만, 스스로를 '뉴에이지'라고 노골적으로 부르기도 하나 보통은 꼬리표를 붙이지 않은 채 그런 태도를 취하는, 완전히 새로운 움직임이 있다. 일원론은 완벽하게 복귀했다. 물리학에서 생태학에 이르기까지, 캘리포니아에서 켈트 기독교에 이르기까지, 사람들은 시야에 들어온 통합된 새 우주를 신나게 탐험하고 있다.

지도 안 교회의 자리

그렇다면 재의수요일에 맞추어 우리는 어떤 의제를 따라야 할까? 무엇을 회개해야 할까? 이원론자는 우리가 물질세계에 개입하며 더러워진 것을 회개하라고 말할지도 모른다. 일원론자는 도피주의적 이원론을 회개하고 모든 실재를 하나의 전체로서 받아들이라고 할 것이다.

   이 시점에서 누군가는 내가 '기독교적' 그리고 '비기독교적'이라고 분명하게 정의할 수 있는 입장들을 언급하지 않고 추상적 용어들을 사용해 온 것에 놀랄지도 모른다. 나는 다분히 의도적으로 그렇게 했다. 서구의 대다수 그리스도인은 세상, 그들, 그들의 신, 그들의 이웃에 대해 어쩌면 '기독교적'이라고 불릴 수도 있는 신념들을 가지고 있다. 하지만 그 신념들은 사실 내가 논의한 주제들 가운데 어느 하나의 변형에 지나지 않으며 그 주제들 중 어느 것도 본질적으로 특별히 기독교적이지 않다. 좀더 정확히 말해 그것들은 폭넓은 문화적·철학적 발전 요소의 일부다. 그렇다면 내가 스케치한 문화적 지도에서 그리스도인들은 어디에 속할까?

   보다 전통적 배경을 지닌 많은 그리스도인은 기본적으로 이원론자다. (나는 신학적 입장을 공표하는 것이 아니라 신앙생활을 하는 평범한 그리스도인들의 잠재된 세계관에 관해 말하고 있다.) 그들이 배운 것은 다음과 같다. 대개 창조의 물질성과 강하게 연관되는 '세상'은 본질적으로 악하다. 하나님은 우리를 세상에서 구해 내고자 세상 너머에서 그의 아들을 보내셨다. (아마도) 하나님은 물질세계를 그에 걸맞은 방식으로 끝낼 것이며, 그 후에 우리는 모두 비물질적 천국이나 비물질적 지옥에 도달하게 될 것이다.

   이와 같은 가르침을 받고 자라면서 마음에 상처를 입은 이들은 주로 새로운 일원론으로 기꺼이 전향한다. 그들은 물질성이란 생래적으로 악한 것이 아니며 사랑의 하나님이 주신 좋은 선물임을 거의 문자 그대로 뼛속 깊이 알았다. 그래서 수년간 자신의 육체성을 억누르거나 무시하려고 노력하다가 '창조 영성'을 발견하게 되면 큰 위안을 얻게 된다. 창조 영성은 낡은 전통적 이원론이 가로막은 새로운 통합, 새로운 온전함을 가져다준다. 게다가 낡은 이원론이 결코 하지 못한 방식으로 세계가 직면한 생태적 문제들에 대해 우리가 진지하게 접근하도록 이끈다.

이원론자와 일원론자 사이 어느 지점에 1960년대의 신(新)신학자들[어떤 운동 앞에 '신'(新)이라는 말을 붙여 부르는 것은 늘 우스꽝스럽다]이 등장한다. 그들은 다양한 근본주의의 낡은 이원론을 거부하고, 보다 정의롭고 공정한 사회를 일구려는 혼전의 시도들을 거쳐 하나님을 찾는 실천적 또는 정치적 신학을 추구했다. 1960년대의 신학[이를테면 존 로빈슨(John Robinson)의 『신에게 솔직히』(Honest to God, 대한기독교서회)를 생각해 볼 수 있다]은 이제 거의 한물간 것처럼 보이지만, 그 신학의 가르침을 받고 자라서 이제 어디로 가야 할지를 모르는 사람들이 여전히 곳곳에 많다.

이 모든 집단은 기독교 언어를 사용한다. 그들은 기독교 문서, 특히 성경을 읽는다. 그들은 기독교 예배를 드리고 이런 저런 방식으로 성례전을 행하면서 스스로를 다른 부류에 비해 **참된** 그리스도인들이라고 자주 생각한다.

바로 이 지점에서 당파심이 들어온다. 서구 기독교에서 당파심은 꽤 오랫동안 본질적 부분이었다. 여전히 많은 복음주의자가 자유주의자들이 초자연적인 것에 반대한다는 이유로 그들을 거부하라고 배운다. 그리고 '초자연적 종교'를 폄하하는 이들에 맞서 그것을 옹호하기 위해 때로 오래도록 적대적으로 대했던 가톨릭의 여러 부류와 협력한다. 그런데 '자연/초자연'으로 구분하는 것은 별로 기독교적이지 않을 뿐 아니라 종종 분명히 반기독교적이었던 운동(계몽주의)의 유물이라면 어떻게 하겠는가?

마찬가지로 많은 자유주의자는 복음주의자들이 (이를테면) 실제 확실하지 않은 것들을 확실한 것으로 간주하고, 도움이 안 되는 비인간적 방식으로 사람을 분류한다는 이유로 그들을 피하도록 배운다. 그렇게 그들은 복음주의자를 열등한 그리스도인으로 경멸하면서, 이러한 것들을 확실히 알 수 없다고 꽤 확실히 믿는 자가당착에 빠진다. 우리는 이런 식의 일들을 계속 나열할 수 있을 것이다.

특히 영국 문화에는 계급, 지역, 교육, 말투에 따라 의혹과 적대감을 품는 추한 전통이 있다. 그 결과는 "당신은 나와 다르며 그렇기 때문에 나는 당신이 몹시 불쾌하다"고 말하는 태도로 드러난다. 우리 사회 안에 넘쳐나는 이런 경향은 교회 안으로 너무도 쉽게 흘러들어 스스로 신학적이라고 주장하는 분열을 만들어 낸다. 그런 분열은 너무도 많은 기독교의 주장과 성경 구절을 우습게 만들어 버리며, 스스로 자신의 실체가 기독교 언어를 빌려 거들먹거리는 문화적 편견에 지나지 않음을 아주 분명히 드러낸다. 물론 진정한 신학 논쟁이나 분열 같은 것이 없다는 말은 아니다. 그런 것처럼 보이는 상당수가 결코 그렇지 않다는 말이다. 실제로는 별로 기독교적이지 않으면서 정당성을 갖추기 위해 기독교 언어를 활용하는 법을 터득한 이데올로기가 교회 안에서 공유되면 쉽게 '분파'가 만들어져 공고히 유지된다.

제자리로 돌아오기

이 모든 혼란과 어려움, 분열을 어떻게 이해해야 할까? 재의수요일과 관련된 성경 본문에 어떤 제안이 담겨 있을지도 모른다.

> 내가 기뻐하는 금식은 흉악의 결박을 풀어 주며 멍에의 줄을 끌러 주며 압제 당하는 자를 자유하게 하며 모든 멍에를 꺾는 것이 아니겠느냐. 또 주린 자에게 네 양식을 나누어 주며 유리하는 빈민을 집에 들이며 헐벗은 자를 보면 입히며 또 네 골육을 피하여 스스로 숨지 아니하는 것이 아니겠느냐. 그리하면 네 빛이 새벽 같이 비칠 것이며…여호와의 영광이 네 뒤에 호위하리니. (사 58::6-8)

> 너희는 옷을 찢지 말고 마음을 찢고 너희 하나님 여호와께로 돌아올지어다. 그는 은혜로우시며 자비로우시며 노하기를 더디 하시며 인애가 크시사 뜻을 돌이켜 재앙을 내리지 아니하시나니. 너희는 시온에서 나팔을 불어 거룩한 금식일을 정하고 성회를 소집하라. 백성을 모아…. (욜 2:13, 15-16)

> …세리는 멀리 서서 감히 눈을 들어 하늘을 쳐다보지도 못하고 다만 가슴을 치며 이르되 하나님이여 불쌍히 여기소서 나는 죄인이로소이다 하였느니라. 내가 너희에게 이르노니 이에 저 바리새인이 아니고 이 사람이 의롭다 하심을 받고 그의 집으로 내려갔느니라. 무릇 자기를 높이는 자는 낮아지고 자기를 낮추는 자는 높아지리라 하시니라. (눅 18:13-14)

이 구절들은 회개를 이야기한다. 회개는 여러 잘못된 방향으로 헤맨

후에 제자리로 돌아오는 것과 관련된다. 개인적·집단적 악에 대한 진지한 인식과 향후 다르게 행동하겠다는 진지한 결단이 회개에 수반한다. 교회로서 우리는 한편에서 이원론을, 다른 한편에서는 일원론을 추구하며 제자리에서 벗어났던 것을 인정해야 한다. 그리고 이 책의 나머지 부분에서 약술하는 것처럼 우리의 삶과 의제들을 복음을 중심으로 재정리하자고 나는 제안한다.

이원론자에게 우리는 하나님의 세계가 **통합된** 전체임을 말해야 한다. 성경은 한편에 물질세계를 놓고 다른 편에 하나님이 흥미와 관심을 가지시는 영역을 놓아 그 둘 사이를 구분하려 하지 않는다. 선지자 이사야는 사회정의와는 관련 없이 오로지 사적 영역에만 존재하는 종교적 관습을 지목하여 비난하고 있다. 그렇다면 그는 사회적 행위로 '영적' 진리를 위태롭게 하며 희석시킨 것일까? "네 빛이 새벽같이 비칠 것이며"라는 말씀에서 보듯 결코 그렇지 않다. 하나님의 백성은 **통합된** 영성으로 초대받는다. 더 정확히 말하면, 부름받는다.

일원론자에게 우리는 하나님의 창조 질서 안에서 두 가지 **구별**이 필수적이라고 말해야 한다. 이것을 우리가 논의해 온 이원론과 혼동해서는 안 된다. 그것은 다음과 같다.

- **하나님과 세상 사이**의 본래적 구별. 하나님은 창조주이시고 세상은 피조물이다. 그 둘은 같지 않다. 피조물은 하나님의 영광을 반영하고 진정 그 영광으로 가득 차도록 만들어지며 세상은 복과 풍요가 가득한 좋은 곳으로 창조되지만, 하나님과 세상이 같지는 않다. 우리는 세상이 선하게 만들어졌으나 **일시적인 것**임을 지적함으로써

이 구별을 발전시킬 수도 있다. 세상은 처음부터 변화와 쇠락에 예속되어 있었다. 그리고 성경은 언제나 하나님을 이미 드러난 것보다 더 많은 것을 피조물을 위해 쌓아 두시는 분으로 그린다.

- **선과 악 사이의 진정한 구별.** 인간의 순종과 그 결과로 이해되는 선, 그리고 인간의 반항과 그 결과로 이해되는 악 사이의 구별. 이 도덕적 구별은 창조되었다는 사실 또는 물질적이라는 사실과는 아무런 상관이 없다. 그것은 우리 인간이 스스로와 세상을 위해서 하는 선택들 그리고 그 결과와 깊은 관련이 있다.

이원론자들은 이 둘을 서로 혼동하는 경향이 있다. 우리는 악과 물질적인 것이 결속되어 있다고 생각하기 매우 쉽다. 반대로, 일원론자는 이 함정을 피하고자 하나님과 세상을 혼동하기 시작해 선과 악의 차이를 부정하고 만다.

그러나 이원론과 일원론 모두 다루지 못한 진짜 문제는 하나님이 주신 선한 선물들을 인간이 **남용**한다는 점이다. 만약 그렇다면 사순절에 금식을 권하는 것은 적절한 해결책이다. 그것은 무슨 일이 일어나는지 우리가 분명히 보기 위해, 창조 세계를 남용하는 것뿐 아니라(우리는 어쨌든 그것을 멈추어야 한다!) 적절하고 정상적으로 사용하는 것도 잠시 중단하라는 권유다.

이원론과 일원론 사이에서 균형을 잡고 나아가려면 상당한 기술이 필요하다. 교회로서 우리는 하나님과 세상에 대한 더 나은 관점, 예수님의 복음에 근거를 확고히 두며 우리가 처한 상황을 분명히 다루는 관점이 필요하다.

누가의 바리새인과 세리 비유를 우리가 지금껏 목격한 것, 즉 다양한 종교인이 자신의 종교성을 상대방에 맞서는 무기로 사용하는 현상에 대한 무서운 경고로 받아들여야 한다. 바리새인 같은 사람은 다른 이를 무신론으로 내몬다. "종교가 그런 거라면, 난 필요 없어"(우리는 사람들이 이렇게 말하는 것을 감지할 수 있다). 그러나 세리의 모습은 사순절이 시작될 때 교회가 취하기에 바람직한 모습이다. 우리는 자랑할 것이 별로 없다. 우리가 어떤 새로운 사명에 뛰어들거나 그것을 위해 진심으로 새로워지려 한다면, 결코 하지 **말아야** 하는 일이 한 가지 있다. 바로 개인으로서든 당파로서든(우리에게 신의 가호가 있기를) 지혜, 기술, 성숙함, 통찰, 지식, 영성, 전망, 그 밖의 무엇이든 우리가 이미 가진 것을 크게 기뻐하며 사명을 시작해서는 안 된다. 그것은 우리의 기획을 시작해 보기도 전에 망치는 꼴이다. 우리는 오직 실패를 고백하며 시작할 수 있다. 하나님, 우리를 불쌍히 여기소서. 우리는 죄인이로소이다.

그러므로 우리는 우리의 반(半)기독교적, 하위 기독교적, 준(準)기독교적 사상들(이원론, 일원론, 혹은 무엇이든)을 회개해야 한다. 그리고 실제로는 우리의 믿음이 섣부르고 미온적임에도, 건실하거나 견고하다고 생각하도록 혼란스럽게 만든 것을 회개해야 한다. 그리고 갈피를 못 잡으며 제대로 파악하지도 못한 신학을 무기 삼아 우리가 싫어하거나 이해하지 못하는 이들을 공격한 것을 회개해야 한다.

보다 참된 신학을 터득하려면 금식과 같은 방식으로 우리의 낡은 태도 중 적어도 몇 가지를 단념해야 한다. 음식은 좋은 것이다. 그러나 그것을 남용하지 않는 법을 배우기 위해 우리는 금식을 한다. 기독교 교리에 민감한 것은 좋지만 그 민감함을 잠시 보류해야 할 때가 있다. 우리가 딱히 기독교적이라고 하기보다는 우리의 문화, 하위문화, 기질, 지적 오만과 더 관련된 싸움들에서 우리를 지지하는 신학적 주장들을 사용하며 그 민감함을 남용하고 있는 것은 아닌지 확인하기 위해서 말이다. 사순절을 최대한 활용하려면, 우리 자신과 우리의 특정 신학 전통을 세리의 자리에 확고히 놓자. 하나님이여, 불쌍히 여기소서. 우리는 죄인이로소이다. 우리가 위기의 일부이고 혼란의 일부임을 인정하자. 그렇게 해야만 예수님께 배우기 시작할 수 있다. 그리고 다음 장으로 넘어갈 수 있다.

토론을 위한 질문

1. 만약 당신이 마이크를 잡고 세상을 향해 한 문장으로 세상의 문제점을 이야기할 수 있다면, 무엇이라고 말하겠는가?
2. 당신의 나라를 표현하는 엑스포 전시관을 구상하는 위원회에 당신이 속해 있다면, 한쪽에 기독교 관련 공간을 마련하는 것이 적절하다고 느끼겠는가? 만약 그렇다면, 그 일을 어떻게 다루겠는가?
3. 당신의 교회는 신학의 스펙트럼에서 어디에 위치하는가? 당신은 이원론과 일원론 중 어느 쪽에 더 마음이 기우는가? 당신은 균형 잡힌 관점을 갖고 있는가?
4. 당신은 스스로의 입장에 긍지를 가지는가?
5. 당신이 사는 지역에 있는 다른 교회들에 대해 어떻게 느끼는가?
6. 당신의 교회가 지지하는 것들은 당신이 속한 사회 계층이 지지하는 것들을 어떤 식으로 반영하는가?
7. 당신의 교회가 교회 내적 혹은 문화적 편견들과 관련하여 '금식'한다면, 그것

은 당신에게 어떤 의미인가?

8. 이사야 58장 1-8절을 다시 읽으라. 하나님이 자기 백성에게 요구하는 것들에 상응할 만한 직접적이고 실제적 과업이 당신의 지역 공동체 안에 있는가? 당신의 교회는 그 과업 가운데 얼마나 많은 것을 행하고 있으며, 사순절에 실제적으로 얼마나 시도할 수 있겠는가?

9. 어떤 면에서 현대 서구 사회는 이와 같은 요구에 귀 기울이는 데 실패하고 있는가? 당신이 속한 더 넓은 지역에서 가난, 노숙 문제, 부정을 완화하기 위한 운동을 현실적으로 펼칠 수 있는 방법이 있는가?

10. 당신은 교회에서 어떻게 그러한 과업을 정규 예배와 통합할 수 있는가?

2장
위기에 처한 예수님의 세상

사순절 첫째 주일

창세기 3:1-7, 4:1-10; 마태복음 4:1-11; 누가복음 4:1-13

네가 만일 하나님의 아들이어든…

우리는 앞에서 현대 세계가 긴장과 복합성으로 가득 차 있음을 보았다. 특히 분석 단계에서 매우 그렇다. 그렇지만 우리에게 뭔가 문제가 있다고 생각한다면 우리는 1세기 유대인의 입장이 되어 보아야 한다. 예를 하나 들어 보자.

> 그때에 예수께서 성령에게 이끌리어 마귀에게 시험을 받으러 광야로 가사 사십 일을 밤낮으로 금식하신 후에 주리신지라. 시험하는 자가 예수께 나아와서 이르되 네가 만일 하나님의 아들이어든 명하여 이 돌들로 떡덩이가 되게 하라. 예수께서 대답하여 이르시되 기록되었으되 사람이 떡으로만 살 것이 아니요 하나님의 입으로부터 나오는 모든 말씀으로 살 것이라 하였느니라 하시니
>
> 이에 마귀가 예수를 거룩한 성으로 데려다가 성전 꼭대기에 세우고 이르되 네가 만일 하나님의 아들이어든 뛰어내리라 기록되었으되 그가 너를 위하여 그의 사자들을 명하시리니 그들이 손으로 너를 받들어 발이 돌에 부딪치지 않게 하리로다 하였느니라. 예수께서 이르시되 또 기록되었으되 주 너의 하나님을 시험하지 말라 하였느니라 하시니
>
> 마귀가 또 그를 데리고 지극히 높은 산으로 가서 천하만국과 그 영광을 보여 이르되 만일 내게 엎드려 경배하면 이 모든 것을 네게 주리라. 이에 예수께서 말씀하시되 사탄아 물러가라 기록되었으되 주 너의 하나님께 경배하고 다만 그를 섬기라 하였느니라.
>
> 이에 마귀는 예수를 떠나고 천사들이 나아와서 수종 드니라. (마 4:1-11)

예수님이 겪으신 문제는 고독한 개인이 교활한 마귀와 치른 외로운 싸움으로 자주 간주된다. 그러나 싸움이 일어났을 때 예수님이 혼자 계셨다고 하더라도 그분이 극도로 위기에 처한 문화의 일부였다는 것이 이 문제의 핵심이다. 그분의 메시지와 위기에 놓인 지금 우리의 세계에 그 메시지가 지니는 의미를 이해하려면, 예수님의 시험뿐 아니라 그분이 속한 사회의 시험을 고찰해 봐야 한다.

예수님 시대의 유대 세계

1세기에 유대인이 된다는 것은 혼란, 갈등, 거친 꿈, 절망, 공포의 시기에 사는 것을 의미했다. 한편에 사회 정치적 혼돈이 있었고, 다른 한편에는 종교적 열의를 가지고 품은 민족주의적 기대들이 있었다.

정치적 혼돈

로마의 지배자들은 유대인들의 사고방식을 전혀 이해하지 못했다. 그들은 화를 돋우는 어리석음과 터무니없는 무능함이 뒤섞인 방식으로 다스렸다. 로마인들의 하수인 노릇을 하던 지역의 꼭두각시 지배자들도 악하기는 마찬가지였다. 예수님이 태어나실 당시에 성미가 까다롭고 고약한 늙은이였던 헤롯 대왕은 30년 전에 벼락출세한 인물이었다. 그가 죽자 유대인들 안에서 '왕이 죽었으니 어쩌면 우리 스스로 더 잘 할 수 있을 것이며 하나님도 우리를 도와주실 것이다!'라는 생각과 함께 혁명운동이 넘쳐 났다. 그 운동들은 헤롯의 세 아들이 영토를 분할하면서 모두 진압되었다. 세 아들 중 한 명이 복음서에서 나중에 등장하는 헤롯으로, 세례

요한과 갈등을 빚은 인물이다. 나머지 아들 중 한 명은 유대를 맡게 되었는데 훗날 무능하다는 평가를 받았다. 그때가 로마 총독(행정 장관)이 들어온 시기였으며 본디오 빌라도는 그들 중 가장 잘 알려진 이다. 이 모든 것의 중심에 지역의 유사 귀족인 제사장들이 있었다. 그들은 지역 차원에서 상당한 권력을 쥐고 있었으나 민족 전체에게 불신과 경멸의 대상이었다.

이 밖에도 끔찍한 재정 상황이 있었다. 부채 문제는 심각했다. 예수님은 비유에서 수십억 원에 달하는 빚을 진 사람을 언급하신다. 우리는 당시 청중이 그런 일에 대해 알고 있었을 것이라고 추측할 수 있다. 보통 사람들이 턱없이 많은 세금을 부과받았으며 그 결과 많은 이가 땅에서 쫓겨났다. 우리 세대는 억압에서 벗어나 자유를 얻기 위해서라면 무엇이든 할 만큼 절박한 사람들이 사는 나라에서 무슨 일이 일어나는지 잘 알고 있다. 어쩌면 우리는 예수님 시대의 팔레스타인 사람들의 심정을 공감할 수 있을지도 모른다.

대망

이 모든 일이 일어나고 있을 때 이스라엘은 이제껏 어느 민족이 품은 것보다 더 거창한 기대에 집착했고 그것을 과시했다. 이스라엘은 이교주의가 사방을 에워쌌음에도 자기들이 유일하신 하나님의 유일한 백성이라고 믿었다. 1세기 유대인에게 유일신관은 학자들의 논쟁거리가 되는 추상적 혹은 철학적 교리가 아니었다. 그것은 이스라엘 민족의 권익을 위한 투쟁에 진정으로 헌신한 자라면 믿어야 하는 전투용 교리였다. 하나님이 오직 한 분이시고 온 세상을 만드셨다면, 그리고 특정 민족에게 그들이 자신의 특별한 백성이 될 것이라는 엄중하고 구속력 있는 약속을 하셨다면 하나님은 유약하고 무력하거나(상상할 수도 없는 일이다) 아니면 자기 백성을 그들이 처한 궁지에서 빼내기 위해 틀림없이 무언가 하시려는 참일 것이다. 그렇게 언약의 약속들과 현실 정치 사이의 긴장은 한층 첨예해져 갔다.

정치와 압력단체들

이 모든 것 가운데 1세기의 마이크에 해당하는 것을 붙잡고서 자기들은 나아갈 길을 안다고 동족에게 외치려고 한 압력단체들이 있었다. 그들은 메마른 광야로 떠나 함께 공동체를 이루어 기도하고 성경을 연구하며 참으로 고결해지려고 했다. 하나님의 구원이 임할 때를 기다린 그들은 자신들이 세상의 죄악에 조금도 물들지 않게 스스로를 지키도록 부름받았다고 믿었다. 그런 집단 중에 우리가 에세네파로 알고 있는 이들은 이른바 사해문서를 작성하고 은닉한 장본인들이었다.

그리고 고결하라는 부르심을 사람들이 있는 바로 그곳에서 실천하는 것이 옳다고 믿으며, 평범한 유대인도 스스로를 마치 성전의 제사장처럼 여기고 율법의 세부 사항을 행하게끔 민주화 시도를 한 집단이 있었다. 그들이 토라라고 부른 율법은 시장과 부둣가, 침실과 욕실, (특히) 부엌과 거실에서 적용되어야 했다. 이 집단은 공직을 맡지는 않았지만 평범한 유대인들에게 엄청난 영향력을 행사했다. 유대인은 그들의 만만찮은 학식과 토라에 대한 세부적 지식을 존경했다. 어쨌든 토라는 이스라엘의 하나님이 자기 백성과 체결하신 계약 문서였기 때문이다. 이들에 대한 예수님과 바울의 비판을 훗날 신학적 논쟁에 비추어 읽은 기독교 저술가들은 이 집단을 많이 오해했다. 이들은 바리새파라고 불렸다.

바리새파의 주요 목표 가운데 하나는 이스라엘을 하나님의 백성으로 유지하는 것이었다. 나라의 남쪽 지역인 유대에서 멀어질수록 이 목표는 특히 중요했다. (팔레스타인 영토의 크기가 미국은 말할 것도 없고 영국 영토만큼도 되지 않으며 웨일스 영토 정도임을 기억해야 한다.) 유대에는 성전이 있는 예루살렘이 있었다. 그 지역에서 유대인이라는 것은 정기적으로 성전에 가서 의식에 참여한다는 것을 의미했다. 하지만 북쪽으로 100여 킬로미터 떨어져 있는 갈릴리의 상황은 달랐다. 바리새파는 갈릴리 사회의 구석구석에 깊숙이 자리 잡은 이교 문화에 맞서고자 유대인이 구별됨을 유지하는 데 필요한 일을 강조했다.

이것은 특히 두 가지, 즉 안식일을 지키는 것과 음식에 관한 율법을 지키는 것을 의미했다. 이것들은 모든 유대인 남성이 지닌 할례의 표징과 더불어 이스라엘을 주변의 이교적 문화와 영향에서 구별되도록 지켜 주었다. 그 사회에서 이 기준을 유지하는 것은 마치 잉글랜드 사람이 소수자인 문화 안에서 영국 국기를 휘날리는 것과 같았다. 그것은 진술 행위였다. 역으로 이 특정 율법들을 가볍게 여기는 이들은 배반자로 인식되는 것을 피할 수 없었다. 이는 도덕적 행위를 가능한 많이 해서 하나님의 총애를 얻으려는 옹졸한 율법주의 태도가 아니라, 위협받는 민족주의와 그 소중한 상징들과 깊은 관련이 있었다.

바리새주의 안에는 역점을 달리하는 여러 흐름이 있었다. 아마도 좌익이라고 불릴 한쪽 극단에서 그 운동은 차츰 성격이 다른 집단으로 변해 갔다. '열심당원'(Zealot)이라는 단어가 정확히는 주후 66-70년에 일어난 유대와 로마의 커다란 전쟁에 참여한 한 집단을 가리키지만, 테러 집단, 강도, 혁명 대원을 표현하는 열광(zealotry)이라는 현대적 관념은 예수님의 생애 당시 팔레스타인의 많은 분위기를 잘 묘사한다. 대개 어떤 선지자적

인물이나 자칭 왕족인 인물을 중심으로 작은 집단들이 잇따라 결성되었으며, 그들은 이제 마침내 이스라엘의 하나님이 왕이 되신다고 선언했다. 오늘날에도 그러한 것처럼 예수님 시대에는 하나님이 거대 제국의 책임을 물으실 것이라고 온 세상에 선포하는 유대인들이 많았다. 물론 그들의 표적은 러시아가 아니라 로마였다. 제사장들은 인기가 없었고 헤롯 왕조는 분개의 대상이었다. 그러나 이 둘의 배후에 있는 로마가 대적(大敵)이었다. 거룩한 땅을 짓밟은 자들은 다름 아닌 로마의 군사들이었다. 여러 조세를 거둠으로써 곤궁함을 가져오고 또한 신성모독적 동전을 그 일에 사용한 것도 로마였다.

대적들

그렇게 로마는 오랜 전통의 계승자가 되었다. 여덟 세기 전에 이스라엘이 증오하고 두려워한 적은 아시리아였다. 그로부터 두 세기 후에는 바벨론이었다. 바벨론은 유대인들을 그들의 땅에서 포로로 데려왔지만, 후에 그들도 페르시아에게 전복되었다. 이스라엘 선지자들은 이 사건을 하나님이 자신의 백성을 그들의 죄의 결과에서 해방시키시려고 직접 개입하신 것으로 보았다. 유배가 이스라엘의 죄에 대한 형벌로 이해되었다면, 유배의 종식은 이스라엘의 죄가 최종적으로 처리되었음을 보여 주는 위대한 행위로 이해되기 마련이었다.

해방은 이미 일어났지만, 이스라엘은 여전히 자유롭지 않았다! 이 역설은 다음 세기들에 걸쳐 외부의 여러 나라가 팔레스타인을 다스리면서 계속되었다. 주전 167년에 사태가 악화되었다. 시리아의 과대망상에 젖은 왕 안티오쿠스 에피파네스(Antiochus Epiphanes)가 인접 국가들의 통치권을 넘겨받고 그들 각자의 종교보다 왕의 종교를 따르게 하는 정책을 실시한 것이다. 그는 예루살렘을 정복하고 성전을 훼손했으며, 저항하는 유대인들을 고문하고 죽였다. 그 후 해방의 기적이 다시 일어났다. 유다 마카베오(Judas Maccabaeus) 휘하의 작은 집단이 예루살렘을 탈환하고 성전을 정화했다. 그것은 비범한 승리였다.

이후 두 세기 반 동안 유대인들은 그 승리의 기억과 그것이 북돋우는 희망, 다시 말해 그 일이 다시 일어날 수 있다는 희망으로 살아갔다. 이교 세력들이 극악무도할 때, 우리 하나님은 그분의 백성, 그분의 도시, 그분의 성전을 구원하기 위해 행동하실 것이다. 민간 문화에서 이런 기억은, 특히 적의 압제를 받고 있다면 잘 잊히지 않는다. 예수님 시대에도 여전히 마카베오 가문(the Maccabees)의 전설은 하나님이 이교주의를 타파하기 위해 거룩한 게릴라전을 어떻게 사용하실 수 있는지 보여 주는 탁월한 예로 거론되었다.

유대 세계의 상징들

예수님 시대에 이 모든 전통 위에 살아간 유대인들 사이의 분위기는 그들의 희망에 색과 형태를 입힌 상징을 고찰하면 파악할 수 있다.

성전

물론 중심 상징은 성전이다. 현대 서구의 독자들은 예루살렘의 성전을 현대 도시 속 성당처럼 생각하기 쉽다. 그것은 심각하게 왜곡된 것이다. 예루살렘의 성전은 (가령, 런던의 경우에) 세인트폴 대성당(St. Paul's Cathedral) 그리고/혹은 웨스트민스터 사원(Westminster Abbey)에 상응하는 것이었지만, 증권거래소, 국회의사당, 극장과 시장이 있는 코번트 가든(Covent Garden), 도살업자 조합, 그리고 무엇보다 버킹엄궁전(Buckingham Palace)에 상응하는 것이기도 했다. 성전은 왕이 사는 곳이었는데, 그 왕은 지상의 왕이 아닌 이스라엘의 하나님이었다. 하나님은 왕이셨다. 유대인들은 그게 사실인 것 같든 아닌 것 같든 그렇게 믿었다. 그리고 하나님은 온 세상의 왕이 **되실** 것이며 모두가 그분을 인정하게 될 것이라고 믿었다. 성전은 하나님이 1천 년 전 다윗 시대에 영구 거처로 삼겠다고 결정하신 장소였다. 또한 유대인들이 하나님과 만나 용서받고 구원받으며 그분의 백성으로 회복되기 위해 가는 장소였다.

성전은 이스라엘의 하나님이 그들을 위해 수행하실 모든 해방적 행위의 중심부로 이해되었다. 성전은 재건되고 전에 없이 새로워질 것이다(예수님의 생애 중 계속 진행된 헤롯의 재건 계획은 성전을 놀랍도록 아름답게 만들었지만, 이것이 진정 이스라엘이 열망하던 마지막 재건이라고 생각한 사람은 거의 없었다). 그러므로 성전은 이스라엘을 지배하는 최고의 상징으로, 이스라엘의 믿음과 희망이라는 주요 주제를 한데 모아 놓았다.

땅

예루살렘과 예루살렘 성전은 거룩한 땅의 구심점이었다. 오늘날 여러 대륙의 몇몇 민족은 그렇지 않지만, 현대 서구인들에게 성스러운 영역이라는 관념은 거의 사라졌다. 유대인들에게 그것은 절대적이고 협상 불가한 것이었다(여전히 그러하다). 창조주는 이스라엘에게 자신이 가장 좋아하는 대지를 주셨다. 그 대지의 흙조차 귀중했다. 그분이 약속한 복은 그 대지의 농작물과 거기서 풀을 뜯는 양 떼와 소 떼에 머물 것이다. 유대인들에게 그러한 땅이 적의 점령이나 통치 아래 놓이는 것은 단지 현대 서구 국가가 적에게 점령당해 분개하는 것과 같은 일이 아니었다. 그것은 신성모독에 해당했다.

약속의 땅의 복은 유대력에서 두드러진 큰 농업 축제 때 경축되었다. 그 축제들 대부분은 해방의 축제로도 이해되었다. 출애굽을 기념하는 유월절, 40일 후 구속된 백성을 위한 계약 헌장으로 토라를 주신 것을 기념하는 오순절, 약속의 땅으로 가는 도중 광야에서 떠돈 것을 기념하는 초막절, 유다 마카베오가 성전을 정화한 것을 경축하는 하누카. 이 네 가지 축제는 성전과 땅의 상징들을 한데 모았다. 속죄일은 유대인들에게 자신들이 죄악을 저질렀음에도 이스라엘의 하나님은 결국 이스라엘을 해방시키실 용서의 하나님이심을 해마다 상기시켜 주었다. 금식일에 그들은 과거의 성전 파괴를 기념함으로써 하나님이 마침내 왕이 되실 때 이루어질 성전의 마지막 재건과 복원을 더욱 간절히 고대했다. 그 땅은 외세의 압제에서 해방될 것이다.

율법

성전에서 그리고 유배 기간 유대인들이 흩어진 이후 갑자기 생겨난 회당에서는 토라를 가르쳤다. 토라(이 단어는 성경의 처음 다섯 권을 나타내기 위해, 또는 우리가 구약성경 전체라고 부르는 것에 대해 사용될 수 있다)는 분명히 거룩한 계약 안에서 하나님과 그분의 백성을 묶는 법적 헌장으로 간주되었다. 이스라엘이 하나님의 백성으로서 토라에 순종해야 한다는 데는 의심할 여지가 없었다. 이스라엘이 유배기를 보낸 이유는 토라에 불순종했기 때문이라는 믿음이 널리 퍼져 있었다. 하나님이 이스라엘의 구속을 아직 미루고 계신다면 아마도 그것 역시 아직 이스라엘이 마땅히 해야 할 만큼 엄격하거나 정확하게 토라를 지키지 않는 것과 관련 있다고 여겨졌다.

그런 이유로 압력단체들, 그중에서도 바리새파는 다음과 같이 강조했다. 더 열심히 공부하라, 더 많은 세부 사항을 실천하라, 마지막 점과 획에 이르기까지. 그렇게 하면 하나님은 행동하실 것이다. 그리고 그 과정에서 토라는 늘 당신을 곁길로 유혹하는 이교도들을 떼어 놓을 것이다. 토라를 공부할 때 실로 **당신은 마치 성전에, 하나님의 현존 가운데 있는 것과 같다.** 그러므로 토라는 거의 휴대할 수 있는 땅, 움직이는 성전과 같은 역할을 했다. 유대인들이 어디에 있든 진정으로 하나님을 예배할 수 있게 한 것이다. 토라는 이렇게 바리새파 운동의 핵심이었으며 하나님에 대한 참된 예배를 보통 사람들의 수준으로 가져오려고 했다.

성전, 땅, 토라라는 상징들은 이와 같이 예배, 기억, 희망이라는 위대한 행위들 안에서 하나로 합쳐졌으며, 이 행위들은 예수님 시대의 대다수 유대인들이 세상을 파악하는 틀을 다음과 같이 형성했다. 이스라엘의 하나님은 유일하신 참신이다. 이스라엘은 현재 이교도들로 인해 고난을 겪고 있다. 하지만 곧 다가올 언젠가 하나님은 확실히 왕이 되실 것이며 그러면 땅의 나라들(특히 로마)은 누가 하나님인지 그리고 하나님이 우상들과 우상을 경배하는 사람들에 대해 어떻게 생각하시는지 알게 될 것이다. 이교주의는 주님의 검과 대면하게 될 것이며 하나님 나라가 세워지고 영원히 지속될 것이다.

예수님의 소명

예수님은 어디에 어울리셨을까? 바로 이 맥락에서 광야의 시험 이야기를 이해해야 한다. 그 시험이 단지 거룩함을 추구하는 개인의 분투 그리고 그 과정에서 육신과 세상과 마귀와 싸우는 것만 묘사하는 것은 아니다. 그 시험은 현재의 위기 상황에서 해야만 하는 일은 무엇인가라고 묻는, 소명을 향한 분투다.

예수님의 정신 안으로 들어가려는 시도는 아주 위험하지만, 그렇게 노력하지 않으면 그분이 무엇에 관심을 기울였는지 이해하지 못한다. 대부분의 시험에서 그렇듯 유혹의 목소리가 외부의 누군가에게서 나오는 것 같아도 실제로는 자기 존재의 심연 같은 곳에서 들려온다는 것을 기억하며, 조심스럽게 다음과 같이 상황을 재구성해 볼 수 있다.

우리는 예수님이 이스라엘의 하나님과 특별하고 활기차며 살아 있는 관계를 자각하셨다는 것을 확신할 수 있다. 그분의 사촌 세례 요한이 시작한 대(大)갱신 운동은 당시 그 지역의 다른 갱신 운동들과 완전히 다르지는 않았다. 예수님은 모두가 갈망하는 이스라엘의 해방에서 자신이 중대한 역할을 할 것이라고 점점 확신하면서 그 운동에 동조하셨다. 그분이 요한에게 세례를 받으신 것은 상징적 행위였다. 그 행위는 이스라엘이 이집트를 떠나 홍해를 통과해 광야를 거쳐 약속의 땅으로 들어가기까지의 여정, 혹은 이스라엘이 요단 강을 건너와 약속의 땅의 소유권을 주장한 것을 극적으로 재연하는 역할을 했다. 세례가 상징한 것은 약속된 해방에 선행되어야 할 참회였다.

그분이 세례를 받는 동안 확신은 깊어져 물질적 형태와 유사한 존재와 목소리로 돌연 그분 앞에 나타났다. **이스라엘의 하나님은 그 모든 것을 그분을 통해 성취하실 것이다.** 소명의 자각은 명확하고 구체적이며 고뇌를 불러일으키는 부르심으로 구체화되었다. "너는 나의 아들, 내 사랑하는 자이며 나의 은총은 너에게 머문다. 나는 해야 할 일을 바로 너를 통해 할 것이다. 너는 현재 갈피를 잡지 못하는 이스라엘을 내 미래의 정화된 이스라엘로 변화시킬 자다. 바로 너를 통해 이스라엘은, 다니엘을 에워싼 사자들처럼 이스라엘을 노리는 이교도 무리를 누르고 명예를 회복할 것이다. 이스라엘의 운명은 너에게 달렸다. 너는 스스로 이스라엘의 운명을 지고 네 안에서 그것을 영광스런 절정으로 이끌 것이다. 너는 나의 아들, 구세주, 기름부음을 받은 이스라엘의 왕이다."

이 장면을 이해하는 데 있어서 두 가지 실수를 피해야 한다. 첫째, 이 소명 의식이 자동적으로 예수님은 '성육하신 하나님'이었다는 관념을 수반한다는 생각은 상당히 잘못됐다. 우리가 다양한 문서를 통해 아는 것처럼 예수님 시대의 유대인들은 구약에서 그랬듯이 '하나님의 아들'이라는 어구를 이스라엘이나 그 대표자인 하나님의 기름 부음을 받은 자를 언급하는 데 사용했다. 이스라엘도, 왕도 그런 의미에서 '신성'하다고 생각되지는 않았다. 다른 경우에도 마찬가지이지만, 우리는 나중에 나오는 범주들을 논의에 끌어들이지 않도록 주의해야 한다. 예수님의 '신성'은 다른, 그리고 사실 더 분명한 방식들로 입증된다는 것을 앞으로 보게 될 것이다.

둘째, 예수님이 그런 부르심의 음성을 들었다고 믿으셨기 때문에 1세기 유대인 가운데서 특별해졌다는 추정 역시 틀렸다. 실제로는 그렇지 않다. 그런 추정은 이미 사람들로 꽉 찬 지도 한가운데 그분을 집어넣는다.

예수님 시대 이전과 당대, 그리고 이후에도 스스로 하나님의 백성을 해방시킬 하나님이 택한 기름 부음 받은 지도자라고 믿은 사람은 많았다. 그들은 차례로 나타나 비밀을 공개하고 추종자들을 끌어모아 대담한 행동을 개시했으며 당국에 체포되어 처형됐다. 그들의 소명과 예수님의 소명이 많이 다르다 해도, 적어도 이 정도는 그분의 공생애 이야기와 눈에 띄게 닮았다. 그들이 경솔하거나 그저 충동적으로 행동했다고 추정해서도 안 된다. 그들 역시 이스라엘의 하나님이 무언가 특별한 일을 하라며 자기를 부르신다고 생각했음에 틀림없다.

그렇다면 예수님은 무엇을 하시려 했을까? 그분 앞에는 여러 선택지가 놓여 있었다. 요한과 함께 세례 주는 일(이 일을 잠시 하셨던 것으로 보인다)을 계속함으로써 갱신 의식과 기대감을 확산시키며 자기 주위에 더 많은 추종자를 끌어모으실 수 있었다. 요한이 일하던 곳과 그리 떨어지지 않은 에세네파의 길에 들어서서, 하나님이 행동하시기를 기다리며 자신을 순결하게 지키는 공동체 구성원을 모으셨을 수도 있다. 바리새파와 협력하여 하나님 나라가 오도록 토라를 좀더 철저히 지킬 것을 이스라엘에 촉구하셨을 가능성도 있다. 그렇지 않으면 무법자 집단을 모아서 잠적한 후, 이스라엘 고유의 역사와 이스라엘 백성 다수의 기대에 떠밀려 군사적 또는 준군사적 혁명을 계획하고 준비하셨을지도 모른다.

바로 그러한 맥락에서 우리는 예수님이 받으신 시험을 이해할 수 있다. 그분의 주변 사방에서 젊은 유대인들에게 하나님 나라를 들여오기 위해 당장 행동하라고 다그치는 유혹의 목소리가 들려왔다. 우리는 그분이 당시 유대 세계의 위기에 맞서신 것을 보면서 어쩌면 위기에 처한 지금 우리의 세상에 닥쳐오는 우리가 직면한 시험들을 어느 정도 이해할 수 있을

지도 모른다. 소명은 실제로 그분에게 무엇을 의미했을까?

자기 목적을 위해 하나님의 섭리를 느끼는 특별한 감각을 남용하는 것을 의미했을지도 모른다. "네가 만일 하나님의 아들이어든 명하여 이 돌들로 떡덩이가 되게 하라." 섬김의 소명은 개인적 영예와 만족을 추구하는 야망이 되어 버렸을 수 있다. 오늘은 빵, 내일은 하인들, 다음 주엔 사람들을 즐겁게 해 주며 금과 은으로 식사하기 같은 것을 예수님은 외면하셨다. 하나님은 자기 아들에게 필요한 것을 공급하시리라. 예수님은 즉각 만족감을 느낄 가능성을 거부하면서, 이스라엘을 두루 다니며 기적의 행진을 할 더 광범위한 가능성 또한 거부했다. 그 기적의 행진은 아무것도 없는 데서 빵을 만들어 굶주린 백성에게 주면서, (짐작건대) 예루살렘으로 행진하기 위해 추종자들을 신속하게 끌어모아 왕좌에 오르는 길이다. 사람들을 먹이는 기적에 기반을 둔 나라는 어떤 모습일까? 아마 이스라엘이 늘 이교주의로 여긴 일종의 마술 속임수와 아주 비슷할 것이다. 만약 그럴 수만 있다면 그 나라는 이교주의의 전략을 써서 이교주의를 이길 것이다. 그리고 하나님을 일개 신으로 만들 것이다.

그 소명은 하나님을 강제하는 것, 그분을 시험하는 것을 의미했을 수도 있다. 이것이 두 번째 시험이었다. 유대사가 요세푸스(Josephus)는 주후 66-70년에 일어난 전쟁에서 유대인들은 하나님이 무언가 극적으로 일하셔서 자신들이 손쉽게 승리하도록 그분을 강제할 수 있다는 믿음을 가지고 성급히 행동했다고 썼다. 그러나 예수님은 극적으로 강제하는 방식을 거부하신다. 하나님의 계획에 지름길이란 있을 수 없다. 책임지고 떠맡아야 할 실제 과업들을 우회하는 깔끔한 해결책은 있을 수 없다. 하나님을 구석에 밀어 넣고 우리가 바라는 대로 행동하시기를 기대할 수는 없다.

그것은 하나님을 마스코트나 행운의 부적으로 대하는 것이다. 예수님은 두 번째 시험도 첫 번째처럼 하나님이 하나님 되시게 하는 것으로 극복하셨다. 이스라엘이 해방될 것이라면, 지름길을 통해서일 리가 없다.

세 번째 시험의 배경에는 마침내 하나님이 행동하실 때 만방이 복을 받을 것이라는 유대인의 믿음이 있다(4장을 보라). 시온(성전산의 비유적 이름)은 회복될 것이고 가장 높은 산이 될 것이며, 만방이 주의 말씀을 듣고 그의 뜻과 길을 구하기 위해 그리로 모여들 것이다(예를 들어, 사 2:2-4을 보라). 이스라엘이 야욕을 가진 모든 나라에 짓밟힌 현실 세계 질서를 뒤엎고자 하는 이 갈망이 예수님이 태어나고 속하신 문화를 형성했다.

예수님은 다시 지름길을 제안받으셨다. 인간이 허용한 권위를 가졌다고 주장하는 세상의 현 통치자가 있다(눅 4:6). 온 인류는 하나님이 피조물의 청지기가 되라며 부여하신 책임(창 1:28-29; 2:15-19)을 찬탈자에게 넘겨주었다. 인간은 창조주의 인도를 거부하고 피조물의 아름다움에 현혹되어 피조물의 지시를 받았다. 그렇게 함으로써 인간과 피조물을 섬기기 위해 각각 제자리를 지키게 되어 있었던 세력들을 풀어놓았다. 이제 그 세력들은 온 세상을 차지했으며, 대가를 받고 능력, 위신, 명성, 운, 행복, 명예 등을 제공하고 있다.

그 대가는 그 길로 가는 모든 사람의 인간성이 파괴되는 것이다. 창조주를 경배하면, 그분의 형상을 비출 것이다. 피조물 안에서 발생한 세력들(원한다면 그것들을 다 모아 사탄으로 인격화하라)을 경배하면, 곧 이르게 될 죽음에 앞서 잠시 밝게 타오를 것이다. 예수님은 가장 극단적으로 파우스트식 거래를 하실 수 있었으나 거절하셨다. 이제까지의 시험들은 하나님을 하나의 신 혹은 마스코트로 이용하는 것이었다. 이번 시험은 하나님을 완전히 저버리는 것이었다. 하나님의 아들이 누리려고 바랄 수도 있는 통치권의 값싼 모조품을 주고 세상 끝 날까지 실제 통치자로 여전히 남아 있을 가짜 신을 위해서 말이다.

이런 가능성들에 저항하면서 예수님은 의도적으로 어려운 선택을 하셨다. 억압당하는 자기 백성을 보며 틀림없이 마음이 아프셨을 그분에게 즉각적 해결책은 엄청난 안도감을 가져다주었을 것이다. 그분은 이스라엘이 원하는 것을 줄 수 있는 능력을 가지셨으며 즉각 그렇게 하실 수 있었다. 어쨌든 이스라엘은 점점 기다림에 지쳐 가고 있었기 때문이다.

그렇지만 그분은 거절하셨다. 그 대신, 이스라엘이 하나님을 위해 땅의 소유권을 주장하기에 앞서 광야에서 반항하였던 것을 이야기한 성경(신 6장)에 의지하여, 하나님을 하나님 이외의 무엇으로 취급하는 것도 거부하셨다. 이스라엘과 이스라엘의 하나님을 위해 말하고 이교주의에 반대하는 저항 운동을 이끌고자 한다면, 이교의 무기로 무장한 채 과업을 시작할 수는 없었다. 다윗과 마찬가지로 골리앗 같은 무기로 골리앗을 상대할 수는 없었다. 그래서 그분은 하나님 나라가 가까이 왔다는 동시대인들이 듣기를 갈망하던 소식을, 새로운 어조로 새로운 함의를 담아 선포하며 갈릴리로 돌아오신 것이다. 우리는 이 책의 첫 번째 장을 젊은 유대인이 하나님 나라를 선포하는 것으로 시작했다. 그리고 같은 식으로 두 번째 장을 끝낸다.

이렇게 우리는 예수님과 그분의 세계를 다루는 장들 사이사이에 현대 이교주의를 다루는 장들이 들어가는 이 책 전반부의 패턴을 시작한다. 나사렛 예수에 관한 사건들은 이교주의라는 증상을 드러내는 피조물의 타락에 창조주가 응답한 것이라고 기독교는 주장한다. 이 패턴은 3장부터

5장까지 계속되다가 예수님이 시험받으신 때부터 사실상 만날 수밖에 없는 지점, 즉 6장의 십자가에서 만난다.

토론을 위한 질문

1. 이스라엘의 자기 이해는 하나님의 현존과 해방의 이야기와 상징들에 큰 영향을 받았다. 한 국가와 문화로서 과거로부터 이어져 우리의 자기 이해에 큰 영향을 주는 이야기들과 상징들은 무엇인가?
2. 예수님의 때에 이스라엘은 경쟁하고/하거나 협력한 많은 열강에게 지배를 받았다. 우리 사회에서 진짜 권력은 어디에 놓여 있는가? 이스라엘에서 그랬던 것처럼, 그로 인해 발생하는 원한들은 무엇인가?
3. 교회는 언제나 공식적으로 예수님의 신성뿐 아니라 온전한 인성을 믿어 왔다. 그분이 직면한 실제의 인간적 상황에 대해 우리가 이 장에서 숙고한 것이 얼마나 도움이 되었는가?
4. 예수님이 받으신 각각의 시험들을 차례로 숙고하라. 우리 사회와 문화 안에서 그에 상응하는 것들은 무엇일까? 우리가 직면한 문제들을 손쉽게 해결할 수 있을 것처럼 보이지만 결국 하나님을 경시하고 도움이 필요한 사람들을 업신여기게 되는 해결책들은 무엇일까?
5. 하나님 나라를 선포하기 시작하면서(마 4:17) 예수님이 의도하신 바는 무엇이었는가? 그분에게 나아갈 정도(正道)는 무엇이었는가?
6. 오늘날 우리가 하나님 나라를 선포한다는 것은 무엇을 의미할까? 우리가 정말 그 일을 제대로 한다면, 우리 자신과 사회 안에서 어떤 투쟁과 분투가 펼쳐질 것 같은가?

3장
이교주의에 빠지는 길

사순절 둘째 주일

창세기 7:17-24; 마태복음 12:22-32

하나님을 대신하는 것들

사회가 하나님이 아닌 것을 숭배할 때 무슨 일이 일어나는가? 우리는 그 일이 도처에서 일어나고 있음을 알아야 한다. 그러나 대부분은 그렇게 보지 않는다. 서구인들은 여전히 자신들의 사회가 기본적으로 '기독교적'이라는 망상이나, 단순히 중립적이라는 생각, 다른 사람들의 압력을 받지 않고 자기 나름의 선택을 할 수 있는 일종의 공개 토론회와 같다는 생각을 가지고 살아간다. 누군가는 기독교를 선택할 수 있고 다른 누군가는 자유롭게 그들 나름의 선택을 한다고 말이다.

나는 이것이 전혀 사실이 아니라는 점을 이장에서 지적하려고 한다. 이교주의의 주된 변종 하나가 사회에 너무도 깊이 박혀 있어서 우리가 그것을 차의 백미러 전망을 완전히 가리는 산을 무시하듯 대한다는 점을 말이다.

굳이 따지자면 상황은 앞의 그림처럼 단순하지는 않다. 우리는 '숨은 설득자들'에 대해 알고 있으며 광고와 대중매체 이미지들, 역할 모델들의 음험한 영향력을 인식하고 있다. 또한 대중문화의 압력과 옆집 사람들과 같아지려는(혹은 그들보다 좀더 우월해지려는) 욕망을 알고 있다. 그렇지만 우리는 단지 표면상 그러할 뿐 그 밑에는 자유의 대양이 놓여 있다고 스스로를 속인다. 우리가 심리적 힘(프로이트)이나 경제적 힘(마르크스)에 사로잡힌 노예일 뿐이라는 결정론을 우리는 거부한다. 우리는 원하는 것을 할 수 있으며 우리 운명의 주인이다.

보통 교만이 타락에 앞서 오지만, 이 경우에 먼저 온 것은 타락이다. 1장에서 본 대로 여러 세대에 걸쳐 하나님을 현실과 동떨어지고 무력한 윗세계로 추방한 서구 문화가 이러한 프로메테우스적 오만을 야기한 맹목성을 빚어냈다. 우리는 세상을 계속 중립적으로 운영할 수 있다. 누구라도 원한다면 종교적 옵션을 열어 놓지만 땅이나 돈, 인간에 대해 실제적 결정을 내릴 때는 예외다. 종교적 옵션은 그야말로 방해가 된다.

종교는 무엇에 방해가 될까? 매우 분명하다. 그 대신 숭배받는 다른 신들에게 방해가 된다. '중립적' 현대 서구 문화라는 장밋빛 그림은 현실을 실질적으로 주도하는 순수 이교주의라는 문제와 인간이 그것에 하나하나 치르는 비용을 조용히 도외시하고 있다. 이교주의는 많은 형태를 띤다. 따라서 그것을 검토하는 데 두 개의 장(이 장과 5장)이 소요될 것이다.

우상숭배의 본질

바울은 지중해 세계를 누비고 다니던 때 다양한 방식으로 이교주의의 신들과 여신들의 노예가 된 사람들과 맞닥뜨렸다. 우리는 더 이상 도시와 거리와 집을 이교 신들의 뚜렷한 이미지들로 장식하지 않지만, 내 생각에 우리 사회는 바울이 설교했던 세계만큼 그 신들에 예속되어 있다. 이를 보기 위해서는 우상숭배의 본질을 이해할 필요가 있다.

선하다 해도 하나님은 아님
우상숭배는 인간이 무언가 좋은 것을 하나님인 것처럼 다룰 때 시작된다. 인간이 그저 어리석기 때문에 우상숭배를 하는 것은 아니다. 구약성경의 선지자들이 때때로 그것을 어리석은 짓이라고 조롱한 이유는 그들이 살아 계신 하나님 앞에 서는 데 익숙한 자들의 맑은 눈을 가졌기 때문이다.

우리 대부분이 자리한 곳에서 우상숭배는 어느 정도 이해될 수 있다. 우리가 사는 세계는 선하고 사랑스러우며 아름답다. 사실 너무 아름다워서 오래 머물며 그것을 경애하는 것은 상당히 '자연스럽다.' 시인 제라드 맨리 홉킨스(Gerard Manley Hopkins)는 세계가 "하나님의 위엄으로 충만하다"고 했다. 세계를 바라보면서 우리는 그것이 멋지고 경탄을 자아내며 소중한 것임을 깨닫게 되어 있다. 그렇게 하지 않는 것은 창조주의 선함을 부인하는 것일지도 모른다.

이 점을 기억하는 것은 우상숭배를 연구하는 데 매우 중요하다. 인간이 그릇된 충성을 바치는 대상 자체가 악한 것은 아니다. 악은 피조물 자체가 아니라 피조물에 대한 인간의 오용에 있다. 태양을 숭배한 고대 이교도들이 모든 면에서 어리석은 것은 아니었다. 태양은 실로 세계를 지탱하는 열과 빛의 근원이다. 태양은 세계에 위대한 아름다움과 복을 가져다준다. 그러나 그것이 하나님은 아니다. 마찬가지로 성(性)의 힘을 숭배하는 고대와 현대의 이교도들이 순전히 바보 같아서 그런 실수를 범하는 것이 아니다. 성은 동물 종이 번식하는 수단으로 창조주께서 주셨다. 더욱이 인간에게 성적 표현은 하나님의 형상인 남성과 여성이 자신들의 형상에 하나님의 기쁨과 희열이 반영된 사실을 경축하도록 주어진다. 그러나 다시금, 성은 하나님이 아니다. 모든 우상숭배의 경우가 그러하다. 우상은 그 자체로 나쁜 것은 아니다. 단지 신성하지 않을 뿐이다. 바로 그 정신으로 현대 이교주의를 이루고 있는 우상숭배의 정체를 드러내고 그것들에 맞서는 작업에 착수해야 한다.

팽창된 인간성

그렇다면 왜 사람들은 하나님이 아닌 것을 숭배할까? 자신이 가치 있는 존재라는 느낌을 주기 때문이다. 우리가 물질세계에서 무엇인가를 보면서 그것을 만드시고 그것에 대해 적절한 책임감을 느끼기를 요구하시는 하나님에 대한 언급 없이 그것 자체를 소중히 여긴다면, 우리는 위태로운 자리에 서 있는 것이다. 우상은 우리에게 확장된 느낌을 준다. 그것과 함께일 때 자신을 더 느낄 수 있다. 스스로 성장한 것처럼 보이기도 한다. 새로운 사람이 된 것처럼 느껴진다.

모국에 속한 기쁨을 순수하게 향유하던 어떤 사람이 우상숭배적 민족주의자로 변하는 모습은 이와 같은 사례를 잘 보여 준다. 우리는 금세기에 이와 같은 수많은 사례를 목격해 왔다. 민족과 인종 사이의 구별은 창조 질서의 일부다. 자신의 민족적 정체성과 특성을 향유하고 감사하는 것은 인간성의 지극히 적절한 표현이다. 그러나 그것은 너무도 쉽게 자기 민족과 인종이 다른 민족이나 인종보다 어딘가 우월하다는 신념이 되어 버린다. 냉철하고 차분하게 보면 이 신념이 어리석은 것 같겠지만, 수백만 명이 이런 신념을 가지고 있다.

대안은 자신과 다른 이들을 참으로 겸손하게 대하는 것이다. 그러나 그것은 힘든 일이다. 참으로 겸손한 태도에는 다른 이를 자신의 복제물이나 변이로 보려 하지 않고 그들 자신이 되도록 내버려 두는 것이 포함된다. 이와 반대되는 태도는 훨씬 더 쉽다. 자기 인간형의 타고난 우월성을 믿는 것이다. 이런 유형의 우상숭배는 우리가 실제 키보다 더 크다고 느끼게 한다. 마치 세상은 우리에게 속해 있으며 아주 높은 곳에서 타인들을 내려다보는 것처럼 느껴진다. 어떤 정부도 이런 종류의 인플레이션을 억제하려 하지 않는다. 이교주의는 기독교 복음의 역겨운 패러디를 생산해 낸다. '자연이 인간을 너무도 사랑하사 물질적 복을 주셨으니, 이는 자연을 숭배할 준비가 되어 있는 자마다 그 키가 3미터쯤 더 크다고 느끼게 하려 하심이라.'

그런데 자기 팽창을 계속 유지하려면 무엇을 해야 할까? 계속해서 먹이를 주어야 한다. 오늘 키가 3미터라고 느낀다면 내일은 3.3미터라고 느끼길 원할 것이다. 그렇지 않으면, 누군가 우리를 따라잡을 것이다. 우리는 더 크다는 느낌을 좋아하고 그 느낌을 계속해서 누리기 위해 정기적으로 일정한 팽창 분량을 먹어야 한다. 그것은 우리에게 우월감을 줄 다른 사람을 찾아야 한다는 의미다. 외국인들은 묵살해 버릴 수 있으니, 이제 자기 동포들 사이에서도 구분을 지어야 한다. 민족주의와 인종주의 곁에 다른 지역 출신 사람들 혹은 다른 말투를 가진 사람들에 대한 우월감이 자라난다. 모든 우상숭배에서 일어나는 일이지만, 매우 안타깝게도 우리의 길을 가로막는 사람이 있다면 몇몇의 얼굴을 짓밟아야 할지도 모른다. 우리는 2.4미터는 고사하고 2.7미터로 작아지라는 요구도 거부할 것이다.

우상의 힘

이제 우리는 선한 창조물 일부가 우상이 될 때 무슨 일이 일어나는지 관찰할 것이다. 그것은 본연의 자리에서 특정한 힘을 지닌다. 국민의 신분은 사람들이 일관되고 응집력 있는 공동생활에 참여할 수 있게 한다. 성은 환희와 쾌락을 주고 남편과 아내의 끈을 지탱하며 인류를 번식시킨다. 그러나 이런 것들 그리고 다른 창조물들이 창조주 하나님을 대신하여 숭배받으면 어울리지 않는 힘을 획득한다. 당신이 국민의 신분을 숭배하면 당신은 민족주의에 그것이 가져서는 안 되는 힘을 주게 된다. 바로 당신 그리고 당신과 연관된 이들을 지배하는 힘 말이다. 당신이 성을 숭배하면 타인의 자유와 행복을 침해할 때조차 성의 요구에 저항할 수 없는 노예가 된다.

바로 이 지점에서 적절한 주의를 기울이며 귀신론의 언어를 사용하기 시작할 수 있을 것 같다. 고백부터 하자면, 나는 귀신의 정체를 잘 알지 못한다. 사실 나는 아무도 그것을 잘 알지 못한다고 생각한다. 그리고 인간의 모든 문제의 배후에서 귀신들을 보는 이들과 그런 존재는 결코 실재하지 않는다고 생각하는 이들 모두 귀신에 관해 터무니없는 말을 많이 한다고 생각한다. 대단한 전문 지식을 가진 척하지는 않겠지만, 내가 보기에 특히 나의 신약성경 연구의 결과로 볼 때 그 문제에 대한 한 가지 가능한 접근은 다음과 같다.

오직 창조주만 숭배해야 함에도 개인이 피조물의 어떤 부분 혹은 측면을 숭배하게 되면 앞서 본 것처럼 그 우상은 개인을 지배하는 힘을 얻는다. 어떤 집단이나 사회가 공통으로 같은 행동을 하게 되면 그들의 우상은 그 집단을 지배하는 힘을 얻는다. 그 우상은 부풀려진 자아관을 제공하면서 그들을 계속 끌어당기고 정신과 마음을 홀린다. 이 '홀림'이 어느 시점에 너무 지배적이 되어 사람들이 인간성의 통상적 경계선을 넘어가기 시작하는지 말하기는 어렵다. 그러나 그런 현상이 발생한다는 것 역시 부인하기 어렵다. 그것은 역사의 어느 특정 시기나 어느 특정 사회 안에서 여타의 경우보다 더 자주 또는 더 분명하게 발생하는 것 같다. 추측하건대 예수님 당대 사회는 그러한 시기와 장소 중 하나였던 것 같다.

그리고 한 사람 혹은 한 무리의 사람들이 자기 자신보다 어떤 세력에 완전히 사로잡혀 있을 때에는 '귀신들'에 대해 말하는 것이 적절해 보인다. 어떤 이들은 이 단어가 실제로 독립된 악한 존재들을 가리킨다고 믿는 반면, 어떤 이들은 해당된 사람 또는 사람들의 뒤틀리고 발광한 상태가 생생하게 드러난 것이라고 믿는다. 여기서 그 문제를 논할 수는 없으나 그 현상에는 주목해야 한다. 현재 논의의 요점은 이것이다. 우상숭배에는 어떤 세력을 불러일으키거나 심지어 생성시키는 능력이 있으며 그 세력은 숭배자의 통제를 벗어나게 된다. 이런 작동 방식은 주식회사(특히 크고 유력한 회사들)와 단체에서 그러하듯이 누군가 기획한 일이 소위 '대박이 나서' 그 자체로 생명력을 얻을 때 자주 목격할 수 있다. 그럴 경우 그 기획을 시작하거나 명목상 담당하는 사람들이 더 이상 통제하지 못하게 되는 것은 흔한 일이다. 어느 누구도 통제하지 못한다. 그것들은 자체의 생명을 지닌다. 그리고 그런 현상을 묘사하기 위해 '악마적'이라는 단어를 사용하는 것이 적절한 때가 있다.

우상숭배와 이데올로기

우상숭배가 시작되고 나면 보통은 **이데올로기**에 의해 지탱된다. 이데올로기는 실행되고 있는 우상숭배를 뒷받침하며 겉보기에 합리적으로 정당화해 주는 신념 체계다. 20세기에 우리는 민족주의, 마르크스주의, 아니면 그 무엇이든 간에 신봉자들이 보기에 자신의 신념 체계를 거대하게 뒷받침해 주는 이데올로기들의 흥망성쇠를 보았다. 인간의 정신은 계속 키가 3미터라고 느끼도록 해 주는 우상숭배를 위해 그럴듯하지만 공허한 주장을 발명하는 데 놀랍도록 비옥한 토양을 제공한다.

결과는 혼돈으로의 회귀다. 흥미롭게도 언어 차원에서 이것을 살펴볼 수 있다. 나치 독일은 단어들이 원래 의미의 정반대를 뜻하도록 물구나무를 서는 완전히 새로운 어휘를 만들어 냈다. 이를테면 '민주주의'는 '독재'를, '자유'는 '예속'을 의미했다. 스탈린주의 러시아도 같은 일을 했다. 조지 오웰(George Orwell)은 그의 책 『1984』(Nineteen Eighty-Four)에서 그것을 신(新)언어라고 묘사했다. 이 장을 쓰고 있는 주간(1991년 8월)에 소련의 실패한 쿠데타 지도자들은 세상에 즐거운 경악을 불러일으키며 또 같은 식의 언어를 만들어 냈다. 그들은 물러난 지도자가 '아파서' '휴식'이 필요하다고 말했다. 이런 식의 왜곡 자체가 실제로 일어나고 있는 일의 숨길 수 없는 징후다. 언어는 우리의 인간성에서 가장 소중한 측면 중 하나다. 당신이 그것을 이데올로기의 제단에 바칠 준비가 되었다면 인간으로서 조용히 자기 무덤을 판 것과 같다. 당신은 자신의 인간성 파괴를 묵인한 것이다.

거짓말로 시작된 그 과정은 상습적 거짓말로 지속되고, 거짓말을 참말과 구분할 수 없을 때 더 심화되며, 우리의 말이 문자 그대로 의미 없을 때, 아무도 믿지 않는 기계적 거짓말의 떠벌림과 중얼거림이 될 때 끝난다. 이 기계적 거짓말은 단지 시스템이 여전히 작동하고 있음을 알리며 철커덕거리는 기계장치와 같은 역할을 할 뿐이다. 이것이 인간이 팽창하고자 치른 대가다. 키가 3미터라고 느꼈을지 모르지만 그것은 거짓말이었다. 그것은 본질적으로 창세기 11장의 바벨탑 이야기와 같다. 인간들은 자신들의 키를 점점 더 크게 만들겠다고 결정하지만 최종 결과는 혼돈, 혼란, 인간 언어의 와해다.

제물의 요구

누군가 당신이 숭배하는 대상을 앗아 가거나 그것을 당신과 공유하고 싶어 한다면 어떻게 할 것인가? (당신이 무척 즐기는 자존감을 그것에서 얻고자) 다른 경우라면 상당히 압박을 느꼈을 어떤 요구를, 그것이 원하는 무언가에 관심을 쏟기 위하여 무시해야 한다고 가정해 보자. 여기에 어려움이 있다. 바로 **우상들은 제물을 요구한다**는 점이다. 당신이 하나님이 아닌 것을 진심으로 숭배하려 한다면, 어떤 것들은 옆으로 비켜나 그것에 길을 터 주어야 함을 염두에 두어야 한다. 당신이 갈망하는 팽창을 우상에게서 계속 얻으려 한다면, 그렇지 않을 경우에 당신이 지키려 할지도 모르는 정직, 정절, 친절, 땅과 사람들에 대한 존중 같은 것을 우상에게 바쳐야 한다.

나치 독일을 다시 살펴보면 이교주의의 이런 측면이 대규모로 작용한 걸 발견할 수 있다. 히틀러는 독일 민족이 스스로 특출한 가능성을 지녔다고 믿도록 조장했다. 그는 프리드리히 니체(1844-1900)의 철학에 영감을 받아 초인적 인종을 창조할 가능성을 보았다. 이는 정확히 제1차 세계대전에서 참패해 사기가 저하되었으며 바이마르공화국의 힘든 시기를 겪은 독일인들이 다시 활기를 회복하기 위해 믿고 싶었던 신화였다. 그들에게 방해되는 것은 무엇이었을까? 독일에 '유리한 위치'를 내주지 않는 나머지 유럽, 그리고 바로 유대인들이었다. 그들은 다른 인종이었다. 독일인들의 꿈에 동화될 수 없는 신에게 전적으로 충성하는, 그야말로 그들과 맞지 않는 인종이었다. '홀로코스트'(holocaust)라는 단어는 문자 그대로 번제물을 의미한다. 유대인 문제에 대한 히틀러의 '최종 해결책'은 바로 그것이었다. 다시 말해, 그의 이교주의는 제물을 요구하였으며 (그중에서도) 유대인들은 인종적 순수성이라는 제단 위에 바쳐졌다.

물론, 우리는 이제 더 잘 안다. 과연 그러한가? 서구 사회는 키가 3미터라는 느낌을 좋아한다. 과학과 기술은 우리에게 너무 많은 것을 해 주었다. 우리는 과거 어느 때보다 더 잘 먹고, 더 많은 정보를 얻으며, 더 잘 갖추었고, 더 좋은 집에 살며, 더 큰 즐거움을 경험한다. 우리는 실제보다 크며, 그것을 좋아한다.

이 꿈이 지속되는 것을 누가 방해하는가? 우리 곁에 살고 있는 가난한 자들, 노숙자들, 종이 상자 안에서 사는 이들이다. 우리 대부분은 마치 그들이 거기 없는 것처럼 여기며 기꺼이 하던 일을 계속한다. 더 멀리 떨어진 곳에 사는 이들도 있다. 우리는 일부러 그들을 잊어버린다. 이를테면 우리가 부풀려진 값을 주고 사 마시는 차를 생산하기 위해 아주 적은 돈을 받고 일하는 제3세계의 소작농, 다국적기업의 전적 통제를 받으며 그들이 펜을 한 번 획 움직이는 것으로 망할 수도 있는 외딴 마을의 소농. 산업 연료를 공급하기 위해 벌채되는 열대우림, 그리고 바로 그 산업에서 발생하는 산성비를 계속 맞는 바람에 갈색으로 변하는 상록수림도 우리를 방해하는 것들이다. 우상숭배를 하면 치르게 되는 대가가 있다. 세상을 다이아몬드 광산으로 여기면 동시에 세상을 쓰레기 더미로 여기게 될 가능성이 크다. 우리는 정기적으로 물질주의적 신이교주의 제단에 제물을 바친다. 그 제물 가운데 일부는 인간이다.

우상숭배와 책임 유기

우리 스스로 인간성이 파괴되는 것을 묵인한다면 창조 자체를 파괴하는 일에도 암묵적으로 동의하는 것이다. 인간의 팽창은 나머지 자연 질서에 대한 우리의 책임을 포기하는 대가로 이루어진다. 이는 성경의 홍수 이야기에 담긴 메시지의 일부다. 우리 세대에 발표된 브리튼(Britten)의 〈노아의 홍수〉(Noye's Fludde)부터 존 케어드(John Caird)의 뮤지컬 〈에덴의 아이들〉(Children of Eden)에 이르기까지 그 이야기는 각색되어 왔다. 그러나 그런 작품들은 주로 노아와 그의 가족 사이에 벌어지는 인간적 드라마나, 그들과 동물 사이의 소통(어떤 감독이 이 소재를 마다하겠는가?)에 초점을 맞추었다.

그러나 이 근사한 드라마들 배후에 있는 홍수 이야기는 피조물을 책임지도록 만들어진 **인간이 그 책임을 포기했다는 것**을 전제한다. 홍수는 복수심에 불탄 신이 자의적으로 내린 처벌이 아니다. 그것은 인간들이 서로에게, 하나님에게, 피조물에게 무책임한 행동을 하여 발생한 상황이다. 노아 이야기의 세부 요소들을 어떻게 생각하든 이야기 전체를 지배하는 진실은, 인간이 아닌 창조된 질서는 창조주에게 순종하며 살아가는 인간과 조화롭게 일하도록 설계되었으며 인간의 불순종이 발생하면 피조물 스스로 인간에게 불리한 증언을 하리라는 것이다.[2] 기술과 물질적 진보에 대한 우상화는 강과 호수, 삼림, 우리가 호흡하는 공기마저 대규모 제물로 요구하며 폭주하고 있다. 그 속에서 홍수 이야기는 우리 세대에 여러 번 재연되었다. 우리는 사실상 다시 모든 것이 안녕하다고 공표할 무지개를 여전히 기다리고 있으며, 인간이 피조물에 대한 책임을 저버린 결과와 다른 피조물을 훼손해 가면서 피조물 일부를 우상화한 결과를 목도하고 있다.

우상숭배의 결과들

우상을 숭배하는 이들에게는 무슨 일이 일어날까? 우상숭배가 가진 문제는 약속한 것을 주지 않는다는 점이다. 결코 그럴 수 없다. 시편 기자는 이를 매우 잘 알고 있었다.

그들의 우상들은 은과 금이요

사람이 손으로 만든 것이라.

입이 있어도 말하지 못하며

눈이 있어도 보지 못하며

귀가 있어도 듣지 못하며

코가 있어도 냄새 맡지 못하며

손이 있어도 만지지 못하며

발이 있어도 걷지 못하며

목구멍이 있어도 작은 소리조차 내지 못하느니라.

그리고 우상숭배는 인간성 파괴를 낳는다는 충격적 결론이 이어진다.

우상들을 만드는 자들과 그것을 의지하는 자들이 다 그와 같으리로다. (시 115:4-8)

우상숭배는 어째서 결국 자기 파괴가 되고 말까? **인간은 자신이 숭배하는 것을 닮게 된다**는 위대한 진실 때문이다. 우리 인간은 창조주의 형상으로 창조되었다. 우리가 그분을 숭배하면, 다시 말해 예수 그리스도에게서 드러나시며 성령으로 드러나시는 하나님을 숭배하면 그분을 닮기 시작할 것이다(우리 스스로 알아채지 못해도 다른 이들은 알 것이다). 이 하나님을 숭배하는 것은 어떤 의미에서 인간이 해야 할 '당연한' 일이자 우리가 창조된 목적이다. 그리고 모든 생명의 창조자이시며 증여자이신 그분을 숭배하는 것은 진정으로 고양된(팽창된 것과 정반대) 우리의 인간성을 발견하는 것이며 삶을, 더 풍성한 삶을, 더 충만한 삶을 발견하는 것이다.

그런데 다른 무언가를 숭배한다면 어떻게 될까? 창조된 인간이 닮지 **않은** 무언가를 숭배하면 그것은 겉으로 드러나기 시작할 것이다. 돈, 권력, 성, 안전, 번영, 정치적 출세를 숭배하면 그것은 조만간 틀림없이 얼굴에 드러날 것이다. 우리가 스스로를 대하는 방식과 다른 사람들을 대하는 방식에도 분명히 드러날 것이다. 특히, 창조주가 아닌 창조 질서의 일부를 숭배하면 본질적으로 덧없으며 부패할 수밖에 없는 무언가를 숭배하게 되는 셈이다. 그것 자체에는 생명이 없으며 오직 선물로 받아 지닐 수 있을 뿐이다. 그런데 우리가 생명을 주시는 창조주 대신 덧없는 무언가의 형상을 지니기 시작하면 단지 우리 자신의 덧없음을 강화하게 될 뿐이다. 즉 "그것들을 만들고 그것들을 믿는 이들은 그것들과 같아진다." 우리는 저 덧없음의 반대편에 새로운 생명이 있을 것이라는 가능성을 거부하고 있다. 현재 덧없는 상황 속에서 생명을 주시는 창조주를 숭배하는 이들이 받게 될 그 새로운 생명의 존재 가능성 말이다. 우리는 부패와 죽음을 선택하고 있다. 그것이 바로 우상숭배가 초래하는 바다. 즉 창조주의 영광에 함께하도록 만들어졌으나 끊임없이 다른 무언가를 숭배하고 그것의 덧없는 광채를 공유해 온 피조물의 상태, 비인간적 상태. 그것은 어쩌면 지옥을 의미하는지도 모른다. 분명히 어떤 사람들은 다른 이들보다 빨리 그곳에 도달한다.

현대의 주요 우상들

이 책의 후반부에 현대의 우상숭배 문제를 더 다루겠지만 이 시점에서 이교주의가 현대 서구 세계에 나타나는 방식에 대하여 짚고 넘어가겠다.

내 눈에는 두 가지 형태가 보인다. 지금 논의할 첫 번째 형태는 비교적 일차원적이다. 그것은 마치 이원론이 썰물처럼 밀려난 후 남겨진 것과 같다. 5장에서 논의할 두 번째 형태는 좀더 복잡하다. 그것은 이원론이 버려 둔 일차원적 이교주의가 좀더 다층적으로 변화하면서 심화된 발달 단계를 보여 준다.

첫 번째 유형의 이교주의는 쉽게 식별된다. 계몽주의는 서구 사회에 물질적인 것을 영적인 것에서 분리할 수 있다고 가르쳤다. 그런데 그 분리가 너무 커져 창조주에 대한 책임감이 인간이 피조물을 다루는 방식에 영향을 주지 않게 되었다. 바로 이것이 그 기획 내에 상존하는 위험성이다. 예전의 과학과 기술은 인간과 세상에 대한 모종의 책임을 실상 종종 등한시했지만 적어도 인지하고 있었다. 이제 우리에게 그러한 감각 따위는 없다. 서구 세계의 의사 결정자 대다수는 마치 하나님이 계시지 않는 것처럼(*etsi Deus non daretur*) 살고 말하며 행동한다. 서구의 지도자들에게 하나님은 이따금 정치적 협력자로 활용될 뿐, 막상 일이 닥쳤을 때 그들은 조언과 도움을 얻기 위해 그분께 의지하지 않는다.

그 대신 그들은 자신이 섬기는 우상의 사제들을 찾아간다. 경제적 연구를 의뢰하고, 기술 연구소를 건립한다. 끊임없이 증대되는 방어 체계의 가능성을 조사한다. 현재 군비 축소 회담이 성공적으로 진행되고 있지만 현재의 방어 체계는 전 인류를 여러 번 몰살할 만큼 거대하다. 우상숭배는 서로에게 의지하며 증식한다. 물질적 번영과 무기 경쟁은 상호 의존 관계인 듯하고, 민족주의와 혁명은 규칙적인 주기로 동행하는 것 같다. 이러한 것들이 맘몬과 그의 협력자들, 특히 전쟁의 신 마르스가 우리 사회에 만연한 결과를 초래하고 있다. 과학과 기술은 자주적이다. 다시 말해, 그것의 자주성 때문에 그것이 무엇을 지시하든 우리는 해야 하며 어떤 것을 제안하든 적어도 시험해 보아야 한다. 이렇게 생각하는 사회는 이교주의의 노예가 된 사회다.

미로 밖으로

그렇다면 우리는 우상숭배에 대하여 어떻게 할 것인가? 서구 사회는 어떻게 이데올로기들의 교착 상태에서 벗어날 수 있을까? 보통 두 가지 해결책을 제시하지만 그 어느 것도 만족스럽지 않다.

미로 밖으로 인도하는 듯 보이는 첫 번째 길은 굳건한 금욕 프로그램과 대안적 삶의 방식을 단호하게 추구하는 것이다. 우리 사회가 어떤 우상들을 숭배하는지 이해하고 그것들을 있는 그대로 명명하며 더 이상 숭배하지 않기로 결정한다. 쉬운 일 같지 않은가? 우리의 어리석음과 무지를 회개하고 행실을 고치기만 하면 된다. 비록 세상을 하루아침에 바꿀 수는 없어도 우리 자신을 위해 몇몇 중요한 조치들을 취할 수 있으며 자유를 위해 작은 충격들을 가할 수 있다. 또한 다른 이들도 그리하도록 격려할 수 있다.

이 길을 무시해서는 안 된다. 그것은 지배적 문화를 바꿀 가능성이 전혀 없어 보이기에 그냥 그 문화에 편승하는 것보다 훨씬 더 나은 길이다. 수고스럽더라도 많은 사람이 이 길에 관여한다면 의미 있는 여론 변화를 가져올 수 있다. 지난 10년간 영국에서는 환경보호 같은 영역에서 중요한 대중의 인식 변화가 있었다. 이미 멀찌감치 앞서 나간 몇몇 유럽 국가도 있다. 우리 사회를 특징짓던 자유방임적 태도들이 변하고 있음을 보여 주는 많은 징후가 있다. 제 한 몸만 건사하며 세상은 제멋대로 굴러가도록 내버려 두는 것은 더 이상 유행이 아니다.

이런 방식의 변화는 필수적이고 중요하지만, 결코 그 자체로 우상들의 위력을 깨뜨리지 못한다. 많은 보통 사람이 에너지를 보존하고 낡은 봉투를 아껴 쓰고 오래된 병과 캔을 재활용하고 연료를 무연가스로 바꾸며 그밖에도 어느 순간 새로운 사회적 양심의 일부가 된 것들을 실천하고 있는 반면, 산업 영역에서는 그러한 규제나 주의가 전혀 보이지 않는다. 지금 우리는 과거 어느 때보다 더 많은 오염을 발생시킨다. 거대 은행과 대출 담당 기관들은 제3세계 국가 전체를 포함하여 수많은 사람을 부채로 몰아가는 속도를 늦추지 않고 있으며 그렇게 하려는 어떠한 징후도 보여 주지 않는다. 무기 산업은 성공의 총성을 울려 대고 있다.

신학자들이 개인의 구원에 관해 다년간 발언해 온 대로 이를 악물고 더 나아지기 위해 결심하는 방식에는 문제가 있다. 혼자 힘으로는 상황을 개선할 수 없다는 것이다. 도움의 유일한 근원이신 하나님의 은총을 구하고 모든 악에 대한 복음 자체의 승리에 의지하며 그 사안들을 신학적 측면에서 다루어야 한다. 그렇게 하지 않으면 아무리 많은 사람이 헌 신문을 재활용 센터에 준다 하더라도 진짜 우상숭배는 계속해서 막을 수 없을 것이다. 그렇게 세상을 바꾸려는 방식으로는 충분치 않다. 교회는 개인이 스스로 도덕적 노력을 기울여 구원받을 수 없으며 오직 십자가 안에서 성령을 통하여 일어나는 하나님의 값없는 은총과 사랑을 통해서만 구원에 이를 수 있다는 것을 (종종 다시 잊어버리지만) 배운 바 있다. 범위를 넓혀 인간 사회의 삶에 있어서도 역시 그러하다. 단지 기계 표면을 정비하는 것 이상이 필요하다.

이원론 이후 물질주의적 이교주의 문제를 다루는 두 번째 길은 좀더 다면성 강한 이교주의인 뉴에이지나 그것에 종속된 사상 중 하나로 넘어가는 것이다. 그러나 5장에서 이를 더 상세히 살펴볼 것이기 때문에 여기서는 그것을 또 하나의 대안으로 주목하는 것으로 충분하다. 내가 보기에 이 대안은 한 유형의 이교주의를 다른 유형의 이교주의로 대응하는 것일 뿐이다.

그렇다면 우리는 서구 자본주의 사회를 특징지어 온 우상숭배와 이데올로기의 미로에서 어떻게 벗어나 앞으로 나아갈 수 있을까? 이 책의 후반부에서 나는 각각의 우상이 차지한 영토에서 그것들에 맞서야 하며, 또 그것들이 패러디하는 진상을 밝히고 우상숭배가 왜곡하고 있는 참된 예배를 추구해야 한다고 주장할 것이다. 거기에 있는 선(善)을 끝까지 찾아내고 우상숭배를 버리는 과정에서 그것이 상실되는 게 아니라 증대됨을 목격해야 한다. 이 과정과 이 활동은 아주 중요하므로 결코 실수하지 말아야 한다.

그렇게 부르든 그렇지 않든 이 과정에서 우리는 위대한 **축귀** 행위에 관여하게 된다. 지난 수십 년간 축귀에는 나쁜 평판이 뒤따랐다. 선정적으로 다뤄지거나 대수롭지 않게 여겨지거나 완전히 묵살되었다. 그러나 성경은 축귀에 그렇게 접근하지 않는다. 특히 우리는 예수님의 사역에서 치유, 소외된 자들과의 사귐, 가르침, 설교 등 그분이 헌신한 많은 사역과 모든 우상숭배에서 그렇듯 초인적 성격을 갖게 되는 악의 세력들과의 연속된 싸움이 연결되었다는 느낌을 받는다. 예수님은 초인적 악령들의 관념에 사로잡히지 않으셨으나 그것들을 무시하지도 않으셨다.

다시 우리는 예수님의 하나님 나라 선포로 돌아왔다. 그분은 "너희 하나님이 다스리신다! 이스라엘의 하나님이 왕이 되신다!"라는 메시지를 선포하며 갈릴리를 돌아다니셨다. '체제'에 단단히 얽매여 문자 그대로 좋은 소식을 믿을 수 없는 남녀가 도처에 있었다. 그들은 문자적으로나 비유적으로나 맹인과 절름발이, 귀머거리와 벙어리였다. 그들이 처한 상황은 인간이라면 선천적으로 범하기 쉬운 하나님을 향한 반항을 더욱 악화시켰다. 사방에서 너무 심하게 악에 짓밟힌 그들은 악의 지배를 받았다. 악은 그들 내면에 자리 잡고, 나아가 그들 자신이 되어 버렸다. 예수님은 그것을 깨트리고 그들을 자유의 몸이 되게 하려고 오셨다. 그리고 교회는 우리로 하여금 부르심을 감당하게 하시는 그분의 영의 능력을 통해 그분의 사역을 이어받고 수행하도록 부름받았다.

그리고 그 결과는? 옛 홍수 이야기에서 하나님은 노아가 인간들이 마땅히 감당해야 했던 책임을 다시 한번 맡기시려고 그를 부르셨다. 즉, 그가 인간을 대표해야 한다는 것이었다. 그는 아담이 동산에서 하도록 부름받은 일, 동물들을 돌보는 일을 해야 했다. 노아는 진정한 인간성을 되찾도록 부름받았다. 그것은 구원의 길이다. 그렇기 때문에 초대 교부들은 노아를 예수님의 표상으로 보았다. 예수님에게서 인간성은 최고조에 달한다. 그것은 이교주의가 제공하는 3미터 높이로 부풀려진 인간성이 아니다. "내가 땅에서 들리면 모든 사람을 내게로 이끌겠노라 하시니"(요 12:32). 이것이 인간성의 참된 높이다. 이교주의가 내놓는 것은 구약성경에서 바벨탑으로 이끌던 오만함이다. 다음 장은 바로 그 지점에서 시작한다.

토론을 위한 질문

1. 당신의 지역에서는, 또한 현대 서구 사회에서는 어떤 우상들이 자주 숭배되는가?
2. 그 우상들은 어떤 유형의 부풀려진 인간성을 제공하는가?
3. 그 우상들은 숭배자들과 그들 주위의 다른 사람들의 인간성을 어떻게 파괴하는가?
4. 당신과 당신의 교회는 주위에서 보이는 이교주의에 보통 어떤 반응을 보이는가?
5. 그 반응은 효과적인가?
6. 그 반응은 예수님의 복음을 충분히 반영하는가?
7. 세상의 아름다움을 숭배하지 않고 경축하는 방식에는 어떤 것들이 있을까?
8. 요한일서 3장은 하나님과 인간의 사랑에 대해 이야기한다. 어떤 면에서 사랑은 우상숭배의 반의어인가?

4장
세상의 빛으로 부르시다

사순절 셋째 주일

창세기 12:1-9; 베드로전서 2:19-25; 마태복음 16:13-28

이교주의에 대한 하나님의 응답

앞에서 이교주의를 살펴보았으니 이제는 하나님이 이교주의에 어떻게 대응하시는지, 예수님이 당연하게 성경으로 인식하신 구약성경을 통해 살펴볼 차례다. 구약성경에 대한 사람들의 무지가 심해지고 있으나 이 낯설면서도 영향력 있는 고서는 신약성경과 예수님의 메시지의 의미에 대한 많은 단서를 담고 있다. 우리가 1세기 세계로 뛰어드는 즉시 사람들이 그와 같이 말하고 행동한 이유를 알게 되는 것은 아니다. 그들이 하는 말과 행동의 역사적 배경을 이해해야 한다.

하나님의 백성은 중동의 한 유목 민족으로 시작했다. 그 시작점과 예수님 당시의 거리는 우리와 예수님 시대 사이의 세월만큼이나 멀었다. 그들의 이야기는 창세기 12장에 등장하며, 여전히 유대인과 그리스도인이 믿는 모든 것의 기초가 된다. 창세기의 첫 부분이 전하는 하나님의 선한 창조와 인간의 반항에 관한 이야기는 창세기 11장의 바벨탑 이야기로 절정에 달한다. 인간들은 스스로의 능력을 과신한 나머지 우주의 창조주와 겨룰 수 있다고 생각하게 된 것이다. 그들의 잘못은 민족과 언어를 갈라 놓았고, 그것은 인간들 사이의 관계가 전반적으로 와해될 것이라는 징후였다. 창조주에 대한 반항은 세계의 분열을 초래했다. 그런 맥락에서 창세기는 새로운 시작, 새로운 과업, 새로워진 백성에 대한 이야기를 펼친다.

그 이야기는 한 부부와 함께 시작한다. 아브라함과 사라는 자기 식솔 및 시종들과 함께 새로운 땅으로 가서 창조주가 온 세상에 보내는 사절단의 선봉에 서도록 부름받는다. 우리는 아브라함을 부르시는 하나님의 목적이 온 세상을 회복하고 새롭게 하는 것임을 결코 잊지 말아야 한다.

아쉽게도 많은 그리스도인이 이것을 자주 잊는다. 우리는 그 부르심을 잘못된 시작이라고 생각할 때가 많다. 하나님은 이스라엘을 통해 세상에 복 주기를 원하셨지만 잘 되지 않아서 예수님을 대신 부르셨다고 말이다. 혹은 그저 예수님 이전의 기독교를 보여 주는 먼 옛날의 예로 여길 때도 많다. 아브라함과 몇몇 사람이 어쩌다 우리와 같은 믿음을 가졌지만, 우리와 그들 사이에는 역사적 연관성이 별로 없다고 말이다. 그러나 아브라함 이야기에서 실제로 중요한 것은 하나님이 모든 피조물을 위해 뜻하신 일이 시작되었음을 보여 준다는 점이다.

그런데 어떻게 예수님 탄생 2천 년 전의 중동 지역 중년 유목민이 온 세상의 문제, 즉 창조주에 맞선 인간의 반항과 인간 사회의 분열이라는 문제에 해답이 될 수 있을까? 사람들은 지금도 예수님을 세상 모든 문제에 대한 해결책으로 여기기 어려워하는데, 아브라함을 그렇게 여기기란 더 어려운 일 아닌가? 그렇지만 해답은 "**세상에, 어떻게?**"라는 질문 자체에 들어 있다. 세상에 존재하는 문제들에 대한 많은 해결책은 본질적으로 세상 **밖**에 있다고 제시된다. 사람들은 사실상 다음과 같이 말한다. "이 곳의 상황에 대해 걱정하지 마세요. 도피할 수 있는 다른 세상이 있어요. 여기에서 신비적 경험을 하거나 이 세상을 떠나 다른 세상으로 넘어가면 됩니다." 그러나 구약성경에 제시된 해결책은 분명히 다르다. "여기 새로운 가족, 새로운 민족이 있다. 이들을 통해 나머지 세상이 복을 받을 것이다." 이들은 **세상에 있는, 세상을 위한** 민족이다. 세상에 필요한 것은 별세계라는 현실 도피적 꿈이 아니라 저 민족이다. 하나님이 저들을 세상에 주셨다.

그렇다면 이 해결책은 어떻게 실행되는가? 아브라함과 그의 가문이 세상을 치유하는 사업을 시작하고 자신들에게 조언을 의뢰하라며 사람들을 초청하는 방식은 분명 아닐 것이다. 그런 사람들과 단체들이 현대 서구 세계에 존재하며, 우리는 보통 그들에 대해 적잖은 의혹을 품는다. 설령 아브라함과 그의 가문이 그렇게 하려고 했더라도 국제적으로 보잘것없는 소수 민족이라며 무시당했을 것이다. 게다가 그들은 상당히 오랫동안 세상의 문제들을 해결하는 데 특별히 관심이 없었다. 살아남는 일, 양 떼와 소 떼를 먹이는 일, 신선한 목초지를 찾는 일, 그리고 나중에는 가문의 정체성을 보존하는 일이 그들의 관심거리였다. 하지만 꿈이 잊혀 가는 듯할 때마다 가문의 또 다른 일원이 일어나 자기 가문이 부름받은 더 큰 과업을 새롭게 상기시키며 도전했다. 세상의 문제에 해결책이 되라는 아브라함 가문의 소명은 잊히지 않고 희망 가운데 미래로 전해진다. 그러한 희망과 소명은 가문의 이야기가 펼쳐지는 가운데 일어난 세 가지 중대한 사건을 통해 형성된다.

세 가지 중대한 위기

출애굽: 창조의 제사장들

그 가문은 세 가지 중대한 위기를 겪었는데, 각각의 위기는(그리고 특별히 마지막 위기는) 예수님 시대의 유대인들이 느낀 소명감을 형성한 요인이었다. 첫 번째 위기를 겪은 것은 우리가 출애굽이라고 부르는 시기, 즉 하나님이 이스라엘을 이집트 노예 생활에서 구출하여 홍해를 건너고 광야를 거쳐 약속의 땅에 이르도록 인도하신 때다. 이스라엘은 이 해방에 대해 하나님이 그들을 특별한 백성으로 삼으시려고 노예 시장(이집트)에 오셔서 노예(이스라엘)를 사신 시기라고 회고했다. 하나님은 "너희가 내게 대하여 제사장 나라가 되며 거룩한 백성이 되리라"고 말씀하셨다(출 19:6). 그리고 이스라엘 민족에게 헌장(율법 혹은 토라)을 주셨는데, 그것은 무슨 일이 있어도 그 민족이 나머지 인류에게 인간됨의 참된 본질을 보여 주는 역할에 이용할 수단을 갖게 되리라는 것을 보장했다. 바로 그것이 '제사장직'이 의미하는 바다. 나머지 피조물이 불분명하게라도 창조주를 찬양하고 있으면, 이스라엘은 그 찬양들을 모아 명확한 지식과 믿음으로 창조주 앞에 바치도록 부름받았다. 그 과정은 동시에 반대 방향으로도 흐르게 되어 있었다. 하나님의 구원의 능력과 사랑을 경험한 이스라엘은 하나님이 그 강력한 사랑을 나머지 세상과 함께 나누실 수단이 될 것이었다.

왕정: 다윗과 거룩한 성

제사장 나라가 되는 것은 실현하기 힘든 전망이자 머물러 있기 어려운 길이다. 고대 세계의 이교주의에 직면한 이스라엘이 감언이설과 타협의 압력에 저항하기 힘들어 한 것은 이상한 일이 아니다. 모든 사람이 자기 보기에 옳은 바를 행했다. 그 상황에서 이스라엘은 왕을 얻게 되었는데, 이것이 두 번째 중대한 위기다. 이스라엘은 하나님 외에 왕을 두지 않은 채 계속 신정 국가가 되려고 해야 했을까, 그렇지 않으면 다른 모든 나라처럼 왕이 있어야 했을까? 왕을 선출한 것은 어떤 의미에서 이스라엘이 하나님을 향해 반항한 행위였으나, 다른 의미에서 고집스런 자기 백성이 완전히 빗나가는 것을 막으시려고 사랑의 하나님이 주신 선물이었다. 이런 모호함이 성경에도 뚜렷이 반영되어 있다(삼상 8-12, 15-16; 호 13:11 등). 뒤늦은 깨달음이었지만 구약성경의 저자들은 이스라엘에 왕이 필요하지 않았다면 더 좋았으리라는 점 **그리고** 현실을 보자면 그들에게 왕이 필요했다는 점 둘 **다**를 이해한 것으로 보인다.

세상에 복을 주는 하나님의 수단이 된다는 이스라엘의 소명은 이제 왕 개인에게 넘겨졌다. 시편(이를테면 2, 21, 72, 89편)에는 온 세상을 지배할 왕을 경축하는 모습이 나온다. 어느 정도는 다윗과 솔로몬 치하의 영광스러운 시절에 대한 기억이라고 볼 수 있다. 당시 고대 근동은 권력의 공백 지대였기 때문에 이스라엘은 영토를 확장하여 이집트와 바벨론 사이의 영토 대부분을 다스릴 수 있었다. 영광스런 시절이 사라진 지 오랜 후에도 시편이 계속 그 주권을 옹호한다는 사실은 그다지 영광스럽지 않은 시기에 용기를 잃지 않도록 어둠 속에서 휘파람을 부는 애국 행위쯤으로 보일 수도 있다. 그렇지만 그것은 아브라함과 그의 계승자들의 전망과 출애굽 때 뚜렷해진 소명을 다시 강하게 진술하는 것이기도 했다. 하나님은 이스라엘뿐 아니라 온 세상을 다스리는 왕이 되실 것이다. 그리고 이 일이 일어나게 될 방식 가운데 하나는 그분이 예루살렘에 진정한 왕, 진짜 제2의 다윗을 옹립하시는 것이다. 그렇게 되면 온 세상은 절실한 정의와 자비로(모든 시편이 그렇게 말하는 것은 아니지만) 통치받을 것이다. 이 구약성경 구절에서 심오한 모호함을 발견할 수 있다. 다시 말해, 그 구절들은 귀에 거슬리는 민족주의와 세상을 구하는 수단이 되고자 하는 참된 거룩한 소명을 동시에 표현한다.

왕에 관한 꿈과 더불어 예루살렘에 관한 꿈도 일어났다. 이 꿈에도 모호함과 영광스러움이 섞여 있다. 다윗이 예루살렘을 선택한 것은 단순히 이스라엘의 흩어진 열두 지파의 연합을 위한 구심점을 제시하는 기민한 정치적 행위였다고 말할 수도 있을 것이다. 또한 이스라엘이 비록 하나님에게 충실하지 못함에도 쉽게 무너지지 않음을 나타내는 마술적 상징처럼 예루살렘을 다루는 성경 구절들을 지적할 수도 있을 것이다. 그러나 다윗과 그의 수도, 그의 아들 솔로몬이 지은 성전이 이스라엘의 정치적 초점이었다면, 그것은 이스라엘을 통해 세상이 회복되고 창조주와 화해한다는 절실한 약속을 상징하고 구체적으로 표현하는 이스라엘의 신학적 초점이기도 했다. 성전은 우주의 창조주가 거하시는 장소였다. 그분의 정의는 예루살렘에서, 주님의 말씀은 시온에서 발원하여 나아갈 것이다. 열방은 여기, 오직 여기에만 참된 권위와 질서와 치유가 있음을 목도하게 될 것이다.

포로기: 갱신의 전망

그러나 그 전망은 다윗 시대와 예수님 시대 사이의 중간 즈음인 주전 597년에 무참히 깨졌다. 바벨론 민족이 예루살렘을 폐허로 만들었다. 왕은 포로로 잡혔으며 그의 아들들은 죽임당해 왕가는 그것으로 끝나는 듯했다. 성전은 파괴되었다. 창조주이며 구속자이신 하나님의 집도 그렇게 무너지는 듯했다. 백성도 포로로 내몰렸다. 그들이 열방의 빛이 되리라는 소명도 거기서 실패하는 듯했다.

하지만 웬일인지, 놀랍게도 희망은 끈질기게 살아남았다. 다른 어떤 민족들은 그런 시련을 겪고 흔적도 없이 사라져 버렸다. 이스라엘은 스스로의 전망과 소명을 고수했다. 선지자들이 일어났고, 그 충격적이며 무시무시한 사건들은 이스라엘이 자기 뜻대로 행하며 이교주의와 타협하였기에 피할 수 없었던 결과라고 해석했다. 바벨론 유수는 창조주 하나님이 자기 백성을 잊지 않으셨음을 의미했다. 그분이 그들을 기억하시지만 그 기억하는 내용을 좋아하지 않으심을 의미했다. 그렇다면 해결책이 있을 수도 있다. 이스라엘은 다시 회복되고 열방의 빛이 되는 전망을 다시 붙잡을 수 있다. 열방은 여전히 어둠 속에 있었고, 이스라엘은 켜켜이 쌓인 자신의 어두운 절망 아래서 자신뿐 아니라 열방을 위해 다시금 불타오를 수 있는 희미한 희망의 빛을 아직 지니고 있었다.

> 나 여호와가 의로 너를 불렀은즉 내가 네 손을 잡아 너를 보호하며 너를 세워 백성의 언약과 이방의 빛이 되게 하리니 네가 눈먼 자들의 눈을 밝히며 갇힌 자를 감옥에서 이끌어 내며 흑암에 앉은 자를 감방에서 나오게 하리라. 나는 여호와이니 이는 내 이름이라. 나는 내 영광을 다른 자에게, 내 찬송을 우상에게 주지 아니하리라. 보라 전에 예언한 일이 이미 이루어졌느니라. 이제 내가 새 일을 알리노라. 그 일이 시작되기 전에라도 너희에게 이르노라. (사 42:6-9)

절망 끝에 솟아나는 희망에 관한 이 놀라운 구절이 향하고 있는 대상은 누구인가? 어떤 면에서 그것은 분명 민족으로서의 이스라엘이다. 이사야 40-50장 전체는 포로기 이면에 자리한 민족의 희망에 대해 이야기한다. 그러나 매우 개인적인 어투라는 또 다른 면에서 볼 때 이는 주님의 종인 이스라엘에게 말을 거는 것이며 그를 통해 이 일이 이루어질 것이다.

> 주 여호와께서 나의 귀를 여셨으므로 내가 거역하지도 아니하며 뒤로 물러가지도 아니하며 나를 때리는 자들에게 내 등을 맡기며 나의 수염을 뽑는 자들에게 나의 뺨을 맡기며 모욕과 침 뱉음을 당하여도 내 얼굴을 가리지 아니하였느니라.

그가 곤욕을 당하여 괴로울 때에도 그의 입을 열지 아니하였음이여 마치 도수장으로 끌려 가는 어린 양과 털 깎는 자 앞에서 잠잠한 양같이 그의 입을 열지 아니하였도다. (사 50:5-6; 53:7)

구약성경의 많은 부분처럼 이사야 40-55장은 심오한 긴장을 담고 있으며 훗날 신약성경의 저자들은 그 긴장을 활용한다. 바로 이 '종'이 정확히 명백한 실패와 패배를 통하여 하나님의 목적을 이루리라는 것이다. 하지만 일단 요점은 분명하다. 포로기에 이스라엘과 열방의 희망은 결코 소멸되지 않을 것이며, 오히려 포로기는 그 희망이 마침내 실현될 수 있는 발판이 될 것이다. 이스라엘은 애초에 세상을 위해 창조되었기 때문에 마침내 그들이 포로 상태에서 해방될 때 세상은 큰 복을 받게 될 것이다. 에스겔서는 예루살렘이 회복되고 성전이 재건되며 생명수 강이 성전산에서 흘러나와 온 세상으로 뻗어 나가고 어디에 이르든지 치유와 새 생명을 낳을 것이라고 예언하는 기이하고 아름다운 구절을 담고 있다(겔 47장: 이 구절에 제시된 성전의 불가능한 규모에서 분명히 드러나듯, 이 내용을 문자 그대로 받아들여서는 안 된다). 회복된 에덴의 이미지를 불러일으키도록 의도된 이 장면에서 편의상 에덴은 예루살렘 성전에 자리하고 있다. 아브라함 민족은 결국 아담의 후손들을 치명적 질병인 죄에서 구하는 수단이 될 것이다.

출애굽, 왕의 선출, 포로기와 회복이라는 이 세 가지 위기는 예수님 시대의 유대인들이 그들 스스로와 그들의 소명을 이해한 것을 살펴본 2장의 내용에 더 광범위한 맥락을 제시한다. 이 사건들은 예수님과 같은 시대를 산 이들을 특징지은 언어, 상징들, 문화적 의식 전체를 규정했다.

구약성경: 필요한 모호함

구약성경은 예수님과 그의 동시대인들을 이해하는 데 필요한 배경 지식을 주지만 온갖 곤혹스러운 문제를 제기하기도 한다. 우리가 살펴본 대로 구약성경에 담긴 긴장이나 모호함은 어떤 그리스도인들로 하여금 구약성경을 '우리의' 책으로 정말 받아들일 수 없다고 느끼게 하며 그것 전체 또는 일부에서 물러서도록 만든다. 숨 막히게 아름다운 구절들이 (우리가 보기에는) 끔찍하게 잔혹한 구절들과 나란히 놓여 있기도 하다. 성경이 하나님의 영감으로 기록되었다는 믿음이 확고할수록 곤혹스러움은 커진다. 하나님이 정말 이 책을 우리에게 주셨다면 우리는 어떻게 해야 할까?

한 가지 선택지는 구약성경을 무시하는 것이지만 우리는 그것을 선택할 수 없다. 우리가 살펴본 아브라함의 부르심(창 12장), 시내 산에서 갱신되는 부르심(출 19장), 회복의 약속(사 40-55장), 이스라엘의 영광과 피조물의 갱신에 대한 전망(겔 47장)을 기록한 구절 모두 신약성경에서 다시 거론된다. 그 구절들이 없었다면 초기 기독교에서 무슨 일이 진행되었는지 우리는 알 수 없을 것이다. 신약성경의 저자들은 차례로 예수님이 강조한 점을 되풀이한다. 다시 말해, 1세기에 일어난 사건들은 이전의 일들과 동떨어진 것이 아니라 오히려 그 시점까지 이스라엘과 하나님 사이에서 오고 간 모든 일의 정점이다. 구원이 예수님께 그리고 신약성경에서 무엇을 의미하였는지, 복음이란 무엇이었으며 지금은 무엇인지 이해하려면, 창조주 하나님이 오늘날 자기 백성을 위해 가지고 계신 과업은 무엇이며 교회가 그 과업에 부응하도록 그분이 어떻게 교회를 새롭게 하시는지 이해하려면 우리는 그냥 매듭을 끊어 버릴 수 없으며 구약성경 없이 더 잘 지낼 것이라고 말할 수도 없다.

그 대신 구약성경이 여전히 펼쳐지고 있는 위대한 우주적 드라마에서 앞부분의 역할을 수행했고 우리 역시 지금 그 드라마에서 우리의 몫을 하도록 부름받고 있음을 인식해야 한다. 구약성경은 필요한 막이었다. 그 막 없이 드라마는 진행될 수 없었을 것이다. 많은 그리스도인이 생각해 온 것과 달리 그것은 결국 버려지게 될 세상을 구하려는 성공하지 못한 최초의 시도가 아니었다. 그렇다고 영원불변의 최종적이며 확정적인 막도 아니었다. 기독교의 관점에서 그 위치를 요약한다면, 다음과 같이 말할 수 있을 것이다.

창조주 하나님은 자신의 세상을 치유하기 위해 그 세상 안에서 일하고자 하셨다. 아무리, 높은 곳에서 시행한 어떤 해결책으로도 충분치 않았을 것이다. 그러한 해결책은 전면적으로 정의를 선언함으로써 세상을 흔적도 없이 소멸하거나 감상적 자비를 과시하여 과거의 잘못을 다 잊고 새 출발하도록 하는, 도무지 정당화될 수 없는 부도덕한 상황을 초래할 뿐이었을 것이다. 후자의 경우라면 하나님은 인류의 잘못된 선택들은 별로 문제될 것 없고 인간의 자유는 그다지 중요하지 않으며, 인간이란 피조물은 자신이 원하면 언제라도 다시 순종하도록 조정할 수 있는 꼭두각시라고 단언하는 분인 것이다. 따라서 하나님은 세상을 **안으로부터** 구원하는 일을 이루어 내지 않으면 안 되었다. 그리고 그것은 긴장과 모호함 속에서 움직이는 것을 의미했다.

하나님의 백성인 이스라엘만 모호함과 더불어 살아가야 했다고 말하지 않는 것에 주목하라. 내가 보기에 분명히 하나님도 스스로 그렇게 하셔야 했다. 이는 예수님을 모범으로 삼은 신약성경 저자들이 실제로 해결하려고 애쓴 문제다. 누군가를 늪에서 빠져나오도록 돕는 일에 헌신한다며 마른 땅에서 훌륭한 조언을 외칠 수도 있겠지만, 실제로 어떤 도움이라도 주기 위한 유일한 길은 몸소 들어가 축축해지고 진흙투성이가 되어 가는 것, 그야말로 자신도 늪에 빠져 꼼짝 못하게 될 위험을 무릅쓰는 것이다. 하나님이 그러한 위험을 무릅쓰셔서는 안 된다고 생각하는 이들은 나름대로 확신에 찬 논리를 가지고 있으나 그것은 성경, 복음, 예수님, 성령을 무의미한 것으로 만드는 논리다. 우리는 믿음을 우리가 무릅써야 할 모험이라고 여기는 데 익숙해졌는지도 모른다. 그런데 우리는 그것이 하나님 스스로에게도 처음에 그분이 자신 이외의 세상을 창조한 것과 같은 모험이었음을 쉽게 깨닫지 못한다.

그리고 그것은 우리가 마주하는 구약성경이 무엇을 다루는지 보여 준다. 계속 새로운 틀과 형태로 자신을 내어 주고 쏟아 놓을 수밖에 없을 정도로 강력한 창조적 사랑의 본성을 지닌 신, 그러한 창조주의 존재가 빚어낸 결과를 우리는 관찰하는 것이다. 태초에 하나님이 "…이 있으라" 하시니 있었다. 인간들이 반항했을 때 그분은 위험한 창조 사업을 접고 논리적이지만 사랑이 없는 실존을 선택하면서, 가게를 닫고 장부를 회수한 뒤 안전한 대책을 강구하신 것이 아니었다. 그분은 **새로운** 창조의 모험을 무릅쓰셨다. 그리고 이 새로운 창조의 수단은 반항했던 피조물의 일부인 이스라엘이었다.

하나님의 모험은 하나님의 책에 고스란히 반영되어 있다. 선지자 에스겔이 본 대로 거룩한 율법에 관해서조차 본질적 모호함이 있었다. 그는 하나님은 자신들에게 선하지 못한 율례를 주셨다고 말했다(겔 20:25). 나단이 다윗에게 말한 대로 하나님의 참된 거주지는 벽돌과 회반죽으로 지은 건물이 아니라 인간이다(삼하 7장; 비교. 행 7:48). 예수님이 말씀하신 대로, 어떤 계명은 전능하신 하나님의 영원한 의지가 아니라 이스라엘의 완악함 때문에 주어졌다(막 10:5). 그리고 바울이 로마서 4장 13절에서 제안하는 대로, 아브라함이 영토의 특정 부분을 상속받으리라는 약속은 하나님의 참된 의도, 즉 아브라함의 가족이 온 세상을 상속받아야 한다는 전제하에 이해되어야 한다. 율법, 성전, 땅 각각의 영역에서 우리는 창조주가 그분의 피조물을 치유하실 때 피할 수 없는 모호함을 본다. 어느 지점에서인가 시작하셔야 했던 하나님은 한 가족, 한 건물, 한 나라에서 시작하셨다. 구약성경에는 바로 그 위험하지만 반드시 필요했던 하나님의 결정이 반영된다.

최후의 모호함: 예수님과 그분의 사명

그러나 구약성경에서 발견되는 이스라엘의 이야기는 드라마의 끝이 아니다. 2장에서 본 대로 예수님 시대의 유대인들은 드라마가 끝나기를 고대하고 있었다. 그리고 드라마의 결말은, 여전히 거룩한 땅을 더럽히고 성전을 위협하며 진정한 왕이 마침내 이스라엘을 구하는 의로운 군주의 자리에 앉는 것을 훼방하는 이교주의에서 궁극적으로 해방되는 것이라고 믿었다. 그들은 이제껏 경험했던 것보다 더 거창하고 감격스러운 귀환을 약속받았다. 그런데 왜 지금까지 그 일은 일어나지 않았을까? 기다림이 길어질수록 그들은 희망을 순전히 부정적으로 표현하게 되었다. 즉 하나님이 이스라엘을 위해 행동하실 때 열방은 심판을 받고 정리될 것이다. 세상의 이교주의에 응답하도록 부름받은 이스라엘은 이교주의를 말살하는 것으로 그 응답을 제공할 것이다. 세상은 이스라엘을 위해 만들어졌으며 빛의 아들들이 어둠의 아들들과 싸우면 결과는 오직 하나일 뿐이다.

이상은 예수님의 하나님 나라 선포를 결정지은 현안들이었다. 1장에서 논의한 범주 안에서 무슨 일이 일어나고 있었는지 살펴보는 것은 유익하다. 예수님의 선포는 양편의 세력들에게 쉽게 이용당할 수 있었다. 이교주의를 무찌르기 위해 군사력이라는 이교적 방법을 사용하라고 그분을 재촉하는 사악하고 교활한 이교주의의 목소리가 그분을 기다리고 있었다. 하나님 나라는 세상과의 대립에서 물러나 사사로이 종교적 경험을 추구하며 이교주의가 창조 질서를 지배하도록 허용하는 것을 의미할 수도 있다는 이원론의 목소리도 그분을 기다리고 있었다. 애석하게도 수많은 사람이 그분의 이름으로 둘 중 하나를 받아들였지만, 예수님은 두 가지 길을 다 거부하셨다. 그 대신 자기 동포를 새로운 길로, 중간 길로, 완전히 다른 선택으로 나아오도록 부르셨다. 사방에서 오해받을 위험을 무릅쓰면서(실제로 초래하며) 이스라엘이 현재 취하는 방식, 즉 이교주의에 대항하기 위해 이원론적으로 자기를 규정하거나 값싸게 동화되는 길을 버리고 다른 대결로 향하는 다른 길을 걷고 있는 자신을 신뢰하라고 촉구하셨다. 예수님은 이교주의와의 싸움에서 지고 있는 것처럼 보이겠지만 실제로는 이기실 것이었다. 그것도 오래 기다려 온 거룩한 치유의 빛을 마침내 세상에 비출 유일한 방식으로 말이다.

이 빛은 예수님의 메시지에서 비치기 시작했다. 그분은 동시대인들에게 **회개하고 믿으라**고 촉구하셨다. 이 단어들은 당연히 심오하고 강력한 '종교적' 의미를 함축했다. 예수님의 사용 방식을 고려할 때 그 단어들은 '사회적'이고 '정치적'인 의미도 함축했다. 그분은 동시대인들에게 개인에

국한된 종교적 갱신뿐 아니라 새로운 공적·국가적 생활 방식을 도전하고 계셨다. (차후에 이것이 함의하는 바를 살펴볼 것이다.) 그분은 아브라함에서 시작해 출애굽으로 지속되고 다윗과 예루살렘에 집중되다가 포로기에는 도무지 이해되지 않는 약속으로 나타나는 오래된 소명의 반향을 다시 깨우고 계셨다. 이스라엘은 세상의 빛이 될 것이며, **다음과 같은 방식으로 이루어질 것이다.** 그분은 이렇게 말씀하시는 듯하다. "나와 함께 가자. 우리는 함께 언약의 하나님, 창조주 하나님의 참된 의도를 나타낼 이스라엘이 되는 길을 마침내 발견할 것이다. 나와 함께 가자. 우리는 함께 어둠의 권세에 맞서 그들의 무기가 아닌 빛의 힘으로 승리할 것이다. 세상을 정리하기 위한 너의 이교주의적 의제들을 포기하고 나를 신뢰하라. 우리는 힘을 향한 사랑을 사랑의 힘으로 대체할 것이다." 그러므로 요한복음에서 이스라엘의 소명을 자기에게 적용하시는 예수님을 발견하는 것은 전혀 이상한 일이 아니다. "나는 세상의 빛이니"(요 8:12).

예수님과 제자들

제자들은 이 모든 것을 얼마만큼 이해했을까? 그들은 예수님이 어떤 의미에서 이스라엘의 운명과 소명이 자신에게 넘겨졌다고 주장하심을 깨달을 만큼은 이해하고 있었다. 그 당시에 그것은 특별히 이상한 일이 아니었다. 어떤 유대인들은 새로운 민족 지도자를 찾고 있었으며, 예수님의 의제는 그분이 그 역할을 맡았다고 이해하지 않았다면 좀처럼 표현될 수 없는 것이었다.

"사람들이 나를 누구라고 하느냐?" 그분이 물었다.

"세례 요한이라 하고 더러는 엘리야, 더러는 선지자 중의 하나라 하나이다." 그들이 대답했다.

이 대화는 그 자체로 우리에게 상당히 중요한 것을 말해 준다. 예수님은 당대의 대중적 유대교에서 **선지자**로 이해되었다. 깜박이는 빛을 보존하고 있었던 이들, 빛이 거의 소멸할 즈음 이스라엘에게 열방의 빛이 되는 소명을 상기시킨 이들이 바로 선지자들이었다.

"너희는 나를 누구라 하느냐?"

"주는 그리스도시니이다." 그들이 빌립보 가이사랴에서 혁명적 어조로 이야기하는 가운데, 베드로는 다른 이들의 간절하고 위험스런 열의를 소리 내어 표현하며 응답한다. "우리는 당신에게서 이스라엘의 운명이 극에 달하는 것을 봅니다. 우리는 당신과 함께 가서 승리할 것입니다."

가엾은 베드로. 이제 보게 되겠지만 예수님은 이스라엘 운명의 모든 모호함을 자기 안에 지니고 계셨다. 곧 죽음으로써 삶의 승리를 얻을 예정이셨던 것이다. 한편, 베드로는 구약에 나오는 하나님의 백성이 지닌 모든 모호함을 구현한 것 같다. 빛이 세상을 불태워 없애 버릴지라도 기어이 세상에 그 빛을 비추겠다는 것이다. 바울이 동시대인들에 대해 말한 대로, 베드로는 하나님께 열심이 있었으나 하나님이 하시는 일이 무엇인지 이해하지 못했다(롬 10:2).

그렇다면 제자들은 예수님이 자기를 따라 예루살렘으로 향하도록 권고하며 인자가 고난을 당한 후에 명예를 회복할 것이라고 약속하셨을 때, 무엇을 들은 것일까? 다음과 같은 말을 들었을 것 같다.

"나와 함께 가자. 우리는 지난 시절 기드온이나 유다 마카베오처럼 이스라엘의 하나님이 선택하신 작은 무리다. 우리는 외부에서 우리를 억압하는 이교도들과 우리 민족 내부에서 우리를 억압하는 배반자들에 맞서 중대한 싸움을 벌일 자들이다. 나와 함께 가자, 그러면 현재 예루살렘의 사악한 체제가 구현한 지옥문도 우리를 막아서지 않을 것이다. 나와 함께 가자. 그러면 유대는 갈릴리가 참 하나님에게 여전히 충실하다는 것을 보게 될 것이다. 나와 함께 가자. 우리 중 누군가는 다칠 수 있고 누군가는 심지어 죽임당하겠지만 우리는 승리할 것이다. 우리의 하나님이 우리를 견디게 해 주실 것이다. 그분은 우리가 옳다는 것을 입증해 주실 것이다. 너희가 물러나면, 나와 나의 계획을 부끄럽게 여기면 우리를 기다리는 설욕에 참여하지 못할 것이다. 우리 하나님은 그분의 나라를 끝내 세우실 것이다. 마침내 하나님 외에 어떤 왕도 없을 것이다. 어떤 카이사르도 어떤 헤롯도 없으며 오직 이스라엘의 하나님과 그분이 택하신 메시아만 있을 것이다. 이 세대는 포로기의 종식을 볼 것이다. 여기 서 있는 자 중 누군가는 그 모든 일이 일어나기 전에 죽음을 맛보지 않을 것이다."

내 생각에 그들은 이렇게 들었을 것이다. 물론 그들은 응답했다. 다른 도리가 없었다. 이것이 그들이 듣고자 하는 계획이었으며, 신실한 유대인들이 기다려 온 것이었다. 그들은 배수의 진을 치고 그분과 함께 갔다. 얼마 지나지 않아 그들이 생각할 수 있는 것이라고는 다가올 하나님 나라의 자리를 놓고 거칠게 다투는 것뿐이라는 사실로 별로 놀랍지 않다.

그런데 이것이 예수님이 의미하는 바였을까? 그분은 그 모든 민족주의적 함축성을 의도하셨을까? 이렇게 표현할 수 있다면, 내가 보기에 예수님은 하나님이 이스라엘의 앞선 역사 동안 직면하신 것과 같은 딜레마에 직면하셨다. 그분은 위험을 무릅쓰셔야 했다. 예루살렘으로 자신을 따라오도록 제자들을 소집하실 수밖에 없었다. 무엇이 거기서 자신을 기다리는지 그분은 아셨던 것 같다. 그것은 그분이 오랫동안 의식해 오셨으리라 짐작해 볼 수 있는, 그리고 그분이 세례를 받은 이래로 구체적으로 복종을 맹세했던 소명, 재정립된 낯선 메시아적 소명의 일부였다. 그러나 제자들의 눈을 흐리게 하고 청력을 떨어트리는 오해를 부르지 않으면서 그 소명을 표현할 언어가 없었기 때문에 그들은 예수님의 말씀을 비틀어 민족주의적 반란을 요청한 것으로 받아들인다. 이로 인해 예수님이 스스로 재정의한 영광의 왕좌로 가는 중에 그들은 왕좌와 영광에 대해 언쟁을 벌이게 되었고, 겟세마네에서는 예수님이 다른 적과 싸움을 벌이는 동안 칼을 휘두르게 되었다. 하나님이 아브라함을 그의 가문이 부득이하게 오해할 소명, 아주 높은 곳에서 열방을 다스리는 것으로 해석되기가 매우 쉬운 소명, 즉 열방의 빛이 되는 소명으로 부르셨던 것처럼 예수님은 제자들이 민족주의적이고 군사적으로 상상할 수밖에 없는 하나님 나라에서 자신의 오른팔이 되라고 그들을 부르셨다. 하나님이 평범한 인간들을 구속하기 위해 평범한 인간들과 일하기로 결정하시면서 두 손이 더러워질 위험을 무릅쓰신 것처럼, 예수님은 세상의 빛이라는 이스라엘 운명의 계승자가 되는 소명을 받아들이시면서 두 손에 못이 박힐 위험을 무릅쓰셨다.

자기들의 꿈을 실현해 줄 지도자를 고대하던 제자들은 혁명적 사랑으로 나아오라는 그분의 부르심을 혁명이라는 사랑으로 그들 나름의 관점에서 들을 수밖에 없었다. 예수님은 그 오해 안에서 일하셨다. 그분이 그렇게 하셔서 다행이다. 세상의 창조주가 세상을 구원하려는 자신의 바람을 사람들이 이해하고 모호함 없이 그 바람에 응답하게 될 때를 기다렸다면, 그분은 영원히 기다리려야 하셨을 것이다. 그런 사람들이 존재하려면 위대한 구원 행위가 먼저 와야 한다. 따라서 이 구원 행위는 **반드시**

모호함이란 맥락에서 일어나야 한다. 다른 도리가 없다. 빛은 어둠이 그것을 이해하지 못한다 해도 어둠 속에서 비쳐야 한다. 거기에 기독교적으로 구약성경을 읽는 방식에 대한 단서와 예수님의 사역에서 무슨 일이 진행되었는지 이해할 실마리가 있다. 이교주의에 대한 하나님의 응답이 된다는 이스라엘의 소명은 성취될 것이다. 그리고 이 소명에 내재된 모호한 요소들은 메시아에 의해 기꺼이 받아들여질 것이다. 그 요소들은 하나님이 하신 가장 모호한 일이자 또한 가장 영광스런 일로 이어질 것이다. 그렇지만 그 지점에 이르기 전에 현대 이교주의의 몇몇 추가적 측면을 살펴보아야 한다.

토론을 위한 질문

1. 당신은 보통 구약성경과 이스라엘의 이야기를 어떻게 여기는가? 어떤 측면이 당신과 당신의 교회에 가장 관련이 있어 보이는가? 가장 어렵다고 느끼는 부분은 어디인가?
2. 신약성경에 나오는 대로 그리스도인이 아브라함의 자녀라는 말은 무엇을 의미하는가? 교회는 이를 충분히 진지하게 받아들였는가?
3. 자신의 피조물인 인간의 반역에 직면한 하나님이 그냥 대사면을 선언하거나, 그렇지 않으면 온 천지만물을 도말하고 맨 처음부터 다시 시작하실 수 없었던 이유는 무엇일까?
4. 세상을 구원하기 위해 이스라엘을 통하여 일하기로 결정하신 하나님은 어째서 그들이 순례 중 처한 위기와 재난을 불필요한 일로 만드시고 이스라엘을 더 나은 상태에 있게 유지시켜 주실 수 없었던 것일까?

5. 이스라엘과 예수님의 제자들이 세상의 빛이 될 소명을 수행하기 위해 분투하면서 어려움과 모호함을 지니고 살아야 했다면, 같은 소명(벧전 2:9; 빌 2:15)을 나름의 형태로 가지고 있는 교회가 반드시 받아들여야 하는 모호함은 무엇일까? 그렇지 않으면, 예수님의 사역으로 인해 오늘날 그분을 따르는 자들이 더 이상 어떤 모호함 속에 살 필요가 없게 되었는가?

6. 베드로는 막후에 자기만의 계획을 가지고 예수님이 메시아라고 고백했다. 오늘날 어떤 사적 계획들이 교회의 예수님에 대한 믿음의 고백을 변질시킬 위험이 있는가?

7. 예수님은 제자들이 갈피를 잡지 못함에도 그들과 일할 준비가 되셨던 것으로 보인다. 오늘날 그분은 사람들을 통해 일하기에 앞서 그들이 얼마나 많이 믿고 이해하기를 요구하는가? 전체로서 교회는 하나님에게 사용되기에 앞서 얼마나 정확히 이해해야 하는가? 어떤 위험 요소들이 수반되는가?

5장
뉴에이지와 새로운 이교주의

사순절 넷째 주일

출애굽기 3:1-6; 마태복음 17:1-13

하나님의 낯선 현존

제라드 맨리 홉킨스는 자신의 유명한 시에서 모세가 불타는 떨기나무 앞에 서 있는 장면을 묘사한 것으로 보이는 내용을 썼다.

> 세상은 하나님의 위엄으로 가득 차 있도다
> 그것은 흔들리는 금박에서 빛이 반짝이듯 타오르리
> 기름이 흘러나오듯 모여 위대함을 이루리

지난 장에서 우리는 이스라엘이 모세의 시대에도 어김없이 세상의 빛이 되도록 부름받는 것을 보았다. 3장에서는 세상이 자신의 어두움, 즉 이교주의의 어두움을 창조했음을 보았다. 이제 다시 이교주의를 살펴보아야 한다. 그런데 이번에는 특별히 우리 세대에서 그 존재감을 드러내고 있는 좀더 다차원의 이교주의를 살펴볼 것이다. 이것은 물질주의라는 이교주의가 아니다. 다른 유형의 일원론에 의지하며 모든 것을 단일한 정신의 표현으로 만들어 버리는 이교주의다.

외부와 단절된 상태에서 이런 분석을 하지 않는 것이 중요하다. 지난 2, 3년에 걸쳐 나는 많은 그리스도인이 이 조금은 새로운(실제로는 아주 오래되었지만) 이교주의에 전적으로 부정적이고 도움이 되지 않는 반응을 보이는 것을 알게 되었다. 때로 이 반응은 정치적 통렬함을 불러일으킨다. 부와 성공을 숭배하는 물질주의적 이교주의는 보통 우파 현상인 반면, 다양한 '녹색' 운동에서 되살아나는 범신론은 좌파의 전통적 의제들을 지지하는 것으로 여겨질 때가 많다. 어떤 그리스도인은 오로지 이러한 근거

때문에 후자에 반대할지도 모른다. 나는 그 이교주의가 진리를 왜곡한다고 주장하겠지만, 우리가 살펴볼 성경 구절들에 따르면 그 이교주의가 진리의 일면에 맞닿아 있음도 분명하다. 이교주의에 대응할 때, 쓸데없는 것을 없애려다 소중한 것마저 잃지 않기 위해 주의해야 한다.

모세에서 시작해 보자. 모세는 이집트 내 유대인들을 위해 혼자서 해방 운동을 시작하려고 했으나 잘 되지 않았다. 급하게 도망을 가야 했으며, 영구적 망명이 최종 결과인 듯했다. 그는 장인의 양을 치며 사막에서 살았다. 그러나 이스라엘이 이집트에서 노예로 있는 것은 옳지 않다는 그의 판단은 틀리지 않았다(이 패턴은 나중에 중요해진다). 하나님은 이스라엘을 사용하고 이스라엘을 통해서 일하려고 작정하셨다. 모세에게 필요한 것은 새로운 전망, 하나님의 새로운 계시였다. 그는 타오르지만 사라지지 않는 떨기나무 앞에서 자신을 발견했다. 그리고 자신이 살아 계신 하나님의 현존 안에 있음을 발견했다.

불타는 떨기나무는 피조물을 대하는 하나님의 모습을 강하게 상징한다. 홉킨스의 시에 쓰인 것처럼 살아 계신 하나님은 거기에 불과 같이 현존하시고 불로서 현존하시면서 모세를 부르시고, 그가 거룩한 땅에 서 있으니 즉시 신을 벗으라고 경고하셨다. 모세는 전에 실패를 겪은 곳인 이집트로 돌아가라는 명령을 받았다. 이번에는 불이라는 적절한 상징을 선택해 자신을 드러내신 창조주 하나님의 권위와 함께 다시 시작할 것이다. 이 하나님은 한 종족의 소유물에 불과한 은밀한 사교(邪敎) 신으로 격하될 수 있는 신이 아니다. 그렇다고 자연 질서의 한 특징인 자연신 정도로 치부될 수 있는 신도 아니다. 그분은 자연 질서 안에서 **현존하며 활동하시는** 동시에 자신이 창조한 세상을 **넘어 초월하신다**.

인류는 언제나 하나님 또는 일반 신에 대하여 생각하고 말하면서 이 균형을 유지하기 어려워했다. 사람들은 부재하거나 멀리 떨어진 신의 모습을 떠올리다가 갑자기 자연의 다양한 힘을 총합한 신을 떠올리는 쪽으로 쏠리고 있다. 그들은 종종 이런 관념 중 하나가 나머지 것으로부터 자신을 보호해 준다는 잘못된 가정하에 그것을 옹호한다. 하나님이 자신의 세상 안에 현존하시는 **동시에** 세상에 대한 주권을 가지고 계신다는 생각은 이해하기 쉽지 않다. 그러나 이 진리는 신구약성경의 중심에 있다.

이런 참된 하나님을 발견하고 나면 행위가 뒤따른다. 세상을 있는 그대로 내버려 두며 세상에 인간이 개입할 가능성을 경시하는 것은 우리가 이 장에서 살펴볼 범신론적 이교주의가 지닌 특징이다. 그러나 살아 계신 하나님, 창조주는 자신의 백성에게 말을 건네시면서 세상이 처한 상황을 바꾸기 위해 무언가 **하시겠다**고 말씀하신다. 그뿐 아니라 자신의 일을 맡아 할 대리인을 부르신다. 모세는 많은 대리인 가운데 하나였다. 그에게는 완수해야 할 일이 있고, 그것은 인간의 책임을 가능한 크게 확장시킬 것이다.

새로운 일원론

우리가 자신의 피조물 안에서 활동하시는 살아 계신 하나님의 모습에서 시작한 것은, 이 진리를 거의 파악하였으나 패러디하는 데 그치는 운동들이 현대 서구 사회 곳곳에서 발견되기 때문이다. 만연한 이원론과 그것에 기인한 일차원의 물질주의적 이교주의에 식상하여 때로는 뒷받침이 되는 명료한 신학과 함께 때로는 그것 없이, 세상을 다르게 이해하는 방향으로 움직이는 사람들이 점차 늘어나고 있다.

분명한 사례들이 있다. 도시 거주자가 평온한 전원생활을 위해 분주한 도시의 풍요로움을 포기하고 가진 것을 팔아 시골로 이사하기로 결정하는 것은 이미 흔한 현상이 됐다. 채식주의자의 수가 엄청나게 늘어나면서 패스트푸드 체인점도 그들의 구미를 맞추게 된 것은 10년 전이라면 상상도 못할 일이다. 약과 화장품이 생산된 방식을 민감하게 따지는 것은 1950년대나 1960년대라면 우스꽝스럽게 여겨졌을 테지만 지금은 상식으로 보인다. 이런 식으로 계속 나열할 수 있을 것이다. 콘크리트 숲에 균열이 생기면서 새로운 풀잎이 틈새를 뚫고 햇볕을 향해 나오고 있다. 우리는 하룻밤 사이에 '녹색' 문화 속에서 살게 되었다. 아직 모든 이가 전적으로 응답한 것은 아니지만, 우리는 자연 질서를 착취하고 지배해 온 것을 회개하라는 부름을 들어 왔다. 이에 반대하면 어리석고 멀리 보지 못하는 그리스도인이 될 것이다.

자연 환경에 반하기보다 그것과 조화롭게 살려는 이 건전한 욕구와 함께 역사적 근원으로 돌아가려는 반가운 욕구가 있었다. 우리는 지역과 종족의 초기 역사에 새로운 관심을 갖게 되었다. 어떤 그리스도인들 사이에서는 로마에서 캔터베리의 아우구스티누스가 도착한 주후 597년 이전에 영국의 섬들에서 복음이 취한 형태인 켈트 기독교에 대한 흥미가 되살아났다. 우리는 우리의 근원으로 돌아가면서, 우리에게 세속적인 것뿐 아니라 모든 창조 세계를 피하라고 말하던 신앙을 받아들이는 대신에 기독교 신앙과 자연 질서의 통합에 더 가까이 다가서고 있다고 느낀다. 이런 탐구에 그리스도인들이 반대하는 것은 매우 이상한 일이 될 것이다.

그러나 자연 질서와 조화하고 역사적 근원에 통합하려는 이 흐름에는 주류 기독교와 쉽게 융화할 수 없는 다른 측면들이 있다. 우리는 이제 너무 이질적이고 무질서해서 묘사하기 무척 어려운 아주 다양한 운동과 현상을 짚어 보아야 한다.

자연과 조화하려는 운동의 추진력은 때때로 현대적 기술과 치열한 경쟁에 대한 혐오뿐 아니라 자연과 하나님을 대략 같은 것이라고 보는 명백하고 공공연한 범신론에서 비롯된다. 최근에 나는 누군가와 대화하면서 "자연의 힘들, 곧 당신에게 '하나님…'을 뜻하는 것"이라는 말을 들었다. 나는 내게 '하나님'이 뜻하는 것은 '자연의 힘들'이 뜻하는 바와 결코 같지 **않음**을 설명해야 했지만, 이원론으로 빠지지 않으면서 그렇게 하기는 결코 쉽지 않다. 특히 가벼운 대화에서는 말이다. 현대 서구 사회에는 대략 이 범신론의 범주에 속하는 신념과 실천의 스펙트럼이 있다. 이 스펙트럼은 '녹색' 예전을 실험하며 그리스도인임을 자인하는 이들부터 노골적으로 흑마술에 관여하며 악마 숭배자임을 자인하는 이들에 이르기까지 모든 것을 아우른다.

대부분의 현대 범신론자들은 저 양극단에 속하지 않을 것이다. 하지만 그들은 우리의 지구 생태계, 세상과 그 안의 모든 것을 단일한 유기체로 여기며 심지어 인격화하고 이름을 부여해야 한다는 발상을 선호할 것이다. '가이아'(이 단어는 '땅'에 해당하는 헬라어일 뿐이다)라는 단어는 다양한 방식으로 사용된다. 때로는 생태학에 관한 진지한 토론 중에 우리가 속한 전지구적 체계의 간편한 약칭으로 불쑥 튀어나온다. 이교적 의미를 매우 노골적이며 의도적으로 전달할 때도 있는데, 이때 가이아는 우리가 복종해야 하거나 심지어 숭배해야 하는 여신으로 인간들이 자기를 다뤄 온 방식에 마음이 상해 있다. 누군가는 단지 생태 환경의 심각성을 비유적으로 표현하기 위해 이 단어를 사용할지도 모르지만, 다른 누군가는 아주 분명히 이교적 의미에서 사용한다.

　이렇게 '자연'(여기에서 따옴표는 불편함을 나타낸다. 이런 맥락에서 '자연'이라는 단어가 일반적으로 사용되지만 나는 '피조물'이라고 말하기를 선호한다)과의 융화로 돌아가는 것은 모호하다는 측면에서 우리의 종족이나 민족의 영적 근원으로 돌아가자는 것과 유사하다. 우리가 살펴본 대로, 영국에서 이는 때로 켈트 영성 또는 켈트식 영성의 부흥을 의미했다. 그것은 종종 호소력이 있었으며 마음을 풍요롭게 했다. 그러나 다른 측면에서는 기독교가 들어오기 이전의 영국 종교들, 예를 들어 드루이드교나 다양한 형태의 마술 종교로 되돌아가는 것을 의미했다. 이는 때로 북미의 고대 토착 종교들을 낭만적으로 동경하는 것과 유사하다.

　그런 것들의 징후는 비웃고 넘어가기 쉬워서 안락하게 살아가는 영국과 북미의 많은 중산층은, 경찰이 공동묘지의 난투에 연루됐다거나 한여름 밤 스톤헨지(영국 잉글랜드 지방의 솔즈베리 평원에 있는 석기 시대의 원형 유적-옮긴이)에서 후드를 쓴 사람들과 연관되어 있다는 멀리서 들려오는 뉴스 보도를 제외하면 그러한 활동들에 대한 어떠한 인식도 없이 삶을 영위한다. 그러나 그 현상은 점차 널리 퍼지고 있으며 때로 그 결과는 매우 심각하다. 악마 의식의 맥락에서 성적이거나 다른 방식의 학대가 이루어졌다고 널리 보도된 사례들 가운데 일부는 선정적 영상물이 길러 낸 상상력의 결과물인 것이 확실하다. 그러나 의심할 여지없이 그 보도 내용이 진실인 때도 있다. 심각한 현대 신이교주의가 존재하며 그것은 기이한 측면뿐 아니라 추악한 측면도 지니고 있다. 마술 의식이 서구 세계에 확산된 것은, 그것이 존재하지 않는다고 믿거나 아무리 기괴하더라고 모든 종교적 경험은 해당 종교 행위자 외에 다른 이가 상관할 바가 아닌 사적 문제로 간주하는 태도 때문이다. 그러나 우리는 이런 사치스러운 태도를 취할 형편이 아니다.

물병자리 시대

신이교주의의 중심에는 뉴에이지라고 알려진 명료하지는 않지만 점차 강해지고 있는 운동이 서 있다.[3] 나는 다시 한번 이 운동을 묘사하는 데 딜레마에 빠져 있다. 어떤 독자는 뉴에이지에 대해 들어본 적도 없는 반면 어떤 독자는 아주 친숙할 것이다. 전자에 속하는 독자에게는 다음에 서점에 가면 정신 차리고 살펴보라는 말을 하고 싶다(어떤 서점들은 이제 뉴에이지 서적을 주요 판매 상품으로 특화하는 실정이며, 반탐이나 펭귄 같은 출판사는 이 분야를 전문적으로 취급하는 계열 출판사를 갖고 있다). 후자에 속하는 독자들에게는 여기서 그 현상을 충분히 심도 있게 다룰 수 없다고 말해야 하겠다. 그렇게 하려면 책 한 권이 소요될 것이며, 실제로 다양한 기독교적 관점에서 쓰인 몇 권의 책이 나와 있다. 여기서 할 수 있고 해야 하는 일은 뉴에이지가 무엇인지에 대한 요약, 그리고 그것에 대한 기독교적 비평이다.

뉴에이지 사상의 배후에 있는 이론은 근본적으로 점성술에 관련되어 있다. 세상이 물고기자리 시대로 보이는 유대-기독교 시대에서 빠져 나와 이제 뉴에이지인 물병자리 시대로 진입하고 있다는 이야기를 진지하게 받아들이는 사람이 점점 많아지고 있다. 그들은 우리가 새로운 천 년에 들어설 무렵에 그러한 전환이 일어날 것이며 이는 르네상스나 산업혁명만큼 중요하다고 믿는다. 또한 그렇게 되면 유대교와 기독교의 초월적 하나님에 대한 충성에서 멀어져 동양의 일원론적 영성을 향하게 되는 커다란 변화가 서구 사회에 일어날 것이라고 믿는다. 인간은 초월적 신들로부터 자유로워지고 자기 안의 신성을 알아차리게 될 것이다. 이 시대는 인간이 새로운 지위를 획득하는 시대가 될 것이다. 그들은 신성해질 것이다.

'뉴에이지'라는 말로 대략 요약할 수 있는 현재 상황 안에는 다양한 현상이 많이 존재하며, 그 운동을 노골적으로 지지하지는 않더라도 그것에 깊은 영향을 받은 사람이 아주 많다. 그러나 뉴에이지 운동의 중심에는 분명한 역사와 이데올로기, 그리고 뚜렷한 의제가 놓여 있다. 그것의 기원은 적어도 무신론 철학자 쇼펜하우어에게까지 거슬러 올라가며, 그것의 계보 한편에는 사변신학자 테야르 드 샤르댕(Teilhard de Chardin)이, 다른 한편에는 작곡가 리하르트 바그너(Richard Wagner)가 포함되어 있다. 뉴에이지 운동은 최근 몇 세대에 영향을 미치고 있는 신지학적·인지학적 운동들과도 연계되어 있다. 또한 현대 마술의 다양한 운동들, 특히 마법 숭배 의식의 자극제가 되었다. 이 모든 점에서 그것은 대단히 이교적이며, 유대교와 기독교의 전통적 취지와 완전히 상반된다.[4]

마찬가지로 뉴에이지의 이데올로기는 여러 전통적 이교주의 주제를 습득하여 하나로 섞는다. 세상과 그 안의 모든 자연적 힘은 인간이 각자 충만한 신성을 얻기 위해 의지할 수 있는 단 하나의 비인격적 신성한 힘으로 이루어져 있다. 특별한 명상 기술의 도움이나 환상열석(거대한 선돌이 둥글게 줄지어 놓인 고대 유적—옮긴이) 또는 레이 라인(거대한 선돌이 열을 이룬 것—옮긴이)의 힘을 활용하여 그런 신성에 도달할 수 있다. 이원론이 기독교의 상당 부분을 특징지어 온 것은 의심할 여지가 없다. 뉴에이지 이데올로기는 그러한 이원론에 대해 급진적 대안을 제공한다. 또한 뉴에이지 사상은 일원론의 직접적 결과로서 선과 악을 넘어선다는 주장을 거듭한다. 내가 신이라면, 내가 하고자 하는 바가 신의 뜻이라는 것이다.

뉴에이지 사상은 서구 세계에서 여배우 셜리 맥레인(Shirley MacLaine), 데이비드 스팽글러(David Spangler, 스코틀랜드 핀드혼의 뉴에이지 공동체 공동 설립자), 그리고 캘리포니아의 도미니크회 수사인 매튜 폭스(Matthew Fox)와 같은 인물들에 의해 대중화되었다. 운동 전반에 대한 헌신을 공언한 이들 가운데에는 몇몇 언론계 명사도 있다. 심지어 역사가 아놀드 토인비와 같은 인물이 뉴에이지 사상을 지지한다는 주장도 가능하다. 토인비는 동양 종교들과 기독교가 서로에게 스며들어 기원후 세 번째 천 년의 시기에 위대한 보편 종교가 탄생할 것이라고 예언했기 때문이다. 우리는 지금 미미한 현상이 아니라 현대 서구 사상의 주요 동향을 다루고 있다.

뉴에이지 운동은 서구 기독교에 상당한 영향을 주었으며, 이는 실제로 그 운동이 명시한 목표 중 하나다. 선의를 가진 많은 그리스도인이 생태적 위기에 불안을 느끼며 이원론에서 그것이 촉발되었음을 인지하게 되었다. 또한 그들은 축제와 예배 의식에서 피조물의 선함을 경축한다는 발상을 두 팔 벌려 환영했다. 여러 세대에 걸쳐 인간성과 피조물의 온갖 선한 면모를 억압하며 지내 온 교회와 집단들이 반대 극단으로 급선회하고 있다. 어느 지점에서도 피조물의 선함을 인식할 수 있으며(그렇게 신학적 합리화가 이루어질 것이다), 암울하거나 억압적 형태의 기독교로 슬그머니 되돌아가지 않도록 인간의 모든 감정과 육체적 감각을 탐구하고 충족시키는 방식으로 말이다.

이러한 움직임은 교회의 예배에 직접 영향을 주고 있다. 빠르고 조용하게 교회 생활의 많은 부분을 뉴에이지와 기독교가 혼합된 형태에 가까운 모습으로 변화시키고 있는 예배 의식 문헌이 집필되어 널리 사용되고 있다. 구성원들이 뉴에이지에 대해 들어본 적도 없는 모임에서마저 그런 문헌을 사용한다. 노랫말과 드라마에서 기독교 언어와 이미지는 이교 의식, 초승달 축제, 마술 상징을 노골적으로 사용하는 성찬식, 특별히 다른 종교의 요소들과 혼합되어 버렸다. 몇몇 영국 대성당에서 다양한 신앙을 기리며 치르는 주요 예식에는 힌두와 다른 신들을 부르는 순서가 포함되어 있는데, 그 와중에 예수님은 소외될 때가 많다.

창조의 선함을 예배 의식 안에서 경축하는 것과 신이교주의에 빠져드는 것은 명확히 구분하기 힘들다. 그러나 후자의 움직임이 이루어지고 있다는 심상치 않은 증거가 있다. 뉴에이지 사상과 기독교를 혼합하려고 시도하는 데 있어 주요한 특징은 인간 고유의 내적 신성을 발견하기 위해 우주적 힘을 통합하는 인물로 우주적 그리스도를 강조하는 것이다. 이는 매튜 폭스에게서 가장 분명히 드러나지만 뉴에이지 사상의 상당 부분에 내포되어 있다. 그러나 역사상의 예수님은 너무 유대적이시며 시공간 현실의 특정 요소들에 너무 깊이 뿌리내리셨다.

요약하면, 뉴에이지 운동은 중요하고 영향력이 있으며 널리 퍼졌다. 뉴에이지 운동이 비록 모든 면에서 이전의 이원론, 특히 착취를 조장하는 물질주의에 대한 건강한 교정책으로 이해될 수 있다 하더라도 거기서 문제가 끝난다고 여기는 것은 순진한 생각이다.

그리스도인과 뉴에이지

그리스도인은 뉴에이지 운동과 그 주위에 무리를 짓는 신이교주의 전반에 대해 어떻게 반응해야 할까? 가능한 두 가지를 명료하게 말해야 한다.

첫째, 신이교주의 그리고 특히 뉴에이지가 반대하는 기독교, 다시 말해 이원론적이고 억압적이며 하나님과 인간, 인간과 자연 세계를 심하게 분리하는 형태의 기독교는 늘 비성경적이며 비정통적이었다. 우리는 절대 이원론으로 후퇴하면 안 된다. 뉴에이지에 영향받을 것이 두려워 대체 의학이나 생태적 프로그램, 또는 채식주의를 반대하는 그리스도인이 있다. 그렇게 부정적으로 반응하는 것은 부적절하다. 앞으로 살펴보겠지만 적절한 기독교 녹색 신학이 있다. 그것을 패러디한 것들이 곳곳에서 통용된다는 이유만으로 멀리해서는 안 된다.

둘째, 그렇지만 기독교와 이교주의 사이에 어떤 타협도 있을 수 없음을 강조해야 한다. 신약성경은 예수님이 유일한 주님이시라는 호소력 있는 증언으로 가득하다. 신약성경이 말하는 예수님은 자유자재로 형태가 바뀌는 모호한 우주적 그리스도가 아니다.[5] 물론 예수님에게서 계시된 하나님을 향한 예배와 다른 신들을 향한 예배를 통합하려는 시도는 뉴에이지 운동 특유의 것이 아니다. 모든 세대의 주류 기독교는 그러한 시도를 거부했다. 예수님을 다른 신들과 결합하는 것은 진짜 예수님을 무시하는 행위이며, 기독교 언어를 사용하여 다른 무언가를 의미하는 것이기 때문이다. 독일 고백교회의 지도자들이 희생을 치르며 지적한 대로, 히틀러가 1930년대에 저지른 일이 바로 그것이다. 교회는 신이교주의가 어떤 '기독교적' 외양을 하고 나타나든 다시 활개 치지 못하도록 고백교회 지도자들처럼 주의 깊게 경계해야 한다.

신이교주의 운동 전체를 보다 구체적이고 다양하게 비판할 수도 있다. 우선, 그것은 스스로 거부한다고 공언하는 것에 기생할 때가 많다. 전원생활로 낭만적인 탈출을 감행하는 것은 이론상 아무런 문제가 없다. 그러나 시골살이를 막 시작한 가족 중 한 사람이 아프게 되면 어떻게 될까. 의심할 여지없이 그들은 과학과 기술이 현대식 구급차로 곧장 구하러 와서 현대식 병원으로 데려가 현대식 약을 주며 최신 기술을 이용해 회복시켜 주리라고 기대할 것이다. 그러자면 자신들은 여유로운 전원생활을 영위하더라도 다른 많은 사람은 치열한 경쟁 가운데 그대로 머물러 있어야 한다. 서구 문명이 닿지 않은 나라로 가서 극도로 단순하게 살아가지 않는 한 과연 현대 세계가 얼마만큼이나 거부될 수 있는지 나는 잘 모르겠다. 그리고 그러한 삶은 세상을 바꾸려는 시도가 아니라 사적 탈출구일 뿐이다.

더 심각한 점은 새로운 일원론이 그 핵심에 어두운 이원론을 지니고 있다는 것이다. 폭스의 『원복』(*Original Blessing*, 분도출판사)의 말미에 나오는 영웅과 악당의 목록을 보라. 악(일원론자들에게 언제나 까다로운 문제)에 대한 그 책의 분석은 다음과 같이 요약할 수 있다. 자연 세계와 자기 안에 거하는 신과 부조화하며 살아가는 사람이 아직도 많다. 실제로 인간 활동의 상당 부분이 '나쁘다'고 평가되는데, 과학 기술 그리고 특히 인간이 자연 질서를 사용하는 지점에서 짙은 혐의를 받고 있다. 그러나 악을 이런 식으로 이해하는 것은 안이하며 부적절하다. 그 분석은 하나님의 선한 창조의 일부로 존재하는 사물과 활동을 배격한다. 특히 도구를 만들고 사용하며 땅에서 좋은 것을 길러 내고 인간이 처한 상황을 개선하기 위해 일하며 문화를 창조하고 유지하는 인간의 재능과 능력마저 거부한다. 이른바 비인간적 자연 질서의 선함과 자족성을 강조하기 위하여 인간적인 것의 중요성과 우리 모두가 가지고 있는 과업과 책임을 경시한다. 우리는 이에 맞서서 창조 세계와 그 안에서 인간이 위치한 자리에 대한 기독교 교리를 수립해야 한다. 가령 책임 있는 관리, 적절한 돌봄, 창조된 질서의 지혜로운 사용과 같은 것이 있다. 우리가 지혜롭지 못하고 무책임했다고 말하기 위해 관리를 완전히 그만두겠다고 말해야 하는 것은 아니다.

실제로 새로운 일원론은 세상에 닥친 문제들을 해결하는 방법 중 하나로 어떤 인간들을 대규모로 지구에서 제거하는 것을 종종 꽤 노골적으로 제안한다. 예전 물고기자리 시대에 집착하는 이들(즉, 주류 정통 유대인과 그리스도인)은 새로운 발전을 가로막는다. 세상이 선과 악을 초월하고 우리가 동양의 환생 교리를 채택하기만 하면, 뉴에이지 극단주의자들은 그들이 히틀러가 그의 반대자들에게 한 짓을 자기들의 반대자들에게 하려 한다는 혐의를 순순히 받아들일지도 모르겠다.[6] 두 사례의 이데올로기들은 사실상 놀라울 정도로 유사하다. 우상숭배는 계속해서 제물을 요구할 것이다.

요컨대 뉴에이지는 기독교의 패러디를 제공한다. 그것은 다른 패러디들이 그렇듯 때로는 원조인 것처럼 보이기 때문에, 다른 패러디와 함께 오래 살아서 싫증이 나 있는 이들을 속일 수 있다. 진정한 우주적 그리스도는 피조물을 창조하신 분이며 이제 부활한 주로 다스리시는 분이다(골 1:15-20). 그분은 다름 아닌 세상을 구속하기 위해 죽으신 분, 나사렛 예수다. 기독교에서 진정한 새 시대(New Age)는 세상이 물고기자리에서 물병자리로 이동할 때가 아니라 예수님이 부활의 아침에 무덤에서 의기양양하게 나오실 때 시작되었다. 기독교에서 창조주가 피조물인 인간을 위해 마련해 두신 운명은 그들이 창조주의 생명을 공유한다는 것이다. 그러나 이 일은 그들이 자기 안에서 '신성'을 발견하여 이루어지는 것이 아니라 하나님이 자신의 영과 자기 자신을 선물로 내어 주어 그들 안에 거하며 그들을 새롭게 하실 때 이루어진다. 동시에 그로 인해 그들은 도움받지 않은 '자연적' 인간성 안에서 가능하지 않은 방식으로 온전히 인간적인 존재가 될 것이다. 그리고 세상의 아름다움과 그것이 우리 안에 무언가를 불러일으키는 기이한 힘과 현묘함은 세상이 어떤 의미에서 이미 신성하다는 사실에서 비롯되지 않는다. 그것은 종국에 찬송가의 표현대로 "물이 바다 덮음같이 여호와의 영광이 세상에 가득"하도록 세상이 하나님을 **위해** 만들어졌다는 사실에 기인한다. 뉴에이지가 제공한다고 주장하는 것은 성경적 기독교가 제공하는 것에 가깝다. 비록 교회가 그것과 관련해 오랫동안 침묵을 지켜왔지만 말이다. 뉴에이지는 예수님이나 십자가 없이 그리고 성령 없이 피조물 안의 힘을 격상시키고 신성화함으로 그것을 제공할 수 있을 뿐이다. 두 장 앞에서 본 대로 그러한 우상숭배는 곧장 파멸로 이어진다.

변화

세 복음서의 한가운데에서 일어나며 이론의 여지는 있지만 네 번째 복음서 전체에도 퍼져 있는 예수님의 변화 이야기는 놀랍고도 분명한 기독교적 관점을 제시한다. 그 관점은 새로운 일원론적 이교주의에서 긍정하는 모든 것을 긍정하는 반면 그러한 운동에서 거부하는 모든 것에 이의를 제기한다. 그 이야기는 매우 잘 알려져 있으며 우리가 지난 장에서 묘사한 장면에서 발견할 수 있다. 제자들이 예수님을 메시아로 받아들인 후에 예수님은 그들에게 자신이 예루살렘으로, 십자가로, 그리고 죽음의 이면인 낯선 설욕으로 나아가야 한다는 말씀을 하려고 애쓰셨다. 그들은 그분을 이해하지 못했다. 일주일 후 예수님은 그들 가운데 셋을 산 위로 데리고 가 그들이 보는 앞에서 돌연 변화되시어 얼굴과 옷이 해처럼 눈부시게 빛난다. 그분은 유대교의 과거 위대한 선지자인 모세와 엘리야와 이야기 나누셨다. 누가에 따르면 "그가 예루살렘에서 이루어낼 출애굽"에 대해 이야기하고 계셨다[눅 9:31: 이 단어는 헬라어로, 출애굽기(Exodus)에서와 같은 엑소도스(exodos)다]. 제자들은 다시 한번 이해하지 못했으며, 시편 2편 7절과 이사야 42장 1절의 메시아에 관한 진술을 되풀이하는 단어들로 예수님을 하나님의 아들이라고 선포하는 목소리가 들리자 한층 더 공포에 휩싸인다. 환상이 지나가자 예수님은 얼굴을 돌려 죽음을 맞이할 예루살렘으로 향하신다.

이 이야기를 이해하려면 단지 일종의 '예수님의 신성에 대한 초자연적 증거'로 이 이야기를 읽지 않아야 한다. 적절한 때에 다루겠지만, 예수님의 신성은 상당히 다른 근거로 입증된다. 예수님은 '신성하시기' 때문에 변화되신 것이 아니었다. 실제로 성경에 등장하는 빛나는 얼굴의 원형은 출애굽기 34장의 모세에서 찾을 수 있는데, 그렇기 때문에 모세가 '신성하다'는 설을 펼친다면 대담한 주석가가 될 것이다. 그렇지 않다. 예수님이 산 위에서 분명히 지닌 광채는 **하나님의 영광으로 가득 찬 인간** 고유의 광채다. 바울은 모든 그리스도인이 이와 동일한 광채를 지니게 되는 것에 관해 이야기한다(고후 3:18). 이와 같은 것을 경험한 그리스도인에 대한, 진실성이 입증된 몇몇 이야기가 있다. 여기에서 우리는 진실로 인간적인 분이신 예수님 안에 압축되어 있는 인간의 거룩한 운명의 전망을 본다. 이렇게 영화롭게 되는 분은 별로 인간적이지 않은 어떤 그리스도가 아니라 예수님 자신이다. 참된 인간성은 바로 예수님에게서 발견된다. 초월적 하나님이 참되고 유일한 아들로 인정하신 분, 모세와 엘리야보다 더 위대한 분에게서 말이다. 그리고 이 참된 인간성이 발견될 때, 뉴에이지가 사실은 빌려 온 2급짜리임에도 새로운 의식과 고양된 인간성이라며 제안하는 것 모두를 뛰어넘는 광채와 힘을 지닐 것이다.

또한 변화를 예수님의 이야기의 전환점으로 보는 것도 매우 중요하다. 메시아로 자신을 인식하신 이후 예수님은 십자가의 길을 가셔야 했다. 이는 유대교에서 원칙적으로 제시되었고 예수님에 의해 최고조에 이르게 된 세상의 악의 문제에 대한 깊고 충분한 분석과 일치한다. 악이란 단순히 인간이 자신의 내적 신성과 접촉하지 않고 세상과 접촉하지 않아서 생기는 문제가 아니다. 따라서 악의 문제에 대한 해결책도 단지 인간에게 고유의 내적 본성을 인식하고 그에 부합해 살도록 가르치는 문제일 수는 없다. 악은 무시할 수 없는 세력이며 그것을 처리하는 길은 예수님이 그것을 자신에게 끌어 와 힘을 다 써 버리도록 놔두시는 것이다. 우리는 다음 장에서 이를 더 충분히 탐구할 것이다. 지금은 예수님의 이야기가 제공하는 것으로 뉴에이지 사상에 대한 비판을 이해해야 한다.

십자가로 가신 분은 변화된 예수님이자, 세상을 위해 사랑으로 자신을 내어 주실 유일한 참 인간이다. 뉴에이지 사상은 자기실현을 추구하나 예수님은 자기 망각을 제안하신다. **그분이** 성취한 실현은 십자가에서 이루어진다. 예수님과 그분의 이야기를 전하는 복음서 저자들의 주장은 이렇다. 자신의 세상을 구하려는 창조주의 계획은 예수님 안에서 절정에 달했다. 이스라엘은 세상의 악에 맞서고 그것을 처리하는 하나님의 수단이 되도록 부름받았는데, 이제 예수님 안에서 마침내 그 소명에 순종하게 되었다. 앞으로 보겠지만 그렇기 때문에 이교주의의 힘이 그분에게 광폭한 분노를 완전히 쏟아 놓은 것이다. 또 그렇기 때문에 그분은 죽음과 부활 안에서 진정한 뉴에이지, 새 시대의 막을 열었다. 교회는 이를 너무 자주 잊었으며 너무 많이 희석해서 가르치고 실천하였기에, 다른 운동이 들어와 예수님이 이루고자 하신 한 세상을 자기들 방식으로 바꾸어 사람들에게 제안한 것이다. 그러나 예수님만을 온전히 지향한다면 의심의 여지가 있을 수 없다. 새로운 일원론적 이교주의는 진리의 중요한 부분들을 파악하고 있긴 하지만 기껏해야 현실을 희화한 것에 지나지 않는다.

토론을 위한 질문

1. 당신의 지역에서 관찰된 뉴에이지 사상이나 비슷한 현상의 징후로 무엇이 있는가?
2. 그 현상에 반영된 타당한 점은 무엇인가?
3. 그 현상이 세상의 곤경에 대하여 온전한 기독교적 분석이나 해결책에 미치지 못하는 지점은 어디인가?
4. 우상숭배와 이교주의를 피하면서 하나님의 창조의 선함과 인감됨의 영광을 경축하는 방식에는 어떤 것들이 있을까?
5. (1) 우주적 그리스도와 (2) 역사적 인간이신 예수님이 당신의 생각, 기도, 예배 가운데 하시는 역할은 무엇인가?
6. 어떻게 하면 당신의 교회가 이원론에서 해방되며, 다분히 전통적 기독교를 향한 뉴에이지의 비판을 진지하게 여기되 뉴에이지가 빠져 있는 일원론이나 이교주의를 피할 수 있을까?
7. 당신의 교회는 뉴에이지 또는 다른 신이교주의의 가르침이나 실천의 영향권에 들어간 이들을 어떻게 도울 수 있을까?

8. 당신의 지역에서 행하는 마술 또는 그와 유사한 다른 의식들에 대해 알고 있는가?

9. 그와 관련해 교회는 최소한 무엇을 하고 있으며 무엇을 해야 할까?

6장
다른 신들은 강했다

수난절

마가복음 10:32-45

지금까지 이교주의의 본질과 창조주께서 그에 어떻게 대응하시는지 점진적으로 살펴보았다. 우리는 하나님이 이스라엘을 세상의 문제에 대한 해답으로 부르셨으며 예수님은 그 부르심이 자신에게 이양되었다고 믿으셨다는 지점까지 추적해 냈다. 이제 두 가닥의 주제가 합해지는 지점에서 우리는 그 믿음의 결과를 탐구해야 한다. 예수님을 십자가로 내몬 것은 이교주의, 즉 창조주에 대한 인간의 반역과 우상숭배였다. 그런데 하나님이 이교주의에 대한 궁극의 해결책으로 내놓으신 것은 아이러니하게도 십자가였다.

권세와의 대면

예수님은 하나님의 나라를 선포하실 때 주위의 모든 권력 구조와 직접 갈등을 빚게 되리라는 것을 아셨음이 틀림없다. 이스라엘의 하나님이 왕이라는 말은 카이사르는 왕이 아니라는 것을 매우 직접적으로 암시한다. 더 가까이 적용하면 헤롯은 왕이 아니라는 것을 암시하기도 한다. 그런데 예수님과 동시대에 살던 유대인들을 훨씬 더 심란하게 만든 것은 예수님이 재정의하신 하나님 나라가 사실상 모든 유대인들의 기대와 정면으로 충돌한다는 점이었다. 예수님은 사역을 시작하실 때부터 팔레스타인에서 힘을 행사하던 모든 권력자, 즉 실제 권력자 및 자칭 권력자들과 대립할 수밖에 없는 길을 의도적으로 택하신 듯하다.

이는 죽음에 대한 이상한 동경이나 어떤 정치적 선동가들에게서 발견할 수 있는 "무엇에 관해서든 정부에 반대하는" 도착적 욕망이 아니었다. 마가복음에 나오는 중요한 구절 안에서 그 참된 의미를 분명히 찾을 수 있다.

세베대의 아들 야고보와 요한이 주께 나아와 여짜오되 선생님이여 무엇이든지 우리가 구하는 바를 우리에게 하여 주시기를 원하옵나이다. 이르시되 너희에게 무엇을 하여 주기를 원하느냐? 여짜오되 주의 영광 중에서 우리를 하나는 주의 우편에, 하나는 좌편에 앉게 하여 주옵소서. 예수께서 이르시되 너희는 너희가 구하는 것을 알지 못하는도다. 내가 마시는 잔을 너희가 마실 수 있으며 내가 받는 세례를 너희가 받을 수 있느냐? 그들이 말하되 할 수 있나이다. 예수께서 이르시되 너희는 내가 마시는 잔을 마시며 내가 받는 세례를 받으려니와 내 좌우편에 앉는 것은 내가 줄 것이 아니라 누구를 위하여 준비되었든지 그들이 얻을 것이니라.

열 제자가 듣고 야고보와 요한에 대하여 화를 내거늘 예수께서 불러다가 이르시되 이방인의 집권자들이 그들을 임의로 주관하고 그 고관들이 그들에게 권세를 부리는 줄을 너희가 알거니와 너희 중에는 그렇지 않을지니 너희 중에 누구든지 크고자 하는 자는 너희를 섬기는 자가 되고 너희 중에 누구든지 으뜸이 되고자 하는 자는 모든 사람의 종이 되어야 하리라. 인자가 온 것은 섬김을 받으려 함이 아니라 도리어 섬기려 하고 자기 목숨을 많은 사람의 대속물로 주려 함이니라. (막 10:35-45)

예수님이 공적 사역을 하는 내내 맞선 것은 다름 아닌 이교주의였다. 당시 세상은 오늘날과 마찬가지로 세력, 힘, 우월성, 서로에게 군림하는 인간들로 표현되는 권력에 의해 체계화되어 있었다. 고대 세계의 정치적 상황을 대강만 훑어보아도 그러한 현상의 많은 예를 볼 수 있다. 당시의 최대 이교 제국인 로마의 힘은 정확히 그 기반 위에 구축됐다. 이교 신들은 강했으며 자신에게 헌신하는 이들에게 같은 힘을 약속했다. 로마가 전투에서 승리할 때 승리의 여신 로마는 바로 전쟁의 신 마르스의 도움을 받았다. 로마의 경제력이 강해지고 로마 시민들이 아주 부유해져 자기보다 덜 가진 이들에게 부의 권력을 휘두를 때 맘몬이라는 강한 신이 자기의 숭배자들에게 그 권력을 주었다. 그리고 아우구스투스, 티베리우스, 또는 그들의 계승자들이 존경과 칭송을 받을 때 신성한 카이사르는 마치 신처럼 세상을 다스리며 통제했다. 로마와 그 제국은 이교주의의 힘 위에 건설되었다. 오늘날의 상황도 본질적으로 다를 바 없다.

예수님 시대 유대교의 비극은 자신들이 목격한 이러한 권력의 측면에서 유대교 고유의 민족적 소명과 종교적 유산을 거기에 필적할 수 있는 형태로 비틀려고 상당히 애썼다는 점이다. 이러한 일이 두 세기 전 마카베오 치하에서 일어났다. 또한 예수님이 죽으시고 한 세대 이후에, 즉 기원후 70년에 예루살렘이 결국 티투스에게 함락될 때까지 여러 열광적 유대인 집단이 로마인들에 맞서 그리고 서로에게 맞서 치열하게 싸울 때 일어난 일이었다. 그리고 예수님은 심지어 자기 제자들에게도 그러한 면이 잠재되어 있음을 보셨다. 그들은 이교적 양식의 권력을 구상하고 있었다. 다시 말해 예수님을 새로운 카이사르이자 자존심 강한 여느 이교 신처럼 강한 신인 이스라엘의 하나님을 대변하는 인물로 여기고, 스스로를 그런 인물의 헌신적 추종자라고 생각한 것이다.

예수님은 이러한 이중 위협에 저항하셨다. 그분은 급진적으로 재정의된 하나님 나라를 제안하셨으며, 거기에는 급진적으로 재정의된 권력 개념이 포함되었다. 그분은 권력이란 사람들 위에 군림하는 데서가 아니라 그들을 섬기는 데서, 궁극적으로는 그들을 위해 죽는 데서 나온다고 말씀하셨다. 바울이 나중에 표현하는 대로 권력은 약함 안에 들어 있다. 이는 이교주의에 대한 궁극적인 도전이다. 권력을 이렇게 재정의함으로써 세상을 바라보는 완전히 다른 방식에 의해 이교주의가 뿜내는 모든 것이 전복되는 것이다.

그러나 이 도전이 그저 기억해야 할 격언처럼 포장된 채 전해져 경탄하는 추종자들이 되뇌는 것에 그칠 수는 없다. 예수님의 메시지는 원래 행위에 관한 강의안이었다. 그분의 말씀은 스스로 이미 완수한 행위들을 설명하는 것이었으며 완수해야 할 결정적 행위의 서곡이 되었다. 어떤 행위들이었는가?

버림받은 자들의 환대

예수님이 가신 곳 어디에서나 사회의 주변부로 밀려났던 사람들은 문득 자신이 잔치에 초대받았음을 알게 되었다. 예수님은 하나님 나라의 도래를 자주 축하하셨는데 그 축하 장소 입구에는 사람들이 달갑지 않게 여기는 이들의 출입을 막아서는 경호원 따위는 없었다. 실제로 그분은 그러한 이들이 환영받도록 특별히 노력하신 것으로 보인다. 가령 건강한 자가 아니라 병든 자를 방문하는 의사를 예로 들며 자신의 행위를 설명하신 모습처럼 말이다. 그분은 그런 식의 행위로 사회적 금기에 도전하셨다. 그 금기에 따르면 이스라엘은 순결하라고 부름받았으나 그 금기의 결과 많은 사람이 영구히 배척당했다. 그분은 하나님 나라의 개막을 선포하고 주장하면서 이스라엘의 하나님의 이름으로 이러한 도전장을 던지셨다. 어찌된 영문인지 그분은 이스라엘 백성과 실로 그 너머의 세상에 신체적·영적 치유뿐 아니라 사회적 치유를 가져오는 것을 자신의 과업으로 분명히 여기셨다. 필요하다면 커다란 희생을 치르고서라도 말이다. 그분은 과연 무슨 생각을 하셨던 것일까?

한편, 예수님이 가시는 곳 어디에서나 그분과 접촉한 사람들은 신체적으로 새로워지고 온전해졌다. 이는 버림받은 자를 환대하는 것과 긴밀한 관련이 있다. 예수님 시대의 이스라엘에서는 신체적 질병 때문에 자기 민족에 온전히 속할 자격을 얻지 못한 사람이 많았다. 마태복음 9장의 혈루증을 앓은 여자의 경우처럼 어떤 병자는 영구히 불결한 자로 여겨지고 그에 수반되는 모든 사회적 문제와 오명을 떠안았다. 따라서 예수님의 치유 행위들은(오늘날 그분이 그러한 일을 한 것에 의혹을 갖는 진지한 학자는 거의 없다) 신체적 치유뿐 아니라 사회적 회복 작용도 일으켰다. 예수님은 수시로 전염성이 강한 질병(이를테면 나병)과 접촉하시지만 질병이 그분에게 달라붙기는커녕 도리어 그분이 병자를 새로운 온전함으로 '감염'시키신 것으로 보인다. 이를 어떻게 이해해야 할까?

예수님은 특히 귀신 쫓아내는 일을 많이 하신 것 같다. 이 이야기들을 접한 현대의 복음서 독자들은 어리둥절하거나 당혹스러워 하곤 했다. 그러나 그런 사건들은 예수님의 사역 전체에서 무언가 심오한 특징을 보여 준다. 예수님이 어디로 가시든 전투가 일어났다. 우리가 그들을 어떻게 이해하든 악의 세력은 그분과 자기들이 마지막 충돌에 다가서고 있음을 인식했던 것처럼 보인다. 왜? 무슨 일이 일어나고 있었을까?

예수님과 성전

이 질문들에 답하다 보면 기독교 복음의 핵심에 가까워진다. 우리는 용기

있게 일어나서 적절한 주의를 기울이며 나아가야 한다. 예수님이 자신의 죽음을 어떻게 이해했는가라는 질문에 많은 답변이 제시될 수 있으며 또 제시되어 왔다. 나는 이에 관해 다른 책에서 더 길게 논했으며, 가능한 모든 답을 여기에서 간추려 제시할 수는 없다.[7] 그 대신 나는 십자가가 어떻게 예수님과 악의 권세의 위대한 대결로 기능하였는지, 예수님은 어떻게 십자가가 그런 역할을 하도록 의도하셨는지 탐구하고자 한다. 예수님은 스스로 이스라엘과 이스라엘의 하나님 둘 다를 대표한다고 이해하셨으며, 자신을 대적하는 로마 체제와 유대 체제 모두 악의 권세를 대표한다고 보셨다. 그러므로 하나님이 세상의 악을 무효화시키도록 이스라엘을 선택하셨다면, 그리고 하나님 스스로 세상을 구원하기 위하여 그 안에서 활동하셨다면 예수님은 그 두 가지 운명을 동시에 실현하고 계셨다. 로마, 공식적인 이스라엘, 그리고 갈피를 못 잡는 제자들을 포함해 드라마의 다른 배우 대부분은 악의 권세를 대변하며 예수님을 십자가로 내몰고 나서야 십자가가 그들의 세상을 전복했음을 깨닫는다.

변하지 않는 몇 가지 중요한 점에서 시작해 보자. 우선, 예수님은 **자신이 성전과 그것이 상징하는 모든 것을 대체하는 자로서** 말하고 행동하도록 부름받았다고 믿으셨음이 분명하다. 불결함으로 고통당하다 정화되기 원하는 유대인이라면 보통은 성전으로 갈 것이다. 죄를 용서받기 원하는 유대인이라면 보통 성전으로 갈 것이다. 하나님이 자기 백성을 회복하신 것과 다가올 회복에 대한 희망을 경축하려는 유대인이라면 보통은 성전으로 갈 것이다. 예수님은 공적 사역을 하는 내내 정화, 용서, 이스라엘의 회복을 마치 자신이 가진 것을 주듯 베푸셨다. 이 점은 예수님에 대한 학문적 담론과 대중적 담론 모두에서 자주 무시되지만, 내가 보기에는 대단히 중요하다. 예수님은 자신이 성전 자체가 되고 성전의 역할을 하도록 부름받았다고 믿으신 것으로 보인다.

4장에서 본 것처럼, 성전은 이스라엘의 하나님이 거하신다고 여겨지는 장소였다. 또한 이스라엘과 온 세상의 왕이신 하나님의 상징이자 그분의 거처였다. 성전의 파괴는 바벨론 포로기에 맞은 최악의 재앙이었다. 성전을 재건하는 위대한 날이 어느 때에 밝아 오든 이스라엘의 최종 회복을 보증하는 날이자 영광을 돌리는 날이 될 것이다. 요컨대 성전은 이스라엘이 자신과 그들의 하나님에 대해 믿는 모든 것의 중심이었다. 우리 하나님이 왕이시며 열방의 신들은 우상에 지나지 않는다고 말하는 상징이었다.

그러므로 예수님이 살아 있는 성전이라고 주장하신 행위는, 세상의 이교적 권세들이 새로운 소식과 대면하도록 하신 것이다. 이스라엘의 하나님은 이제 이곳에서 왕이 되실 것이며, 여기가 하나님의 참 백성이 어둠의 권세로부터 구원받기 위해 모여들 집결지라는 소식 말이다! 군중이 그분 앞에 모여든 것은 당연하다. 이것은 그들이 듣고 경험하고 싶어 한 것이었다.

하지만 동시에 그분의 주장은 성전의 공식 제의 자체를 직접적으로 모욕하는 것이기도 했다. 이스라엘의 하나님이 진정 자기 백성을 용서하고 치유하며 회복하시기 위해 예수님 안에서 예수님을 통하여 활동하신다면, 그 주장을 구현하기 위해 존재하는 건물에 대해서는 어떻게 설명해야 하는가? 예수님은 그것이 강도의 소굴이 되었다고 통명스럽게 답하셨다(막 11:17). 이는 이스라엘이 하나님을 희화한 것을 숭배하고 있음을 보여 주는, 로마에 대한 민족주의 저항을 상징한다. 이스라엘의 하나님은 자비와 용서, 치유와 회복의 하나님이신데, 예루살렘의 성전은 군사적 저항의 상징으로 사용되며, 그분은 오직 이스라엘을 구하기 위해 세상을 말살하려는 분으로 암시되는 것이다. 예수님의 계획은 정반대였다. 그분은 이스라엘의 운명이 자신에게, 오직 자신에게 맡겨졌다고 여기셨으며 세상이 치유될 수 있도록 자신이 소멸되는 것을 과업이라고 믿으셨다.

이런 믿음의 근원을 추적하려면 이 지면이 감당할 수 없을 만큼 많은 구절을 구약성경 및 다른 유대 문헌에서 살펴보아야 할 것이다. 창세기 22장에 나오는 이삭의 이상한(그리고 미완성된) 희생을 눈여겨볼 필요가 있다. 이사야 40-55장, 특히 53장에 기록된 주의 종 이스라엘의 소명에도 반드시 주목해야 한다. 그러한 모습에 마가복음 10장에 기록된 것처럼 명백히 이스라엘을 대표하는 자로서 '짐승들'에게 고난을 당한 후 초월적 하나님 앞에서 그 명예를 회복하는 다니엘 7장 속 인자의 이미지를 분명히 덧붙여야 한다.

이 전통에 대한 흥미로운 해석이 예수님보다 200년 앞선 마카베오 순교자들의 고난을 설명하려고 한 이후의 몇몇 유대 문서에서 발견된다. 예수님 시대에 잘 알려진 책들에서 다음과 같은 내용을 찾을 수 있다. 하나님은 순교자들의 죽음을 통해 이교의 통치자들에 맞서 자기 이름의 명예를 회복하시고 동시에 이스라엘 민족 전체에 공의롭게 쏟으신 진노를 끝내실 것이다(이를테면, 마카베오하 7:37-38). 이스라엘이 지금 이교 민족들에 맞서 명예를 회복하지 못하게 막는 것은 이스라엘 자체의 죄다. 결과적으로 하나님의 정의 또는 진노가 이스라엘을 향하게 되며, 구약에서 매우 자주 일어나는 것처럼 이 진노는 이스라엘이 이교 민족들에게 지배당하는 형태를 취한다. 순교자들의 공적은 그들이 이스라엘을 대신하여 행동한 것이다. 그들은 이스라엘을 대표해 이교도의 손에 죽임을 당하면서 민족 전체에 떨어질 하나님의 진노의 무게를 스스로 떠맡았다.

나는 유대인들의 이런 해석이 예수님의 자기 이해에 있어서 중요한 요소들을 형성했다고 본다. 그분은 이스라엘 백성이 하나님께 순종하지 않고 자기들의 민족적 신분이라는 우상을 숭배한 결과 그들에게 임할 진노의 무게를 스스로 짊어지려고 그들보다 앞서가려고 하셨다. 그렇기 때문에, 그분의 동기는 마카베오 순교자들의 동기와 어느 면에서는 유사하면서도 이 앞선 시기의 이해를 훨씬 넘어선다는 것이 분명해진다. 다른 유대교 순교자들은 자신의 죽음을 이스라엘 나라이기도 할 하나님 나라에서 민족적 주권과 패권을 다시 누리도록 이스라엘을 해방시키는 수단으로 보았을 뿐이다. 반면 예수님은 자신의 죽음을 온 세상, 온 창조 질서를 해방시키고 축복하는 수단이 될 것이라고 보셨다. 버림받은 자들에 대한 그분의 환대는 그분의 목적 전체의 주요한 한 주제, 즉 이스라엘이 온 세상에 빛을 가져오는 민족이 되리라는 것을 상징했다.

예수님이 이스라엘의 대표자라는 개념은 예수님이 자신을 새로운 혹은 참된 성전으로 이해한 맥락 안에서 이해되어야 한다. 성전은 무엇보다 제물을 바치는 장소였다. 이곳은 이스라엘의 하나님이 죄 많은 자신의 백성과 매일, 매년 기적을 거듭 베풀며 만나시는 곳이었다. 또한 은총 가운데 그들과 만나 그들의 죄를 꾸짖고 벌주는 대신 치유하고 용서하시는 곳이었다. 오늘날 우리는 제물을 바치는 행위를 이해하기 힘들지만, 그것은 어쩌면 전적으로 자기희생을 결단하신 하나님께 인간이 전적인 자기희생으로 응답한 것이라고 이해될 수 있을 것이다. 하나님은 사랑 안에서 자기 백성에게 스스로를 내어 주시고 그들이 감사하며 그분 앞에 나오도록 하신다. 하나님의 고귀한 자기희생적 사랑과 그분의 백성이 그에 대응하여 행하는 전적 자기희생 둘 다를 나타내는 상징을 가지고 말이다. 예수님이 정말 성전의 역할을 이제 자신의 몫이라고 믿으셨다면, 그분은 자신의 죽음을 제물의 측면에서 이해했다고 볼 수 있다. 그분의 죽음은 위대한 행위로 이스라엘 그리고 온 세상을 향한 이스라엘의 하나님, 창조주 하나님의 자기희생적 사랑을 압축해 보여 줄 것이다. 동시에 막대한 희생이 따르더라도 세상에 하나님의 빛을 가져오는 수단으로서 하나님을 섬기는 일에 자신을 내어놓는 이스라엘의 소명도 압축적으로 제시할 것이다.

이는 예수님이 사역 중에 보여 주신 다양한 행위를 소급해서 이해하도록 돕는다. 그분은 스스로 명백한 '죄인'이 되어 실제 죄인들이 하나님의 백성으로 기꺼이 받아들여지도록, 자신을 죄인 및 버림받은 자들과 동일시하고 계셨다. 자신의 강건함이 그들에게 전염될 수 있게 이스라엘과 세상의 치명적 질병이 자신에게 감염되도록 허용하신 것이다. 그리고 특히 그분은 이교도들뿐 아니라 이스라엘마저 노예로 사로잡은 악의 권세와 절정에 치닫는 싸움을 벌이고 계셨다. 십자가는 예수님의 공적 사역의 모든 줄기를 한데 모은다.

나는 이를 바탕으로 우리가 1세기 유대교 사상이 취한 형태의 맥락에서 예수님의 죽음을 이해하고, 그 죽음이 어떻게 예수님과 이교적 권세의 결정적 대립을 형성했는지 드러낼 수 있다고 생각한다. 내 경험상 예수님에게 유효하던 사상의 범주들을 전혀 고려하지 않은 채, 속죄에 대한 추상적 진술들을 놓고 논쟁을 벌여 온 그리스도인들을 너무나도 자주 접했다. '그것이 어떻게 작용했는지' 설명하기 위해 다른 사상 체계에 속한 관념들이 도입되었으며, 그런 후에는 이 생경한 체계의 세부 요소를 어떻게 다루어야 하는지를 두고 논쟁이 발생했다. 그러나 예수님이 손쉽게 이용할 수 있었던 이미지와 관념으로 시작하면, 다른 체계의 장점들도 모든 것을 더 잘 보여 주는 틀에 들어맞게 될 것이다.

십자가의 성취

특별히, 이제 우리는 예수님이 십자가에서 세상의 악을 스스로 짊어지셨다고 말하는 것이 왜 타당한지 이해하게 됐다. 이것은 종종 교리에 관한 추상적 진술로 주장되었으며, 어째서 그분의 죽음이 그렇게 기이한 성취를 이루었다고 인정해야 하는지 어리둥절해하는 사람들의 도전을 받을 때가 종종 있었다. 그러나 이 문제들은 우리가 초기 유대교적 전제를 부여하기만 하면 비록 매우 심오하더라도 상당히 간단해진다.

이스라엘이 세상을 치유하는 하나님의 대리인으로 부름받았다고 믿었다는 사실을 반복할 필요가 있다. 이 부르심에는 세상의 핵심 문제인 이교주의에 맞서는 데 하나님의 대리인이 되는 것도 포함됐다. 우리는 예수님이 자신에게 이 소명이 주어졌다고 믿으셨으며 그에 따라 행동하셨다고 제안했다. 그분의 사역에 대해 두 가지 자연스런 반응이 존재했다. 한편에서 다양한 부류의 유대인들은 하나님 나라의 의미에 대한 그들의 다양한 생각을 급진적으로 재정의하는 그분에게 화가 났다. 다른 한편에서 이교도인 로마인들은 카이사르의 잠재적 경쟁자가 평범한 운명을 피하게 될까 봐 전전긍긍했다. 이러한 반응들이 모여 명시적으로든 암묵적으로든 이교적 세상이 예수님과 그분의 극적 주장에 어떻게 반응하는지 집약적으로 상징한다. 이는 그야말로 아브라함에서 예수님에 이르기까지 하나님의 전체 계획에 대한 이교적 반응의 정점이다. 온 세상의 악이 십자가의 예수님 위로 쌓아 올려졌다고 말하는 것은 단순히 신학적 추상화 작업이 아니라, 역사적 실제 사건을 말하는 것이다.

이교주의는 십자가에서 최악의 짓을 했다. 언제나 자기의 주장에 반대하는 이들을 파괴하려고 하는 이교주의는 성금요일에 가장 큰 성공을 거둔 것처럼 보였다. 악의 힘을 그저 소규모 개별 죄악 묶음의 가상 축적물이 아닌 진짜 힘으로 보면, 십자가의 성취는 좀더 뚜렷하게 보인다. 인간의 집단적 반항이 될 수 있는 모든 것, 세상의 격렬한 사악함이 낳을 수 있는 모든 것, 인간의 이해 범위를 넘어서는 악의 권세가 성취할 수 있는 모든 것. 그 모든 것이 예수님 위로 쌓아 올려졌다. 그런데 이처럼 이교주의가 할 수 있는 최악의 짓을 상징하는 십자가는 그 이교주의에 대한 하나님의 승리를 상징하기도 한다.

왜 그럴까? 셋째 날에 예수님이 다시 살아나셨기 때문일까? 어떤 면에서는 그렇다. 그러나 그 전에 파악해야 할 또 다른 사실이 있다. 부활을 예수님을 죽인 이교주의에 대한 대응이라고 주장하는 데 그치면 마치 기독교는 결국 이교주의가 늘 주장한 것과 같은 방식의 힘에 기반을 둔 것처럼 보일 가능성이 크다. 그렇지 않다. 십자가의 승리는 예수님이 죽으신 순간에 얻은 승리다. 그것은 강함에 대한 약함의 승리요, 증오에 대한 사랑의 승리였다. 그것은 예수님이 악으로 하여금 자신에게 최악의 짓을 하도록 허용하면서 결코 악의 방식으로 악과 싸우려 하지 않고서 얻은 승리였다. 악의 힘이 할 수 있는 모든 것을 다 했을 때에도 예수님은 여전히 악에 지지 않으신 것이다. 그분은 세상 악의 무게를 끝까지 견디셨고 더 오래 살아남았다.

시인 에드워드 실리토(Edward Shillito)는 제1차 세계대전 이후 시를 쓰며 바로 이 위대한 진리를 깨달았다.

다른 신들은 강하였으나 당신은 약하였네.
그들은 말에 올라타서 갔지만 당신은 비틀거리며 걸어 왕좌에 이르렀네.
그러나 우리의 상처에는 오직 하나님의 상처만이 말을 건넬 수 있나니,
당신 말고 상처 있는 신은 없도다.

다른 신들, 즉 그때와 지금의 모든 이교 신과 그 신들이 변형되어 이따금씩 나타나는 모든 지역 신은 세상이 이해하는 방식의 힘을 소유한다. 예수님은 그러한 방식으로 움직이지 않으시고 하나님의 방식으로 움직이셨다.

이 이야기를 숙고하는 우리가 지혜롭다면 바로 이 지점에서 두려움과 떨림이 엄습해 올 것이다. 이 하나님은 누구인가? 이 창조주는 누구인가? 세상의 악에 대해 그 무게 아래 죽음으로써 승리를 얻으시는 이 분은 누구인가? 우리가 "하나님"이라고 부르는 분이 바로 이분인가? 우리는 높고 힘이 센 존재, 최고 권력을 가진 위풍당당한 신, 원하는 대로 할 수 있는 신, 전능하며 허튼 짓을 하지 않는 거룩한 존재를 떠올리지 않는가? 이러한 신이 어떻게 십자가와 상관있을 수 있는가? 이 중대한 문제에 답하기 위해서는 다시 한 걸음 물러날 필요가 있다.

십자가, 예수님, 하나님

기독교 주장의 핵심은 언제나 예수님을, 특별히 십자가에 달린 예수님을 바라볼 때면 늘 우주의 창조주가 정말로 누구인지 안다는 것이다. 이는

너무도 놀랍고 예사롭지 않은 주장이라 그 관점을 견지하기가 어렵다. 그리스도인을 포함한 많은 사람이 '하나님'과 '예수님'을 분리된 관념으로 생각하는 데 더 익숙하며, 예수님의 신성 개념에 관해 (어쩌면) 말로는 동의하면서도 그것이 무엇을 의미하는지 제대로 알지 못한다. 사람들은 '하나님'이라는 단어의 의미를 안다고 생각하기 때문에 예수님을 그 의미 안에 끼워 맞추는 데 어려움을 겪는다. 진실은 그와 반대다. 예수님을 바라보기만 하면 하나님이 누구인지 새롭게 발견할 것이라고 주장하기 위해 신약성경 전체가 쓰였다.

이 장을 마무리하며 십자가의 성취 가운데 이러한 측면을 탐구해 보자. 십자가는 이교주의가 자기 제단에서 예배하기를 거부한 자를 희생시키며 가장 자기다워지는 장소이자, 하나님이 가장 그분다워지는 장소이기도 하다.

우리는 하나님과 세상을 일관된 관점으로 바라보기가 얼마나 어려운지 살펴보았다. 한편으로 어떤 이들은 세상의 악을 깨닫고 하나님과 세상 사이를 크게 분리해 보는 관점인 이원론에 빠져든다. 하지만 십자가에 그런 이원론은 없다. 사도 요한은 하나님이 세상을 너무도 **사랑하셨다**고 말했다. 다시 말해, 예수님 안에서 하나님과 세상이 만나며, 십자가에서 하나님은 자신의 피조물이 만들어 낸 악의 모든 힘을 스스로 지신다. 엉망이 된 자기 피조물과 맞닥뜨리고도 하나님이 그것을 거부하지 않으신다는 것은 십자가에서 드러난 참으로 놀라운 진실이다. 그분은 자신의 피조물을 구속하신다.

다른 한편으로 어떤 이들은 창조된 세상이 얼마나 선한지 깨닫고 하나님과 세상을 거의 구분하지 않는 일원론에 빠져든다. 이 관점에서 악에 대한 철저하고 진지한 비판을 견지하는 것은 불가능하다. 우리 세기에 일어나는 사건들은 그러한 비판의 필요성을 보여 준다. 정확히 악의 과격한 성질과 하나님이 그것을 다루기 위해 취하셔야 했던 훨씬 더 과격한 조치를 보여 주는 십자가에서 그러한 일원론은 도저히 불가능하다. 십자가에 직면하면 세상을 낙관적으로 바라보기가 쉽지 않다. 그러므로 십자가는 하나님과 세상에 대한 참된 기독교적 관점이 적절히 균형 잡히고 일관성을 얻는 장소가 된다.

동시에 십자가는 창조 질서 안에서 숭배할 대상과 새로운 인간이 될 힘을 얻을 무언가를 찾으려 하는 이교주의의 거대한 욕망이 실현되며, 그리하여 최종적으로 전복되는 장소가 된다. 유일하신 참 하나님을 향한 예배를 손상시키지 않으면서 예배받을 수 있는, 피조 세계 안의 피조물인 인간이 마침내 여기 있다. 신약의 저자들은 이 근본적 주장을 펼치는 방식은 다르지만 그 내용에는 이의가 없다. 예수님이 이제껏 진정 누구셨는지 우리가 마침내 알게 되는 장소가 바로 십자가다. 성전을 대신한다는 그분의 주장은 오로지 창조주이신 이스라엘의 하나님이 행하고 말하기에 적절한 것들을 자신이 행하고 말한다는 믿음에서 비롯됐다. 이는 분명히 사람으로서 늘 자신이 다른 이들처럼 착각하고 있을지도 모른다는 것을 알면서도 품으신 무섭고 위험한 믿음이었을 것이다. 이제 십자가에서 그 주장은 실현된다. 세상의 창조주만 세상의 권세와 대결하여 이기실 수 있다. 이스라엘의 하나님만 온 이스라엘이 하지 못한 것을 이스라엘과 세상을 위해 하실 수 있다. 그분을 예배하는 것이 살아 계신 사랑의 하나님을 향한 예배가 되는 분이 여기 십자가에 있다. 그분을 예배하는 것으로 참되고 온전한 인간성을 되찾게 되는 분이 여기 십자가에 있다. 이교 신들이 빼앗은 자리를 최종적으로 취하시는 창조주 하나님이, 여기 십자가에 있다.

이 간략한 설명에서 탐구하지 못한 십자가 죽음의 면모가 많이 있다. 우리가 지금까지 이야기해 온 것 가운데 가장 빛나는 한 가지만 언급하겠다. 이교주의는 경쟁과 증오, 분노를 즐긴다. 경쟁 상대를 향해 분노하고 자신의 지위가 축소되는 것에 분개하는 거짓으로 부풀려진 인간성을 즐긴다. 기독교는 종종 스스로를 배반하고 그런 식의 태도를 취했다. 이는 스스로 자신의 발생 지점을 버렸음을 보여 준다. 진짜 기독교는 무엇보다 자신의 사랑을 드러내는 참 하나님에 대한 관점에 기초한다. 십자가의 본질은 사랑하셨으며 사랑하시는 하나님이다. 주셨으며 주시는, 자신이 할 수 있는 일을 다 하시는, 한없이 혹은 미련 없이 주시는 하나님. 우리를 그리스도인으로서 예배하고 섬기도록 부르신 분이 바로 이 하나님이다. 자신의 교회를 새로운 과업을 위해 새롭게 준비시키시는 분도 바로 이 하나님이다. 이교주의에 대해 결정적으로 승리하시고 이제 이 승리가 확실히 작용하도록 자기 백성을 보내시는 분도 바로 이 하나님이다.

토론을 위한 질문

1. 하나님에 대한 당신의 관점은 십자가의 사실을 어떤 식으로 포함하고 있는가?
2. 하나님의 능력은 어떻게 약함 속에서 드러나는가? 현대 세계에서 그러한 예를 떠올릴 수 있는가?
3. 예수님은 사회의 버림받은 자들을 초대하여 함께 축배를 듦으로써 다가오는 하나님 나라를 실연하셨다. 오늘날 교회는 어떻게 그런 일을 할 수 있을까?

4. 예수님의 죽음이 의미하는 바를 고찰하면서 익숙하게 활용해 온 표본이나 이론은 무엇인가? 그것은 이 장에서 개략적으로 제시한 것과 어떻게 조화를 이룰 수 있을까?

5. 예수님은 출애굽의 사상을 되풀이하며, 자신의 죽음이 '많은 사람의 대속물'이 되리라고 말씀하셨다(막 10:45). 그분의 죽음은 어떤 면에서 '대속물'이었는가?

6. 세상을 향한 하나님의 사랑과 악에 대한 하나님의 지당한 증오의 개념을 어떻게 결합할 수 있을까?

7. 예레미야는 하나님이 자기 백성을 위해 이루실 '새 언약'에 대해 말했다(렘 31:31-34). 예수님은 이것이 자신의 죽음에서 실현될 것이라고 말씀하셨다(눅 22:20). 어떤 면에서 그러했는가?

8. 하나님이 십자가에서 이교주의를 물리치셨다면, 그것은 어떻게 그날 이후로 계속 힘을 가지고 있는가?

7장
예수님의 옳으심과 교회의 사명

종려주일
―――――――
빌립보서 2:5-11

우리는 마이크를 잡고 하나님이 존재하신다고 세상에 선포하던 유대인 젊은이의 이야기로 이 책을 시작했다. 이제 신약과 기독교 전통에 따르면 하나님이 마이크를 넘겨받아 세계사의 흐름을 영원히 바꾸어 놓은 몇 가지 소식들을 선포하신 이야기를 할 시점이다. 그 이야기 전체는 사도 바울이 복음에 관하여 쓴 가장 간결하고도 복잡한 진술 중 하나에 집중되어 있다.

이는 너희 관계 안에서 서로 생각해야 하는 바
곧 예수 그리스도 안에 있는 것이라

그는 하나님의 형체를 가졌으나
하나님과 동등하다는 점을 이용하려 하지 않으시고

자신을 비워 종의 형체를 가져
사람들과 같이 되셨으며

사람의 형체로 나타나 자신을 낮추시고
죽기까지, 십자가에 죽기까지 복종하셨도다

이러므로 하나님께서도 그를 지극히 높여
모든 이름 위의 이름을 주시어

하늘과 땅에 있는, 그리고 땅 아래 있는 모든 무릎을

예수의 이름 아래 꿇게 하시고

모든 입이 예수 그리스도를 주라 시인하여
하나님 아버지께 영광을 돌리게 하셨도다
(빌 2:5-11, 저자가 직접 번역)[8]

이 짧은 시적 구절에는 신학과 실제적 기독교가 매우 풍성하게 담겨 있다. 나는 이 장에서 그 구절이 어떻게 지금까지 이야기한 것의 줄기들을 한데 모으는지, 그리고 어떻게 우리를 이야기의 다음 국면으로 나아가게 하는지 보여 주려고 한다.

예수님 그리고 이스라엘의 이야기

이 구절을 이해하는 하나의 방법은 바울이 여러 가지 이야기를 한꺼번에 하고 있다는 사실을 인식하는 것이다. 표면적으로 그는 예수님에 관해 말하고 있다. 바울은 예수님을 영원부터 하나님 자신과 동등하신 분, 인간이 되어 노예 혹은 반역자로 죽으신 분, 그 후 지극히 높여져 자신에게 걸맞은 지위와 칭호를 공개적으로 받으신 분으로 이야기한다. 그런데 바울은 왜 그것을 이런 식으로 말하였을까?

바울의 시는 우리가 2, 4, 6장에서 본 많은 부분을 다시금 다루는데, 이 시에서 매우 중요한 점은 바울이 예수님의 이야기를 마치 **이스라엘의 이야기인** 듯 전하고 있다는 것이다. 전체 역사를 다루든 그중 한 일화를 다루든, 유대인들이 자기들의 이야기를 전할 때마다 그 이야기는 쉽게 알아볼 수 있는 형태를 갖게 된다. 바울은 모든 이야기들을 가져와 예수님의 이야기로 엮어 낸다.

출애굽의 이야기를 보자. 이스라엘은 하나님의 백성이 되도록 부름받았다. 그 후 이집트로 내려가 노예가 되었다. 하나님은 이스라엘을 이집트에서 불러내어 다른 민족들보다 높이시며 이스라엘이 자기 백성임을 분명히 하셨다. 이스라엘은 이 구원을 참신이 이교 신들에 거둔 위대한 승리로 경축했다.

바벨론 포로 이야기를 봐도 좋다. 이스라엘은 하나님의 백성으로 자기 땅에 거주하고 있었다. 그런데 바벨론 사람들이 와서 그들을 쫓아내고 세상이 보는 앞에서 업신여겼다. 그러나 이스라엘은 그들의 하나님이 이 비참함, 이 죽음으로부터 구해 주시고 주변 민족들이 보는 앞에서 명예를 회복시켜 주시리라 믿었다.

이 이야기들과 더 작은 수십 가지의 이야기들(요셉과 다니엘과 같은 개인의 이야기를 포함하여)은 예수님의 이야기와 형태가 동일하다. 유일한 차이라면 예수님의 이야기는 **실제** 죽음과 부활을 포함했다는 점이다. 이전까지 비유적이었던 '죽음과 부활'이 이제 역사 안으로 들어왔다. 예수님에게 일어난 그 일은 전체 이야기가 지금껏 움직이며 향해 온 현실이다. 이스라엘을 **통하여** 세상을 위해 행동하시려는 하나님의 계획이 예수님으로 인해 마침내 실현되었다. 그와 동시에 이스라엘을 **위하여** 이스라엘에 필요한 일을 하시려는 하나님의 계획 또한 실현되었다.

예수님 그리고 인류의 이야기

한편 빌립보서의 구절은 또 다른 차원에서도 작용한다. 창세기 3장에서 아담은 자기가 지니지 못한 것, 즉 하나님과 동등됨을 낚아채려고 했다. 바울은 아담이 되지 못한 존재가 되신 분, 참된 인간이셨던 분이 예수님이시라는 방식으로 그분의 이야기를 전했다. 그분은 인류를 구하고 회복시키기 위해 아담이 결국 이르게 된 곳, 죄와 죽음의 땅으로 오셨다.

여기에서 인간성에 대한 **재긍정**이 포함된다는 점이 중요하다. 많은 사람이 인간성을 그 자체로 나쁜 것처럼 말한다. "나는 그저 인간일 뿐"이라고 말하며 실수를 변명한다. 하지만 성경에서 인간성은 본질적으로 좋은 것이다. 사실 사악함, 악, 죄의 문제는 그것들이 인간성을 타락시키고 왜곡한다는 데 있다. 십자가에서 예수님은 그 타락과 왜곡을 스스로 짊어지셨는데, 그로 인한 결과의 최대치가 십자가의 참혹함과 극도의 고통에서 드러난다. 예수님은 그것을 최종적으로 처리했다. 그러므로 부활에는 인간성에 대한 기쁨에 찬 재긍정이 있다. 시의 후반부에서 예수님이 "주"로 불리면서 받으시는 '하늘에서 가능한 가장 높은 자리'는 성경적 용어로, 하나님만이 아니라 참으로 인간적 존재를 위해 마련된 자리다. 이는 예수님과 바울이 너무도 잘 알던 시편에 포함되어 있다.

> 사람이 무엇이기에 주께서 그를 생각하시며
> 인자가 무엇이기에 주께서 그를 돌보시나이까?
> 그를 하나님보다 조금 못하게 하시고
> 영화와 존귀로 관을 씌우셨나이다.

주의 손으로 만드신 것을 다스리게 하시고

만물을 그의 발 아래 두셨으니. (시 8:4-6)

예수님은 부활하신 분으로 주님이시고, 참 아담으로서 곧 참된 인간으로서 주님이시다. 곧 보게 되겠지만 이는 하나님이 부활을 통해 창조 질서 전체를 재긍정하신 근거다.

예수님 그리고 하나님의 이야기

그 이야기에는 또 하나의 차원이 있다. 바울은 예수님의 이야기를 이렇게 시적으로 전하면서 그것을 이스라엘과 아담의 이야기로 전하는 데 만족하지 않는다. 그는 그것을 하나님의 이야기로 전한다.

이 이야기는 시의 끝에서부터 거슬러 올라갈 때 가장 잘 보인다. 바울은 "모든 입이 예수 그리스도를 주라 시인할 것"이라고 썼다. 이는 이사야의 구절로 다시 한번 구약을 인용한 것이다. 그 구절에서 이스라엘의 하나님은 이교의 우상들을 향해 어느 누구를 구하거나 창조적인 일이라고는 도무지 하지 못하는 존재로 비난하신다. 구약 전체에서 가장 유일신론을 강조하는 구절에서 선지자는 이스라엘뿐 아니라 열방에 도전장을 던지시는 하나님을 기록한다.

땅의 모든 끝이여

내게로 돌이켜 구원을 받으라.

나는 하나님이라 다른 이가 없느니라.

내가 나를 두고 맹세하기를

내 입에서 공의로운 말이 나갔은즉

돌아오지 아니하나니

내게 모든 무릎이 꿇겠고

모든 혀가 맹세하리라 하였노라. (사 45:22-23)

바울은 예수님의 부활과 높여지심에서 하나님이 모든 경쟁자를 물리치고 승리한 주권자, 세상의 창조주로 입증되시는 것을 본다. 그리고 바울은 이 영광을 **예수님**께 귀속시킨다. 이 구절의 불과 몇 장 앞에서 하나님은 자신의 영광을 어느 누구에게도 주지 않으리라고 단언하셨다(사 42:8). 그분은 이제 그것을 예수님과 나누신다. 무슨 일이 일어난 것일까? 하나님이 마음을 바꾸신 것일까? 이제 하나님이 둘이란 말인가? 아니면 예수님이 마치 대양으로 떨어지는 한 방울의 물처럼 하나님 안으로 빨려 들어가신 것인가?

바울의 혁명적 대답은 살아 계신 하나님, 초월적인 아버지는 자기 영광을 늘 그분과 함께 나누셨다는 것이다. 그분은 처음부터 "하나님과 동등"되셨다. 그 단계에서 그분은 인간이 아니었으나 온전히 하나님이길 멈추지 않으신 채 특정 시간과 장소에서 인간이 되셨다. 이 이야기의 요점은 예수님의 인간성 안에서 특히 십자가에서 이루어진 일을 하나님 스스로 행하셨다는 것이다. 그렇기 때문에 바울은 빌립보서 2장 9절에서 의기양양하게 "이러므로"라고 말한다. 다시 말해 예수님이 부활하시면서 하나님의 유일무이한 영광, 아담이 반영하도록 예정되었던 영광으로 빛날 수 있게 높임받으신 것은 그분이 십자가에서 오직 하나님만 하실 수 있는 일을 하셨기 때문임이 분명하다. 예수님의 이야기는 실로 이스라엘의 이야기이며 아담의 이야기다. 이런 표현이 가능하다면, 그것은 하나님의 인간적 전기이기도 하다. 종려주일 공허한 아첨을 했던 군중은 크게 기뻐하며 시인하게 될 것이다. 즉, 모든 입이 예수 그리스도를 주라 시인할 것이다. 이 이야기에서 우리는 우주의 창조주에 관한 비범한 진리를 발견한다.

예수님 그리고 이교주의와의 대결

따라서 이 놀라운 구절이 당시 상황 속에서 쓰인 취지는 이 책의 취지와 동일하다. 바울은 빌립보에 있는 교회에 편지를 썼다. 빌립보는 황제 숭배에 특별히 충실하며 근동에 일반적이던 이교주의가 만연한, 자부심 강한 로마 식민지였다. 바다 너머의 강력한 황제 카이사르는 주와 구세주로 불렸다. 바울의 승리에 찬 결론은 예수님에 대한 기쁨에 찬 예배를 권고하는 데서 그치지 않는다. 거기에는 주변 문화의 이교주의를 권좌에서 끌어내리고 대체하려는 의도가 있었다. 예수님이 주라면, 카이사르는 아니다.

이처럼 바울에게 십자가와 부활은 지중해 세계에 만연하던 이교의 우상숭배에 대한 하나님의 위대한 도전이었다. 그는 저작 전체에 걸쳐서 시종 십자가와 부활로 되돌아갔다. 십자가와 부활은 우리가 이 책에서 내내 보고 있는 이교주의에 대한 도전, 즉 이스라엘을 부르신 것, 출애굽, 그리고 창조주 하나님이 경쟁자들을 물리치고 얻으실 위대한 승리에 대한 예언들(특히 이사야)을 압축해 보여 준다. 바울은 그 모든 것이 예수님의 죽음과 부활에서 실현되었다고 말한다.

그러므로 이제 현대 이교주의에 맞서는 교회의 과업에 대한 고찰을 이러한 복음의 주요한 사건들에서 시작해야 한다. 나는 이 장의 나머지 부분에서 부활절 사건이 온 세상을 향한 창조주의 사중 선포임을 제안하려고 한다.

부활절 그리고 십자가의 승리

첫째, 부활절은 예수님의 십자가가 패배가 아닌 승리였음을 세상에 선포한다. 지난 장에서 우리가 살펴본 것처럼 예수님을 십자가로 몰고 간 이면의 논리를 이해하면 십자가 자체에 이 메시지가 담겨 있음을 알게 된다. 하지만 자포자기한 제자들을 고려하면, 십자가를 이같이 새롭게 이해하도록 이끄는 부활절의 사실이 필요했다. 만약 그 방법이 그들에게 들어맞았다면, 주변의 이교 민족들은 차치하고 그들의 동료 유대인들에게는 얼마나 더 들어맞았겠는가! 부활절로 인해 제자들에게 십자가는 비극에서 승리로 바뀌었다. 십자가는 다소 이례적인 메시아 운동이 맞이한 전형적인 결말이 아니라, 이 메시아 운동이야말로 다른 모든 운동이 실패한 지점에서 승리했다는 표적이 되었다. 이스라엘의 운명은 정말 예수님께 맡겨졌던 것이다. 유대교의 관점에서 이것이 부활절의 충격이었다. 하나님이 자기들을 위해 하실 것이라고 유대인들이 기대한 일, 즉 그들이 이교도들에게 고난받은 후에 그들의 명예를 회복시켜 주시는 일을 하나님이 예수님을 위해 하신 것이다.

그러므로 예수님의 부활은 하나님이 온 세상을 향해 악이 실제로 처리되었다고 선포하신 것과 같은 역할을 한다. 여기에는 간과하면 안 되는 내적 논리가 있다. 우리는 앞에서 우상숭배가 파멸을 가져오는 것을 살펴보았다. 하나님이 아닌 것, 모든 생명의 근원이 아닌 것, 당신을 만든 형상을 지닌 존재가 아닌 것을 숭배하라, 그리하면 결국 참 하나님을 비출 수 없게 될 것이다. 참된 인간성에서 벗어나라, 그리하면 당신의 인간성은 부패하여 사라질 것이다. 성경적으로 줄여 말하면, 죄의 삯은 사망이다. 우리가 살펴본 대로 예수님은 이제 십자가에서 자신이 세상의 악을 처리한다고 믿으셨다. 이것은 어떻게 승인될까? 방법은 죽음 역시 처리하는 것이다. 그분이 죄를 처리하셨다면 죽음은 그분을 지배할 수 없다. 그러나 그분이 죽은 채로 있으면 죄를 처리했다는 주장에 의문이 제기된다. 이는 고린도전서 15장 17-20절에서 바울이 따른 논리의 대략적인 내용이다. 따라서 이것이 부활절 선포의 첫 번째 내용이다. 십자가는 창조주 하나님이 자신의 세상에서 권력을 찬탈한, 죄와 죽음으로 결집한 악의 세력을 물리치고 얻으신 결정적 승리다.

부활절 그리고 피조물의 명예 회복

두 번째, 악이 패했다면 창조 질서에는 무슨 일이 발생했을까? 이원론적 사고 구조 안에서 세상의 악은 피조물과 아주 단단히 동일시되어 있기 때문에 악을 물리치는 것은 피조물을 없앤다는 의미가 된다. 어떤 신학들은 이 도식을 전적으로 믿어서 부활이 본질적으로 비물질적 사건이라는 견해(그게 무엇인지는 몰라도)를 만들어 낸다. 악이 처리된 상황에서 물질성을 재궁정해야 한다는 질문조차 할 수 없을 정도로 악과 물질성을 너무 밀접하게 연관 짓는 것이다. 그것이 부활절에 관한 전부일까?

　신약성경은 매우 다른 관점에서 쓰였다. 부활은 창조 질서의 선함을 부인하는 것이 아니라 재확인한다고 여겨진다. 부활절 아침에 일어난 일이 달리 되돌릴 수 없는 물질적 사건이었다는 점은 사건의 전말에서 매우 중요하다. 그렇다고 그 일이 평범한 인간의 물질적 삶으로 회귀한 것에 불과하다는 말은 단연코 아니다. 그 일은 죽음을 통과해 저편으로 나와 새로운 유형의 생명에 이르는 과정을 의미했다. 그런데 핵심은 죽음 저편의 이 새로운 생명은 우리가 '물질성'이라 여기는 것을 초월하면서도 **포함한다**는 점이다. 부활의 삶은 죽을 수밖에 없는 평범한 인간의 삶보다 더 위대하지만 덜 물질적이지 않다. 죽을 수밖에 없는 삶과 부활의 삶의 차이는 전화상의 대화와 얼굴을 마주한 만남의 차이와 같다. 후자의 경우에서도 여전히 말을 주고받겠지만 이제 그 맥락은 더 깊고 풍부해진다. 부활은 인간의 물질성을 덜 이해하는 것이 아니라 더 잘 이해하는 맥락 안에서 그것을 재긍정한다.

그러므로 부활은 이원론의 끈질긴 주장에 대한 득의만만한 응답이자 "하나님이 지으신 그 모든 것을 보시니 보시기에 **좋았더라**"는 창세기 첫 장의 진술을 되풀이하는 것이다. 부활절 아침에 하나님은 악의 권세로부터 결정적인 치명타를 입은 피조물을 보시고 자신의 평결을 반복하셨다. 그리고 예수님은 아직 도래하지 않은 새 세상의 시작으로서 부활하셨다. 부활이 있었기 때문에 그리스도인은 피조물을 창조주가 사랑으로 택하신 그릇으로 보는 방식 외에 다른 방식으로 보는 것은 가능하지 않게 됐다. 부활에서 하나님은 피조물에 대한 자신의 헌신을 재확인하셨다. 부활한 예수님에 대한 믿음을 고백하는 이들은 세상을 다른 식으로 볼 자유가 없다. 강탈당하거나 일시적으로 점령당한 곳을 제외한 피조 세계는 적의 영토가 아니다. 그것은 하나님의 영토이며 그분은 예수님 안에서 그 영토의 소유권을 단호하게 주장하셨다. 이는 이교주의에 대한 모든 기독교적 반응의 출발점이다.

부활은 창조의 맨 처음으로 되돌아가는 특별한 수수께끼를 푸는 방법을 보여 준다. 우리는 초반부에서 창조 질서가 선하지만 **일시적이도록** 만들어졌다는 것을 보았다. 그것은 현재의 형태가 영원히 계속되도록 만들어지지 않았다. 실로 그것의 본질적인 아름다움은 부분적으로 그것의 덧없음에 놓여 있다. 가령 우리가 저녁노을더러 "거기 그대로 있으라"고 말하거나 종달새의 노래를 병에 담을 수 없다는 사실처럼 말이다. 부활에 비추어 우리는 피조물 전체가 하나님의 생명과 사랑으로 가득 차도록 만들어졌다고 자신 있게 말할 수 있다. 정기적인 예배에서 우리가 하늘과 땅이 하나님의 영광으로 가득하다고 말할 때에 그 의미는 우리가 말한 그대로지만, 최후에 성령의 사역이 마침내 완성될 때에 하늘과 땅은 새로운 방식으로 가득 차게 될 것이다. 창조 질서는 이미 창조주의 사랑과 목적을 반영하고 결국 그분의 현존으로 넘쳐나게 될 것이기 때문에 아름답다고 보는 것이 아니라, 창조 질서의 아름다움을 인식하여 그것을 현재적으로 또한 그것 자체로 예배하는 점이 이교주의의 잘못이다.

부활절 그리고 하나님에 관한 진리

세 번째, 부활이 이렇게 창조 질서의 선함을 재확인한다면 그것은 예수님의 가르침에 요약된 유대교 전통 전체의 주장도 재확인한다. 바로 이스라엘의 역사에서 드러난 하나님이 온 세상을 창조한 유일하신 하나님이라는 주장 말이다. 후기 계몽주의의 맥락에서 이 주장은 터무니없이 거창하게 들린다. 과연 무엇이 그 주장의 정당성을 입증하거나 실증할 수 있을까?

초대교회는 부활절 사건이 분명히 그것을 입증하며 실증한다고 여겼다. 맥락이 중요하다. 부활한 이는 그저 아무나가 아니었다. 그는 특정 주장들을 하고 특정 행동 계획을 따르며 어느 순간 전통 전체의 초점을 맞추신 분, 예수님이셨다. 부활은 예수님의 정당성, 그분이 말씀하고 행하신 모든 것의 정당성을 입증한다. 그와 동시에 부활은 이전에 일어난 어떤 일보다 훨씬 뛰어나지만 이스라엘의 전 역사, 구약성경의 계시 전체의 특징과 일관되어 있다. 그러나 사건의 유형이 그러한 만큼, 부활은 개별 민족의 전통과 믿음보다 더 광범위한 것을 분명히 주장한다. 죽음은 인류 전체에 은밀히 다가서는 거대한 적이다. 부활은 창조주가 자신의 세상 안에서 직접 주신 응답이다.

그러므로 부활에 비추어 볼 때 '하나님'이라는 단어의 의미에 대한 주류 기독교적 주장이 가능해진다. 이 하나님은 어떤 분인가? 부활절이 선포하는 것은 다음과 같다. 그분은 우주의 창조자이시며 우주의 구원자시다. 그분은 모든 피조물 너머에 계신 초월자이면서 **동시에** 자신의 피조물 안에 거하시는 분이다. 그분은 자신의 세상에서 온전히 인간적인 삶을 살고 온전히 인간적인 죽음을 겪으셨으며, 세상의 고통과 수치를 스스로 짊어지고 그것의 힘을 고갈시키셨다. 다름 아닌 부활절에 비추어 볼 때, 요한복음 20장 28절의 도마는 요한이 보기에도 신학적으로 놀라운 말로 예수님을 부른다. "나의 주님이시요 나의 하나님이시니이다." 이제부터 그리스도인이 '하나님'이라는 단어를 사용할 때 그 단어의 뜻에는 예수님이 포함된다. 우리는 바로 예수님에 비추어 볼 때 하나님이 어떤 분인지 안다.

특히 예수님에 비추어 볼 때 하나님이 우리를 형언할 수 없이 사랑하심을 안다.

그러나 그것이 전부가 아니다. 요한복음 20장의 같은 대목에서 도마의 고백이 있기 조금 전에 예수님은 제자들을 파견하셨다. "아버지께서 나를 보내신 것 같이 나도 너희를 보내노라." 그 후에 그들에게 숨을 내쉬며 말씀하셨다. "성령을 받으라." 성령에 대해 요한이 앞서 논의한 바(14-16장)를 감안하면, 성령은 예수님의 **또 다른 자아**(alter ego)로 주어지는 것이 분명하다. 예수님은 그들에게 새로운 방식으로 돌아와, 그저 타자들 가운데 한 인간으로 그들과 함께 사는 것이 아니라 그들의 삶, 동기, 사명의 원천으로 그들 안에서 사실 것이다. 그리고 이 예수님의 영에 관한 이야기는 초월자이신 살아 계신 하나님의 영에 관한 구약성경의 모든 함축을 다시 한번 끄집어낸다. 이것은 갑자기 고안된 새로운 영이 결코 아니다. 이제부터 예수님의 영으로 알려지는 살아 계신 하나님의 영이다. 십자가의 공로가 성취되는 것과 더불어 창조주는 이제 자신의 세상에서 자신의 일을 성취하도록 자신의 모든 백성에게 자신의 영을 쏟아부으실 수 있다. 우리가 계속 탐구할 관점인 하나님에 대한 전체적인 관점이 없으면, 교회 앞에 놓인 과제는 버거울 뿐 아니라 불가능할 것이다. 이 하나님과 함께라면 그 과제를 수행할 수 있다. 이것이 우리를 마지막 절로 이끈다.

부활절 그리고 교회의 사명

하나님이 부활을 통해 세상에 선포하신 소식의 네 번째 측면을 살펴보자. 우리는 앞에서 예수님의 부활은 어떤 의미에서 이스라엘이 기대해 온 모든 것을 정확히 실현한 반면 또 다른 의미에서 유대인들을 깜짝 놀라게 했음을 보았다. 유대인들은 하나님이 민족 전체의 명예를 회복시켜 주시길 기대했으나, 부활은 한 개인에게 일어났다. 그런데 예기치 않은 측면이 또 있었다. 유대인들은 자기들의 명예가 회복되면 현재 세상사의 모든 존재 방식에 종말이 오리라고 기대했다. 악은 일거에 완전히 패배하고 이스라엘은 즉시 열방 위로 높임받으며, 세상의 민족들은 이스라엘의 하나님이 과연 온 세상의 창조주이심을 알게 될 것이다. 하지만 예수님이 죽은 자 가운데서 살아나셨을 때 역사는 이전처럼 계속됐다. 헤롯과 빌라도는 여전히 팔레스타인을 다스렸다. 카이사르는 여전히 왕좌에 있었다. 아무것도 변한 것 같지 않았다. 부활이 역사를 갑자기 그리고 분명히 멈출 것으로 기대하던 이들은 실망했다.

그렇지만 초대교회는 그러한 실망이 부적절하다는 것을 거의 즉시 깨달았다. 바울이 이야기 전체를 천재적으로 풀어내기도 했지만 그는 그때까지 그리스도인들이 이해한 것으로 보이는 바를 분명히 표현했을 뿐이다. 부활은 단 한 번, 대규모로, 최후의 순간에 일어나는 사건이 아니라 두 단계로 일어나는 사건으로 이해되어야 했다. 예수님은 이스라엘의 역할을 홀로 떠맡으시고 자신의 백성보다 앞서 나가 그들을 위해 길을 개척하셨다. 이후에 도래할 보편적 부활이 남아 있으며, 시간상의 차이가 있을 것이다(고전 15:20-28을 보라). 그렇게 되는 데에는 목적이 있다. 그분의 백성이 세상 곳곳으로 들어가 새 황제의 취임을 발표하는 전령처럼 나사렛 예수가 이제 온 피조물의 주로 높임받는다고 선포하도록 시차를 두는 것이다. 교회의 사명은 예수님의 부활과 그분의 백성의 부활 사이에 필요한 연결 고리가 되는 것이다.

어떤 이들은 이러한 사명의 개념을 불가피하게 승리주의적 관점이라고 볼 것이다. 그런 발표 혹은 선포를 하다니, 교회는 스스로를 누구라고 생각하는 것인가? 압제적인 종교인들이 스스로 각색한 하나님의 메시지를 호령하며 막대한 피해를 끼치지 않았던가? 물론 그렇다. 그러나 기독교의 모든 사명을 종교적 광신주의로 몰기 전에 잠시 생각을 가다듬을 필요가 있다. 부활절에 결국 정당성이 입증된 것은 무엇이었는가?

부활절 아침에 정당성을 입증받은 분은 **예수님**이셨다. 제자들은 지나치게 진취적이고 승리주의적인 사명의 개념을 신봉했다. 그들은 훗날 승리하게 될 자를 아직 승산이 없어 보이는 시점에 믿고 지지하는 것에 대해 스스로 대단히 만족스러워했으며, 예수님은 마침내 예루살렘의 왕좌에 우쭐대며 앉아 계시고 자기들은 그 주위에 서게 되리라고 믿었다. 예수님의 계획은 이것과 정확히 반대였다. 결국 부활절 아침에 정당성을 입증받은 것은 바로 이스라엘이 되는 그분의 방식, 하나님의 일을 하는 그분의 방식이었지 그들의 방식이 아니었다.

그리고 이제 그분은 자신의 추종자들에게 세상을 위한 이스라엘이 되는 자신의 방식을 넘겨주신다. "예수께서 이르시되, 아버지께서 나를 보내신 것 **같이** 나도 너희를 보내노라." 이렇게 요한복음 20장 21절은 요한복음 17장의 위대한 기도를 요약한다. 즉, 이스라엘에 아들을 보내는 아버지의 파송은 이제 세상 속으로 성령을 받은 자기 백성을 보내는 아들의 파송이 된다.

아버지가 예수님을 보낸 목적은 무엇일까? 이교주의에 맞서도록? 그렇다. 인간을 노예로 만든 종교·정치·사회적 우상숭배를 고발하도록? 그렇다. 그런데 무엇보다 먼저 약자와 힘없는 자들과 동일시함으로써, 죄인과 버림받은 자들의 친구로 알려짐으로써, 외관상으로는 자기 사역의 이유가 된 모든 것을 잃고 선고받은 범죄자로 잔인하게 죽음으로써 그렇게 하도록 보내셨다. 그리고 마지막으로, 앞서 겪은 고통이나 수치를 무르거나 줄이지는 않았지만 하나님이 그 길을 귀히 여기셨음을 입증한 부활을 통해 그렇게 하도록 보내셨다. 예수님을 진정으로 믿으려 한다면, 이러한 것들을 그분이 자신의 교회에 물려주신 사명의 모범이자 전형으로 받아들여야 한다.

이것은 실제로 무엇을 의미하는가? 이 책의 후반부에서 이 질문에 대한 대답을 찾아 나갈 것이다. 그렇지만 이 단계에서 대체적 요점 세 가지를 짚어 볼 필요가 있다.

첫째, 우리는 교회가 받은 사명의 원칙을 '예수님이 이스라엘에게 하신 것처럼 교회가 세상에'라고 표현할 수 있다. 이스라엘에 대한 예수님의 사명을 역사의 구체적 맥락 속에서 연구하는 것은 교회가 세상에 어떻게 말을 건네야 하는지 발견하기 위한 중요한 출발점이다. 수많은 저술가와 신학자가 이스라엘에 대한 예수님의 사명을 보편적이고 추상적으로 개념화하여 무미건조하게 만들어 버렸다. 그들은 흔히 그렇게 해야 그 사명을 다른 상황에 '적용'하기 쉬워진다고 생각했다. 그로 인한 결과는 무기력한 도덕주의의 범람 혹은 감상적인 라파엘전파(前派; 19세기 영국 왕립 아카데미에서 이루어지던 미술에 대한 기계적이고 인습적인 접근에 반발하여 젊은 영국 화가들이 결성한 단체로, 라파엘로 이전 14, 15세기의 이탈리아 미술에서 영감을 받음—옮긴이)식의 예수님 상과 같은 것이 대부분이었다. 교회의 사명에 필요한 것은 예수님 자신, 복음서가 우리에게 제시하는 바로 그 예수님, 즉 갈릴리 길과 마을의 그 예수님, 헤롯을 "저 여우"라고 부르신 그 예수님, 그분을 당시 상황

밖으로 옮겨 놓으면 그 소리가 말끔히 소거되지만 1세기 팔레스타인에서는 실천적 의제로 매우 자주 불편한 경종을 울리신 그 예수님이다. 우리가 찾으려는 전형은 바로 그러한 예수님의 모습이다. 그것을 찾게 될 때 우리 앞에 놓인 사명들을 수행할 새로운 용기를 얻게 될 것이다.

둘째, 교회가 진정으로 예수님의 모든 의제를 온 세상에 가져오는 그분의 대리인이 되고자 한다면, 교회에는 예수님의 영이 필요하다. 만약 교회가 예수님의 영으로 채워지고 준비되기 위해 끊임없이 노력하지 않으면서 주어진 일을 하려고 한다면, 그 입을 열 때마다 신성모독죄를 짓는 셈이다. 나는 지금 모든 그리스도인이 카리스마 운동에 가담해야 한다고 호소하는 것이 아니다. 오히려 모든 그리스도인, 특히 세상에 치유와 갱신을 가져오는 교회의 사명에 앞장서는 이들은 자기 나름의 의제들로 오만해지거나 상대주의로 비겁해지지 않도록 과제를 수행하면서 매일 매시간 예수님의 영을 부르며 기도해야 한다고 호소하는 것이다.

마지막으로 교회가 진정한 교회가 되려면 내가 이 책에서 설명하려고 한 것처럼 이교주의에 결정적인 도전장을 던지는 것을 자신의 사명으로 여겨야 한다. 그 사명을 과거에 빈번히 그렇게 해 온 것처럼 개종자 몇 사람을 돌이킬 수 없는 지옥으로 향하는 세상에서 간신히 구출하거나, 단지 인도주의 수준에서 사람들을 그들 스스로 판 갖가지 구덩이에서 나올 수 있게 힘써 돕는 것으로 축소해서는 안 된다. 예수님의 죽음과 부활에서 절정에 달한 것은 바로 이스라엘의 이야기다. 그리스도인들도 예외 없이 그 이야기를 잘못 이해할 때가 많았다. 그 이야기는 기본적으로 자신의 세상을 안으로부터 치유하고, 자신의 피조물인 인간의 예배를 받으려 하며 자신의 피조 세계에 막대한 피해를 끼친 거짓 신의 힘에 도전하기 위해, 자신의 세상 안에서 역설적이고도 위험스럽게 행동하시는 세상의 창조주에 관한 이야기다. 갈보리에서 그리고 부활절에 이 이야기가 절정에 달한 것이 사실이라면—그렇지 않다면 기독교의 모든 것은 착각에 기초한 것이다—교회의 사명은 이 완전한 성취가 실효를 거두도록 하는 것이다. 세상을 만드셨고 세상을 사랑하시는 하나님이 세상의 주인이심을 주장하려면, 세상을 노예로 만든 거짓 신들이 성령의 능력 안에서 십자가와 부활의 도전에 직면하게 만들어야 한다. 그 일을 어떻게 할 것인지가 이 책 후반부의 주제가 될 것이다.

토론을 위한 질문

1. 빌립보서 2장 5-11절의 직접적인 배경인 빌립보서 2장 1-5절을 찾아서 읽어 보라. 이 구절은 어떤 방식으로 교회 고유의 삶을 위한 인상적인 의제를 설정하는가?
2. 빌립보서 2장 5-11절이 카이사르의 최고 주권에 도전하는 것이라면, 그 구절은 오늘날 어떤 최고 주권에 도전할 수 있을까?
3. 인간이 하나님의 영광을 함께 누리도록 만들어졌다면(예컨대 롬 5:1-5; 8:30을 보라), 우리가 인류에 대해 알고 있는 바를 고려할 때, 그 일은 어떻게 이루어질 수 있을까?
4. 바울은 예수님의 이야기를 인류와 이스라엘과 하나님의 이야기로 전한다. 그것은 어떤 의미에서 20세기 우리의 이야기가 될까?
5. 부활의 의미를 한 문장으로 어떻게 요약하겠는가?
6. 우리가 두 부활, 즉 예수님의 부활과 우리의 부활 사이의 공간에 살고 있다

는 깨달음은 그리스도인이 되는 것에 어떤 차이를 만드는가?

7. 예수님의 십자가와 부활을 믿는 것은 우리가 '하나님'이라는 단어의 의미를 이해하는 데에 어떤 영향을 끼치는가?

2부

세상을 위한
교회

8장
권세에 맞서기

부활절

요한계시록 1:10-18

우리는 이제까지 현대 세계가 온갖 유형의 이교주의로 가득 차 있다는 것을 살펴보았다. 십자가 위에서 그리고 부활을 통하여 예수님이 원칙적으로 모든 유형의 이교주의를 물리치셨다는 것도 보았다. 이제 우리는 교회가 이 복음의 메시지를 가지고 이교주의에 맞서면서 직면하는 구체적인 과제와, 교회가 이 과제에 착수하는 데 활용할 수 있는 수단을 살펴보아야 한다.

교회가 이교주의의 도전에 반응하는 방식으로 세 가지 고전적인 모형이 있다. 이 장에서 그것들을 검토할 것이다. 첫째 모형은 그냥 싸움을 포기하고 이교주의에 굴복하는 것이다. 둘째 모형은 고립된 구역에 숨어 인위적으로 안전하다고 느끼는 것이다. 셋째 모형은 하나님의 참된 본성을 더 깊이 탐구하는 일에 빠져드는 자신을 발견하는 것이다. 불행히도 어떤 기독교 하위 문화 내에서는 처음 두 가지 길을 당연시하는 경향이 있다. 사람들은 때로 다른 반응 방식들을 '기독교적'이라고 인식조차 못한다. 이는 상당한 당혹감과 논쟁을 불러일으킨다.

이기지 못할 바에는 한편이 돼라?

이교주의에 반응하는 첫째 방식은 **동화**다. 창조의 선함을 강조하는 이교주의에 직면했을 때, 교회의 일부는 늘 동의하는 쪽으로 기울기 마련이다. 즉 세상은 실로 멋진 곳이며 우리는 그 선함을 경축해야 하지 수상히 여겨서는 안 된다는 것이다. 주변의 이교도들이 피조물을 경축하는 방법에 대해 우리보다 더 나은 발상을 지닌 것처럼 보인다면 우리는 그들에게 배울 수 있다.

때때로 기독교 제자도의 좁은 길을 걷는 것이 어려워 이 방식을 택하는 이들도 있다. 이집트를 떠난 후의 이스라엘 백성처럼 그리스도인들은 그들을 지금 있는 그 자리로 데려온 위대한 구속의 행위를 잊어버린 채 "이집트로 돌아갈 수만 있다면! 거기서는 먹을 게 넘쳐났는데"라고 투덜댄다(출 16:3-15).

교회 안에서 이와 같이 생각하는 부류는 이교주의의 이론과 실제에 힘껏 동의한다. 문화가 돈벌이를 삶의 주요 목표로 가리키고 있을 때, 교회는 그 일에 가담하기로 결정할 수도 있다. 기도하고 올바른 텔레비전 쇼에 기부하면 예수님이 은행 계좌를 채워 주실 것이다. 올바른 영적 시스템에 연결되면 사업이 번창할 것이다. 부의 창조는 가장 흥미롭고 신나는 일들이 일어나는 장소이며 교회는 그것을 비난할 것이 아니라 가난이 완화될 수 있음에 기뻐해야 한다. 사람들은 부유하고 성공할 수 있다. **그리고** 동시에 그리스도인일 수 있다. 북미의 몇몇 텔레비전 전도자들이 노골적이고 정제되지 않은 메시지로 이런 내용을 전한다. 심지어 성경책 판매 광고에서조차 화려하게 맘몬의 복음을 선포하는 몇몇 '기독교' 잡지와 간행물 역시 덜 노골적이지만 분명히 같은 메시지를 전한다. 그것은 또한 최근 영국과 미국의 정부 내에서 자문 역할을 맡은 몇몇 그리스도인이 보다 현학적으로 치장해 전하는 메시지다. 이것들은 우리가 3장에서 짚어 본 이교주의들 가운데 일부다.

동시에 교회 안에는 우리가 5장에서 검토한 이교주의들에 동화하는 데 언제나 능숙한 이들이 있었다. 그들은 주로 예수님을 예배하지만 만일을 위해 몇몇 다른 신도 보유하려고 한다. 이교도들이 자기 조상들에게 부여할 법한 지위를 성인들에게 귀속시키는 것이 이에 해당한다. 공감 주술

(어떤 사물·사건 등이 공감 작용에 의하여 떨어진 곳의 사물·사건에 영향을 미칠 수 있다는 믿음을 바탕으로 하는 주술—옮긴이)과 유사한 온갖 유형의 관습도 이에 해당한다. 거룩한 물건들, 거룩한 행동들, 거룩한 장소들, 거룩한 사람들, 당신이 영문을 알지 못하는 가운데 당신에게 영향을 끼치는 불가사의한 거룩함 말이다. 이러한 것들은 그 중세적 형태로 인해 계몽된 현대인들에게 비웃음을 당한다. 하지만 그러한 준(準)이교주의에 대하여 합리주의("그건 다 미신이야")나 외국인 혐오("그건 외국에서나 하는 거야")라고 대수롭지 않게 반응하는 것으로는 충분하지 않다. 우리 시대에 동화는 다른 형태를 취할 수 있다. 세상이 녹색 페인트로 칠해지고 있는 것처럼 우리는 교회에 녹색 페인트를 칠하고 있다. 그러나 녹색의 색조나 그 페인트의 출처, 또는 우리가 칠하면서 무슨 색을 지우고 있는지 묻고자 멈춘 적은 별로 없다. 동화가 일어나고 있다면, 그 현상이 지금껏 받아 오지 못한 진지한 신학적 비판이 필요하다.

이 접근법의 문제는 세상과 **같이** 되는 데 너무 관심을 가져 결국 세상에 말할 것이 없게 된다는 점이다. 관대하게 말해서, 이 접근법을 따르면 고상한 이교도들의 기분이 상하지 않도록 너무 고려한 나머지 악을 제 이름으로 부르기를 거부하고 결국 악은 선의 다른 형태일 뿐이라고 선언하게 된다. 이것은 흥미로운 파생 효과를 지닌다. 우리가 하나님의 나라가 영광 가운데 이미 도래했다고 말하려 하지 않는다면, 악에 대한 새로운 설명을 제시해야 한다. 이 일은 어떻게 이루어질 것인가?

교회 안의 낡은 이원론을 새로운 일원론으로 바꿀 때, '악'이 재배치되어야 한다. 새로운 범신론적 신학의 지지자들에 따르면, 진정한 악은 전통주의자들이 새로운 이교주의에 뛰어들기 거부하는 데서 드러난다. 뉴에이지 신봉자는 말할 것도 없고 힌두교 신자, 이슬람 신자, 불교 신자 심지어 마술에 빠진 사람들까지, 구식 그리스도인들(과 유대인들)을 **제외한** 모두가 옳다. 이원론은 유일한 진짜 죄이고, 그 죄는 전통 기독교(와 정통 유대교)에 가장 뚜렷이 자리 잡았다.

결과적으로 우리는 오직 준기독교적 이교주의의 요구들로 만들어진 새로운 도덕 체계의 갑작스런 출현을 목격하게 되었다. 예를 들어, 우리는 모피 무역에 관한 한 도덕주의자라고 자처하며 전통적 기독교 도덕을 조금씩 약화시키고자 누구보다 많은 일을 한 브리짓 바르도(Brigitte Bardot)와 같은 인물을 본다. 그 사안에 대해 어떻게 생각하든(그리고 많은 가난한 원주민 공동체가 생계 전반을 그러한 무역에 의지한다는 것을 잊으면 안 된다), 새로운 훈계의 내용 못지않게 불온한 것은 그 **방식**이다. 스스로 대체한다고 주장하는 체계의 가장 난폭한 모습을 고스란히 흉내 내면서 불쾌하고 거슬리는 방식을 취할 때가 많기 때문이다. 현재의 밝고 새로운 도덕적 세계에서 모든 '올바른' 명분에 헌신하지 않으면, 비방과 경멸을 당하며 어쩌면 성적으로 억압되었다는 혐의도 받게 될 것이다.

우리는 과거에도 이 모든 것을 경험했다. "역사는 반복된다. 그래야만 한다. 아무도 듣지 않는다"고 말한 이는 누구인가? 나는 앞에서 나치 치하에 독일의 많은 교회가 히틀러에게 길들여진 신학자들이 제공한 기독교 옷을 입은 이교주의에 전적으로 속아 넘어간 방식에 대해 언급했다. 동화는 늘 사회적 혹은 종교적으로 엄격한 시기 뒤에 오는 듯하다. 즉 갑자기 제동이 풀려 저절로 비탈길을 내려가게 되는 것이다. 별안간 모두가 창조 질서 안의 모든 것을 긍정하기에 바쁘다. 어떤 식으로든 그것을 제한하면 반창조적이고 반자연적이라고 서둘러 규탄한다. 20세기의 끝에 가까워질수록 교회와 세상에서 그러한 목소리가 많이 들린다.

따라서 교회가 이교주의와 대면할 때 동화는 늘 유혹적이다. 이교주의가 기독교 진리의 패러디라는 나의 분석이 맞다면, 이는 이상한 일이 아니다. 진리 자체가 너무도 밝고 눈이 부시기에 우리는 바라보고 또 더불어 살기에 더 편한 대안에 쉽게 만족한다. 일원론적 세계관에는 매력적인 점이 많지만, 사실 그 세계관을 받드는 이들의 인간성은 그들이 그 세계관의 이름으로 공격하는 이들만큼 파괴되고 만다.

다시 좋았던 옛 (이원론적) 시대로?

이런 식의 동화에 직면할 때 많은 그리스도인이 보이는 자연스런 반응은 뒤로 물러나 이전 세대를 특징지은 낡은 기독교 이원론을 다시 주장하는 것이다(1장을 보라). 사람들이 세상을 긍정하는 이교주의를 신봉할 때, 세상을 부정하는 것이 유일한 답이라고 주장하는 그리스도인들도 있다. 이런 선택은 친숙하다는 부가적 매력을 지니고 있기 때문에 '좋은 옛 방식'으로 제시될 수 있다. 우리 문화 안에서 많은 사람이 기독교를 이와 같은 방식으로 대한다. 학교, 대학, 사업 등의 몇몇 다른 '전통들'과 마찬가지로 이 전통은 생각만큼 멀리 거슬러 올라가지 않는다. '전통'으로 그것이 지닌 위력의 대부분은 그 전통을 지지하는 이들의 향수 어린 기억에서 나온다. 모든 것에 정확한 입장을 가지고 있던 기독교 배경에서 성장한 그들의 어린 시절에 관한 기억 말이다.

이러한 그리스도인의 이원론적 존재 방식은 교회의 다양한 부분에서 보수 성향이 그리스도인이 지닌 특징이다. 그리고 그 방식은 윤리적인 의미에서 '세속적'으로 보이는 모든 것, 신학적인 의미에서 타협한 것으로 보이는 모든 것, 정치적 혹은 사회적 의미에서 너무 '관여하는' 것으로 보이는 모든 것으로부터 안전하게 떨어져 있다. 앞선 시기에 드러난 형태를 보면 그것은 고립된 구역의 종교요, 윤리적·신학적·문화적으로 확고하게 그어진 선 뒤에서 민감한 기독교 양심을 살살 흔들어 재우는 뜻 맞는 이들의 자장가였다. 그들은 자신이 어디에 있는지 알았고, 생각하지 않아도 되었다.

1950-1960년대의 문화 안에서부터 이 이원론을 강화시킨 두 가지 비기독교적 영향이 있다. 첫째, 이 세상은 혼란에 빠지게 되고 방향을 잃기 마련인 곳이며 우리가 해야 할 유일한 일은 그것에 짓밟히지 않으면서 진정 자유로운 인간으로 살아가겠다고 결단하는 것이라는 실존주의가 있었다. 실존주의 전성기의 많은 그리스도인은 복음을 그러한 범주들로 해석하여, 앞선 세대라면 죄의식을 가정했을 지점에서 방향 상실의 느낌을 가정하고 예수님을 실존주의적 딜레마의 해결책으로 제시했다. 이것은 실존주의 자체가 지닌 이원론을 당연하게 받아들이고 세상으로부터 도피할 장소를 제공한 것이었다. 그것은 복음주의의 출발점으로는 매우 성공적이었으나 우리 시대에도 도움이 되리라고 생각할 이유는 없다. 현대 서구 세계의 보다 냉철한 승자와 패자들은 자기 내면의 **불안**(*Angst*)을 한탄하며 빈둥거리지 않는다.

낡은 기독교적 이원론이 유행한 두 번째 이유는 그것이 세상의 체제들에 맞서기를 거부함으로써 안전을 제공했기 때문이다. 계몽주의 이후 세상은 교회를 향해 종교와 정치를 뒤섞지 말라고 했고 교회는 기꺼이 순응했으며, 시공과 거의 무관한 구원을 설교함으로써 이 복종을 미화했다.

아무도 바울에게 이러한 유형의 구원을 알려 주지 않은 것이 안타깝다. 그가 우상숭배에 반대하는 설교를 해, 지역 상인 단체의 노여움을 산 에베소에서 많은 괴로움을 덜 수 있었을 텐데 말이다(행 19장).

우리 시대에서 다시 기승을 부리는 이원론은 적어도 두 가지 형태를 취한다. 둘 다 신이교주의와 신이교주의가 하는 일 전부를 단호히 거부한다. 그 두 가지 형태를 C. S. 루이스(Lewis)의 책 『순례자의 귀향』(*The Pilgrim's Regress*, 홍성사)의 표현을 빌려 "건조한" 이원론과 "습한" 이원론이라고 구분할 수 있을 것이다.

건조한 이원론

첫 번째 유형의 이원론을 '건조한' 것이라고 수식한 이유는 그것이 본질적으로 매우 장황하고 지력을 요하기 때문이다. 그것은 불굴의 정신을 소유한 이들을 위한 복음이다. 대중적인 복음주의 일부에서 이 이원론은 스스로 옛 진리들을 초음파적으로 재진술하며, 유일한 참 복음을 지니고 있다고 주장한다. 이 복음은 (다른 시기들 중에서 특히) 1950년대의 특정 부류 복음주의자를 특징짓던 것으로 드러난다. 그들에게 복음과 정치는 완전히 다른 세상에 거주한다. 복음과 감정, 복음과 물질성도 마찬가지다. 성은 심히 의심스럽다. 성례전은 가능하면 기피하거나 그렇지 않으면 매우 조심스럽게 다룬다. 복음 전도란 사람들에게 죽을 때 천국에 가는 법을 전하는 것이며, 그 밖의 다른 것은 세월이 흘러도 변치 않는 저 메시지를 희석하는 행위다. 이 '복음'을 믿으면서 수년 동안 매일 자기가 바벨탑을 쌓고 있는지도 모르는 채 일하러 다니는 것은 얼마든지 가능하다.

다른 결과들도 있다. 예배는 어떤 '가톨릭'의 부속물도 배제하도록 엄격하게 규제되어야 한다. 상담은 기본적으로 일대일 방식이 아니라 강단에서 이루어진다. **통제**의 상실, 미지의 세계로 들어가기, 영적 영역에서 위험을 감수하기 등에 관한 그 어떤 논의도 철저히 금지된다. 카리스마 운동은 덫이자 망상이다. 현대의 기적들은 상상의 산물인 것이다. 비록 성경을 전통 안에서 읽는 측면이 크다고 할지라도 성경은 전거(典據)다. 당신이 만일 성경의 권위가 일련의 규칙과 교리가 아니라, 실제로 대부분이 이야기로 이루어져 있으며 특이하고 난해한 요소들을 지닌 성경 자체에 있을 것이라고 제안하면, 당신은 제멋대로라는 판단을 받을 것이다. (나는 복음주의적 유형을 많이 목격했기 때문에 이를 복음주의적 유형으로 묘사했지만, 오늘날 교회 안 곳곳에 '건조한' 이원론의 다른 유형이 있음을 의심하지 않는다.) 이러한 이원론은 하나님의 세상 그리고 하나님의 말씀의 커다란 영역들을 배제하는 대가로 확실성을 얻는다.

습한 이원론

이원론의 '습한' 변종은 훨씬 덜 지적이지만, 결코 덜 분열되지는 않은 세상에서 산다. 그것의 '습함'은 한 유형의 '기독교' 문화에 낭만적이며 심지어 감상적으로 집착하고 자기와 자기가 반대하는 것 둘 다를 인상주의적으로 다루는 데에 놓여 있다. 참 교회는 빛의 자녀들로 이루어져 있고 세상의 나머지 부분은 진한 어둠 가운데 놓여 있다. 우글거리는 귀신들이 천사들과 끊임없이 전투를 벌이는데, 천사들은 지상에 사는 빛의 자녀들이 기도할 때 힘을 얻는다. '뉴에이지'의 어떤 징후라도 보이면 즉시 귀신의 파괴적 활동이라는 측면에서 이해해야 한다. 그 활동은 반미 혹은 반서구 문화의 음모들과 긴밀히 협력하는 것으로 일부 형태가 드러난다.

그리스도인의 삶과 사역은 이해를 추구하는 믿음이나 창조된 세상과의 진지한 상호작용과 그것에 대한 책임이 아니라, 천사의 개입과 '저 너머'에서 온 예언 또는 지혜의 말씀, 전 세계의 영적 전쟁이라는 견지에서 모든 사건을 이해함으로써 나아간다. 카리스마 운동이 때때로 피조물과 감정, 성령의 세계를 재발견하는 수단이 된 것과 달리 일부 카리스마 집단이 쉽게 빠져들 가능성이 큰 이러한 유형의 이원론은 그리스도인들에게 피조물이나 감정에 영원히 접근하지 말라고 경고할 것이다. 그쪽은 위험하다면서 말이다. 현재 이 '습한' 이원론의 대표 상품은 미국 작가 프랭크 페레티(Frank Peretti)의 『이 현존하는 어둠』(This Present Darkness)이라는 소설이다. 이 책이 현대 문화 안에 깊은 반향을 일으키고 있는 것은 분명하다. 화물선 한 척에 가득 실을 만큼 많이 팔리고 있으며 할리우드 영화로 제작된다는 이야기도 있다.

나는 확실히 영적 전투와 같은 것이 있다고 믿는다. 이원론적 세계관에 들어가지 않는 다양한 종류의 기도를 포함하여 기도가 이 전투에서 아주 중요한 무기임을 진정으로 믿는다. 그러나 『이 현존하는 어둠』으로 대변되는 대중적 이원론은 그것이 혐오하는 이교주의처럼 진리를 희화한 것이다. 그것은 회색 음영은 전혀 없이 온통 흑과 백으로 이루어진, 지나치게 단순화된 세상을 수용하라고 그리스도인에게 권고하는 본질적으로 미성숙한 세계관이다. 이런 방식으로는 신이교주의에 대한 진지한 기독교적 반응을 시작할 수 없다.

건조하고 습한 이 두 가지 형태의 이원론은 예수님과 바울 시대의 두 가지 이원론적 운동에 대략적으로 상응한다. 우선 바리새인들은 그들이 모든 것을 고안한 하나의 체계를 가지고 있었다. 그 체계 안에서는 그들이 조상 전래의 전통이라고 여기는 것에 철저히 충성하는 것이 다른 무엇보다 중요했다. 그들은 본문 자체보다는 근래 일어난 논쟁을 통해 떠오르는 기대와 열망의 틀을 통해 성경을 읽었다. 이 집단은 자신들이 꾸밈없는 있는 그대로의 진실의 입장에 서 있다고 이해했으며, 이의를 제기하는 자는 관습에 의해 면책받고 보호받을 뿐이었다. 일부 바리새인은 예수님과 바울 시대에 정치적 행동주의, 심지어 혁명까지도 받아들였지만 힐렐(예수님보다 나이가 많은 동시대인)과 가말리엘(대략 바울과 동시대인)은 사적인 경건의 영역을 가장 중요시하는 교리를 설파했다. 정치에 관여하는 것은 토라를 연구할 시간을 빼앗고 바리새인 공동체의 순수한 전망을 망쳐 놓는다면서 말이다. 외부에서 볼 때, 정결함의 세부 사항에 대한 치열한 논쟁은 당시의 정치적 환경 속에서 무능감과 무력감이 반영된 회피 행위가 아닐까 의심된다.

바리새인들의 '건조한' 이원론은 같은 시기의 종말론적 운동들이 제공하는 '습한' 이원론으로 인해 균형을 유지했다. 에스라 4서나 에녹 1서와 같은 묵시적 작품의 저자들은 페레티와 그 밖의 최근 작가들처럼 우주를 천사와 귀신으로 가득 채웠으며, 초인적 존재들의 힘을 증대시키면서 인간의 힘과 책임은 축소시켰다. 그들의 이원론에는 보통 어떤 민족적 토대가 반영되었으며, 종교적 언어로 채색되었다. 즉 '우리'는 빛의 자녀들이고 '그들'(1세기에는 로마인들, 20세기에는 비서구인들)은 어둠의 자녀들이다. 더구나 그러한 태도들은 군사적 의제를 지지하고 지속시킨다. 일단 반대자들을 귀신으로 만들기만 하면 어떤 식으로든 그들을 제거하는 것은 어렵지 않다.

'건조한' 이원론과 '습한' 이원론은 이교주의에 대한 성경적 응답을 진지하게 고려하지 못한다. 그 사상들이 내가 그렇게 한 것처럼 십자가에 집중하려 애쓸 때도 있지만, 부활이 자기들의 사상에서 적극적인 역할을 하도록 허용하는 경우가 별로 없다. 그리고 후자의 작업이 이제 우리가 애써야 하는 일이다.

제3의 길: 부활 그리고 하나님에 대한 새로운 환상

서구 문화와 그 안의 교회에 닥쳐오는 새로운 위기에 있어 흥미로운 점은 우리가 돌연 초대교회의 지도로 돌아왔다는 것이다. 교회가 시작된 이래 첫 몇 세기에는 지극히 평범했던, 그리고 앞선 세대들에서는 무관하다고 여겨진 논쟁과 사안들이 갑자기 되살아나고 있다. 초대교회는 이전 시기로부터 기독교적 가르침의 혜택을 결코 받지 못한 문화 안에서 우리처럼 심각한 이교주의에 직면했다. 그 초기 시대에서 우리는 많은 것을 배울 수 있다.

초대교회는 유대교 전통을 물려받았다. 이 유대교 전통은 그 전성기에 이스라엘이 열방의 빛이 되도록, 창조주 하나님이 세상을 장악한 이교 신들에 도전하고 그들을 압도하시는 데 그분의 수단이 되도록 부름받았음을 이해했다. 오래된 신들에게 예수님의 하나님 나라 선포는 그들이 통보받고 있다는 의미였다. 예수님이 세상의 주라는 바울의 선포는 자기들끼리 세상을 분할했던 나라와 권세에 대한 직접적인 도전이었다. 이 의제들에는 동화의 기미를 찾아볼 수 없을 뿐 아니라 이원론의 기미도 보이지 않는다. 부활은 바울에게 모든 피조물이 폐지되는 것이 아니라 갱신되는 시작점이자 진정한 새 시대(New Age)의 시작점이다. 그는 고린도 교인들에게 다음과 같이 썼다. "바울이나 아볼로나 게바나 세계나 생명이나 사망이나 지금 것이나 장래 것이나 다 너희의 것이요 너희는 그리스도의 것이요 그리스도는 하나님의 것이니라"(고전 3:22-23). 거기에 이원론이란 없다!

때로 초기 교부라 불리기도 하는 초기 기독교의 주요 신학자들은 그 의제를 시행했다. 그들은 예수님의 영의 이끄심을 따른다고 믿으면서 동화를 철저히 거부했다. 기독교를 이교주의에서 변형된 한 형태로 바꾸기를 거부한 것이다. 마찬가지로 그들은 이원론, 특히 '영지주의' 유형의 이원론을 거부했다. 선한 창조 질서에서 빠져나와 순수하게 '영적인' 영역으로 도피하는 의미의 종교를 제안받았지만 단호하게 사양했다. 이교주의의 많은 신들에 대응하여, 그들은 아브라함과 이삭과 야곱의 하나님, 나사렛 예수 안에서 그리고 성령으로 말미암아 자신을 드러내신 하나님이 진정으로 이교 신들에 위엄 있게 맞서는 유일한 하나님이시라는 믿음을 발전시켜 명료하게 표현했다. 동시에 그들은 이 하나님을 언어로 가장 잘 표현할 수 있는 방법을 발견했다. 그 방법에는 하나님이 기본적 단일성뿐 아니라 축소될 수 없는 셋이심이 반영되어 있다. 간단히 말해, 이른바 삼위일체 교리를 고안한 것이다. 그들은 이 교리를 받아들이든 말든 상관없는 하나의 추상적인 사변으로 여기지 않았다. 그들이 생각하기에 그것은 세상이 계속되게 하는 진리였다.

우리는 이 책의 마지막 부분에서 삼위일체에 대해 좀더 상세히 다룰 것이다. 지금은 다음과 같은 질문을 던져야 한다. 하나님에 대한 이 새로운 시각은 어디에서 비롯되며 그것이 함축하는 바는 무엇인가? 앞의 두 장에 비춰 보면 하나님에 대한 새로운 시각은 예수님의 십자가와 부활에서 비롯되며, 또한 그런 방식으로 자신을 드러내신 하나님이 나아가 자기 백성 안에 살며 권능을 부여하기 위해 자신의 영을 그들에게 주셨다는 초대교회의 믿음에서 비롯되는 것이 분명하다. 이는 밧모 섬에서 요한이 본 놀라운 환상에 요약되어 있다.

> 주의 날에 내가 성령에 감동되어 내 뒤에서 나는 나팔 소리 같은 큰 음성을 들으니….
>
> 몸을 돌이켜 나에게 말한 음성을 알아 보려고 돌이킬 때에 일곱 금 촛대를 보았는데 촛대 사이에 인자 같은 이가 발에 끌리는 옷을 입고 가슴에 금띠를 띠고 그의 머리와 털의 희기가 흰 양털 같고 눈 같으며 그의 눈은 불꽃 같고 그의 발은 풀무불에 단련한 빛난 주석 같고 그의 음성은 많은 물소리와 같으며 그의 오른손에 일곱 별이 있고 그의 입에서 좌우에 날선 검이 나오고 그 얼굴은 해가 힘있게 비치는 것 같더라.
>
> 내가 볼 때에 그의 발 앞에 엎드러져 죽은 자같이 되매 그가 오른손을 내게 얹고 이르시되 두려워하지 말라 나는 처음이요 마지막이니 곧 살아 있는 자라. 내가 전에 죽었었노라. 볼지어다 이제 세세토록 살아 있어 사망과 음부의 열쇠를 가졌노니. (계 1:10, 12-18)

요한의 환상은 하나님에 대한 새로운 관점을 이루는 여러 요소를 추상적인 이론이 아니라 예배, 믿음, 순종에 대한 권고로서 한데 모은다. 그러한 권고가 아닌 관점으로 하나님에 대하여 생각하는 것은 그야말로 패배를 인정하는 셈이다. 머릿속에 떠올린 대상이 정말 하나님이라면 적절한 반응은 예배와 경배지, 결코 추상적인 사변이 될 수 없을 테니 말이다.

요한의 환상은 하나님에 대한 유대교적 환상이 얼마나 극적으로 재고되었는지 보여 준다. 요한은 여전히 단호한 일원론자다. 다시 말해, 이교적 사상들에 대한 동화(환상의 언어는 구약성경을 인용한 것이다)나 세상을 부정하는 이원론의 기미 같은 것이 보이지 않는다. 그러나 유일하신 하나님에 대한 환상에는 새로운 풍성함이 있다. 중심인물은 죽으셨다가 영원토록 살아 계신 분, 그렇게 함으로써 인류에 대항하는 최후의 대적을 물리치신 분이다. 갈보리와 부활절의 사건들로 인해 예수님은 영원히 하나님에 대한 기독교적 관점의 중심에 자리 잡으시게 되었다. 그러나 그 사건들은 유대교의 중심이 되는 창조주 하나님의 초월성을 부인하지 않는다. 그와는 반대로 예수님은 하나님에 대한 구약성경의 주요한 환상 중 하나(단 7:9)에서 직접 가져온 이미지로 묘사되는 한편, 동시에 하나님의 백성의 대표자인 인자(단 7:13)로 언급되기도 한다. 예수님에게서 하나님과 그분의 백성이 연합되는 것이다. 이 메시지는 요한계시록 21장에서 의기양양하게 다시 선포된다.

그러나 정확히 예수님은 인간 예수님으로 남아 있으며 말하자면 어떤 무소부재의 신성 속으로 흡수되지 않으셨다. 그렇기 때문에 인간들이 그분의 백성이 되어 세상에서 그분을 예배하고 그분을 위해 일할 수 있도록 온 세상으로 보냄받으신 분, 즉 하나님의 영 또는 예수님의 영에 대해서도 반드시 이야기해야 한다. 예수님이 초월적 하나님 곁으로 끊임없이 높임받는 요한계시록 전체에서 성령의 역할은 분명하게 드러난다. 즉 성령은 교회로 교회될 수 있게 하신다(2:7, 11, 17, 29 등; 19:10; 22:17).

이 모든 환상은 신약의 증언 전체에 충실하다. 우리는 이 환상에서 그 이후 세기에 등장하는 삼위일체 신학의 이론적 체계화를 발견할 수는 없지만, 그것의 가장 깊은 뿌리를 발견한다. 다시 말해, 창조주 하나님에 대해 말할 때 예수님에 대해서도 말해야 한다는 확신과, 이 하나님이 현재 어떻게 자신의 세상 안에서 여전히 활동하고 계시는지에 대해 말할 때 살아 계신 하나님을 현존하시도록 하며 하나님의 사랑을 강력하게 알리는 하나님의 영, 예수님의 영에 대해 말해야 한다는 확신을 말이다.

그리고 추상적인 사변이 아닌 바로 기독교 예배의 핵심이 되는 삼위일체 신학에서, 이교주의에 대한 가장 충만하고 풍부한 해답을 발견할 수 있다. 이 교리에 대한 합의에 도달했을 때 초기 교부들은, 세상과 다르지만 세상을 여전히 견인하고 돌보는 초월적 창조주인 **동시에** 자신의 생명을 세상 속으로 불어넣으며 물이 바다를 덮음 같이 세상을 자기 영광으로 가득 채우고자 하시는 분인 하나님에 대한 믿음을 분명히 표현했다. 여기에는 앞에서 본대로, 그리스도인이 수용해야 하는 첫째 구별이 반영돼 있다. 즉 하나님과 세상은 동일하지 않지만, 하나님과 세상을 따로 분리해서는 안 된다. 또한 교부들은 세상 너머에도 계시고 안에도 계신 이 하나님이 다른 중요한 구별인 선과 악의 구별이 이루어지도록 스스로 세상의 악을 처리하시려고 세상 안에서 몸소 행동하셨다는 것을 말했다. 다른 모든 철학이나 세계관은 크기를 ("어쨌든 아주 심하게 나쁜 건 아니야"라고) 축소하거나, 범위를 ("여기가 아닌 다른 어떤 곳에 존재한다"고) 축소함으로써 악의 문제를 하찮게 만들어 버린다. 삼위일체 교리는 분명히 말한다. 악은 대단히 심각하며 창조 질서 전체 특히 인류를 감염시켰으나, 창조주는 몸소 악의 전적인 위력을 짊어지고 악을 처리하셨다. 그 결과 예수님과 인간을 근본적으로 사로잡던 힘에게 승리하신 예수님께 분명히 초점을 맞춘, 세상에 대한 새로운 통찰이 가능해졌다. "나는 죽었으며 보라 영원토록 살아 있다! 나는 죽음과 음부의 열쇠를 갖고 있다." 그리고 그 배경에는 다시, 하나님에 대한 새로운 통찰이 있다.

이 삼위일체 세계관은 예수님과 그분의 승리를 중심에 놓으며, 그 중심에 입각하여 우주에 대한 우리의 관점을 새롭게 형성한다. 이러한 일이 선행되지 않는다면 하나님과 세상, 또 선과 악을 그럴싸한 이원론이나 그럴싸한 동화로 축약하지 않으면서 진지하게 구별하는, 실재에 대한 통합된 관점을 세상에 제공할 수 없다. 그것이 교부들이 삼위일체 세계관을 채택한 이유다.

우리가 삼위일체의 진리를 붙잡으면서 희망을 가질 이유는 충분하다. 이것은 세상을 떠맡은 교리다. 이교주의는 우리에게 쾌락을 주지만 예수님은 우리에게 기쁨을 준다. 이원론은 포기를 권하지만 예수님은 부활을 약속한다. 초기 그리스도인들이 세상을 변화시킨 것은 놀라운 일이 아니다. 동화하거나 물러나는 것에 대한 그들의 대안은 삼위일체 세계관을 온전히 이해하고 표명하며 살아 내는 것이었다. 이는 자기들이 이야기하는 하나님의 사랑에 스스로 붙잡힌 바 되고 기꺼이 믿음과 순종으로 그 사랑에 응답하는 사람들만 할 수 있는 일이었다. 그들은 분명히 우리만큼이나 모호함, 어리석음, 당황스러움, 그릇된 판단으로 심한 고통을 받았을 것이다. 그러나 그들은 세상을 변화시켰다. 하나님에 대한 그들의 증언은 견고하게 서 있다. 어떻게 그들의 뒤를 따를 수 있을지 발견하는 것이 우리가 할 일이다.

토론을 위한 질문

1. 당신이 늘 참여하는 예배에는 하나님이 누구신지에 대한 삼위일체적 인식이 온전히 반영되는가? 그렇지 않다면, 그 예배에는 이교주의에 동화하는 경향

이나 세상을 거부하는 이원론의 경향이 보이는가?
2. 부활을 경축하는 것은 우리가 하나님과 세상을 보는 방식을 어떻게 바꾸는가?
3. 사람들은 왜 동화나 이원론에 끌리는 것일까?
4. 기독교 공동체는 전통과 강조점에 있어 다른 배경을 가지고 있는 그리스도인들과 함께 일할 때 어떤 문제들에 부딪치는가?
5. 우리는 삼위일체적이지 않은 예배 방식과 삶의 방식에서 어떻게 벗어날 수 있을까?

9장
새로워지는 교회 (1)

부활절 후 첫째 주일
_____

출애굽기 16:2-15; 고린도전서 15:53-58; 요한복음 6:32-40

퍼즐 중의 퍼즐

다음과 같은 시나리오를 상상해 보라. 어느 날 아침 일어나 문 앞에서 꾸러미를 발견한다. 열어 보니 퍼즐이 들어 있다. 가족이 모여 함께 퍼즐을 맞추기 시작한다. 며칠에 걸쳐 시간이 날 때마다 퍼즐 맞추기에 몰두하자 퍼즐이 형태를 갖춰 간다. 많은 조각이 분명하게 들어맞으면서 하나의 그림이 모습을 드러낸다. 그다지 확실치 않은 조각들도 있지만 대략 맞는다. 그림은 전체적으로 인상적이고 만족스럽다. 가족은 기뻐하며 그것을 어딘가에 전시하고 싶어 한다.

그 후 놀랍게도 윗동네에 사는 친구들도 우편으로 퍼즐을 받았다는 걸 대화 중에 발견한다. 그들은 상당히 다른 퍼즐을 받았는데, 그들도 재미있게 퍼즐을 맞췄고 드러나는 그림에 흥분했으며 몇몇 조각이 잘 맞지 않아 좀 당황하기도 했다. 결국 두 가족이 함께 모여 각자의 퍼즐을 비교한다. '우리 것은 저것처럼 테두리가 없네! 저 사람들 퍼즐에는 구석에 저렇게 예쁜 밝은 색이 있구나!'와 같은 질투심이 마음속에 생기기도 하고 "**우리**는 우리 것을 딱 나흘 만에 끝냈지! 우리 것이 훨씬 더 **매력적이야!**"라며 자부심을 드러내기도 한다. 그런데 아이들 중 하나가 자기 가족이 도통 이해할 수 없던 조각들 일부가 이웃의 퍼즐 중 맞추기 어려운 부분과 관계있을지도 모른다고 생각하게 된다.

사람들은 정색한다.

"우리 퍼즐이 불완전하다는 거니?"

"퍼즐들을 합쳐 보자고 제안하는 건 아니지?"

"그러면 아름다운 우리 그림을 흩어 놓아야 하잖아. 다시 맞출 수 없을지도 몰라!"

"어찌 됐든, 두 그림은 상당히 달라! 그 조각들을 한번 맞춰 보는 건 고사하고 같은 공간에 두는 것만으로도 엄청 뒤죽박죽이 될 거야."

그 순간 초인종이 울리고 가장 어린 아이가 누가 왔는지 확인하려고 빠르게 움직인다. 잠시 후 돌아온 아이는 새로운 소식을 가장 먼저 접해 우쭐한 얼굴로 말한다.

"옆집 아주머니예요. 아주머니도 우편으로 받은 이상한 퍼즐을 맞추는 데 우리가 언제 한번 가서 도와줄 수 있는지 궁금해하셔요."

모인 사람들은 소름 끼치는 진실을 깨닫는다. 수많은 퍼즐이 그 지역에 사는 이들에게 계속 배달되고 있으며, 그것들은 마치 모두 서로 맞춰지게 되어 있는 것 같다.

이 비유는 여기까지다. 의도한 바가 잘 전달되길 바란다. 이 장과 다음 장에서 나는 지난 10-20년 동안 교회 문 앞에 배달된 놀라운 것들을 살펴보면서 그것들이 모두 관련되어 있다는 주장을 하려고 한다. 우리 하나님은 교회를 다양한 방식으로 새롭게 해 오고 계신다. 한 집단은 활기차고 신나는 퍼즐을, 다른 집단은 장엄한 퍼즐을, 또 다른 집단은 도전하는 것이 거의 불가능한 퍼즐을, 나머지 집단들은 각기 다른 퍼즐을 받았다. 각 집단은 당연히 자기 퍼즐이 '진정한' 또는 '참된' 것이며 나머지 퍼즐은 부차적인 오락용이라고 믿으려 한다. 심지어 나머지 퍼즐을 비웃으며 그것들이 무엇인가 유의미하다는 것을 부인하려 한다. 그러나 최근의 갱신 운동들은 서로 크게 다를지라도 결국 서로 맞춰지게 되어 있다는 것이 내 생각이다. 그 운동들은 하나님이 우리 세대에서 자신의 교회를 위해 마련하신 전체 과업에 속한다. 앞 장에서 제안한 대로 우리가 예수님의 복음으로 이교주의와 싸우려면 가능한 모든 갱신이 필요하다. 우리가 이 기본적인 과업을 명확히 이해할 때에 커다란 퍼즐의 여러 조각이 제자리를 찾기 시작할 것이다.

커다란 퍼즐은 어떤 부분들로 이루어졌을까? 내가 보기에는 적어도 여덟 가지 부분이 있다. 이제 그것들을 하나씩 살펴볼 것이다.

왕께 예배하라

첫째는 **예배와 영성**의 갱신이다. 이제껏 전 세계적으로 새로운 동요가 있었고, 새로운 생기가 낡은 구조 안으로 불어넣어졌으며, 진부하거나 효과 없는 예배 방식을 대체하는 새로운 예배 방식들이 나타났다. 비록 많은 집단이 고유의 예배 회복을 이룬 뒤 자기들의 형식만 단단히 고집하며 다른 집단에 대해서는 다소 의심을 품지만, 이 갱신은 이전의 일부 예배 갱신(이를테면, 18세기의 감리교 운동과 관련된 갱신)과 달리 한 특정 운동의 소유물이 아니다. 그러므로 우리는 이 갱신의 여러 영역들을 살펴보아야 한다.

성례전적 예배

지난 세대에 수많은 그리스도인의 예배 관습에 엄청난 변화가 일어났다. 그중 다수가 성공회에서 일어났지만 다른 많은 교파에서도 일어났다. 성공회 예배의 주된 요소는 아침 기도와 저녁 기도, 이따금씩 있는 성찬식이었다. 이는 의도적인 정책의 결과이기도 했다. 개신교 성향에 가까운 많은 성공회 신자들은 가톨릭의 성사 중시 주의에 대해 깊은 의혹을 품고 성찬식의 역할과 가치를 하찮게 여기기를 즐기는 것처럼 보였다.

그러나 이제 상당 부분이 바뀌었다. 더 좋아졌다고 말해야 할 것이다. 성경은 성찬(Communion) 혹은 감사성찬례(Eucharist; 이 단어는 일부 지역에서 깊은 의혹의 대상이지만 그냥 '감사'를 의미할 뿐이다)에서 뚜렷해지는 상징과 언어로 가득 차 있다. 광야의 이스라엘 자녀들은 하늘에서 내려온 만나를 먹었다. 예수님은 이 사건에 공명하여 동시대인들에게 자신이 하늘에서 내려온 참 떡이며 생명에 이르는 길은 자기를 먹는 것이라고 말한다. 물론 이 언어는 어떤 교회가 예배의 맥락에서 행하는 성례전적 '식사'를 훨씬 넘어선다. 그러나 그것의 분명한 의미를 부인하고 일부 지역처럼 "이를 행하여 나를 기념하라"는 예수님의 분명한 명령을 경시하는 것은 제 발등을 찍는 일이다. 칼뱅과 플리머스 형제 교회부터 로마 가톨릭과 정교회에 이르는 주류 기독교가 감사성찬례를 예수님의 의도와 초대교회의 실천 가운데 명백히 자리한 중심 위치로 회복시키는 일에 주류 성공회가 다시 합류한 것은 진정한 건강과 갱신의 표지다.

전례

이 갱신과 더불어 전례의 갱신이 이루어진 것도 이상한 일이 아니다. 성공회와 다른 교회들의 오랜 전통의 풍성함을 훌륭한 형식으로 재현하고자 활용 가능한 최고의 학문이 동원되어 새로운 예배 의식들이 작성되었다. 최상의 경우 이 전례들은 엄청난 해방을 가져다주었다. 사람들을 아침 기도와 저녁 기도용 기도서로 맞이하는 것이 더 쉬운지, 아니면 모든 가족이 이해와 열의를 가지고 함께 할 수 있는 새로 쓰인 활기찬 예배 전례로 맞이하는 것이 더 쉬운지 거주자 대부분이 교회에 다니지 않는 큰 주택단지 두어 개가 포함된 교구의 관할 사제 누구에게든 물어보라. 질문 안에 답이 있을 것이다.

게다가, 전례 없이 지내 온 많은 그리스도인은 전례 자체를 처음으로 발견한 후 놀라며 기뻐했다. 그중 일부는 전통적인 자유교회 출신으로 '공식적인' 전례가 없다고 해서 '비공식적인' 전례를 거행하지 못하는 것이 아님을 깨달았으며, 그 일을 더 풍부하고 더 온전한 방식으로 할 수 있음을 발견하고 기뻐한다. 다른 이들 특히 10대와 20대 초반의 젊은이들은 자유롭게 흐르고 변덕스러우며 체계적이지 못한 '예배 시간'에 질려 있었는데, 진지하고 완성도 높은 전례가 자기들이 깊이 자각하는 욕구에 부응한다는 것을 발견한다. 전례를 제대로 시도하면 합창곡을 부르는 이들의 기분에 따라 좌우되는 경우에는 거의 불가능한 방식으로 예배자는 긴장을 풀고 정신과 마음을 집중하게 된다. 그렇게 전례는 복귀했으며, 그것의 진정한 갱신은 계속 일어나고 있다.

격식을 차리지 않는 예배

동시에, 격식에 얽매이지 않는 예배라는 측면에서 유사한 갱신이 일어났다. 건조하고 활기 없는 전례 중심의 예배 맥락 가운데서 하나님을 경험한 (또는 어쩌면 단순하게 종교적 경험을 한) 많은 사람은 아주 다양한 음악적 형식을 갖춘 자유롭고 자연스러운 예배의 기쁨을 발견하고 즐거워했다. 가정 교회 운동과 영국 교회 내 스프링 하비스트(Spring Harvest)와 그린벨트(Greenbelt) 같은 축제가 이러한 갱신의 중심에 자리 잡았다. 카리스마 운동이 장악한 성공회 및 여타의 교회에서도 그러한 예배 방식이 인기를 얻었다. 로마 가톨릭을 포함한 다른 집단에서도 음악적·극적으로 두드러진 새로운 요소들이 예배에 도입되고 있다. 나는 격식 없는 예배의 발견으로 흐르는 운동을, 전례를 재발견하는 운동의 보완으로 이해한다. 대부분은 적어도 영적 순례의 몇몇 단계에서 진지한 전례와 격식 없는 예배 둘 다를 필요로 한다. 그러므로 두 가지 부흥 운동 모두에서 우리는 하나님이 모든 백성의 예배하는 삶을 다양한 방식으로 회복시키며 교회 안에 다양한 새로운 가능성을 열어젖히시는 모습을 목격하고 있다.

영성

교회의 체계적인 예배에 더하여, 최근 몇 년 동안 영성 자체의 갱신이 있어 왔다. 사적 예배와 기도를 위한 전통 양식 상당수가 메마름을 깨달은 사람들이 새롭게 나아갈 길을 찾기 시작하면서, 기도에 관한 책들이 베스트셀러가 되었다. 많은 그리스도인은 개인에게 가장 쉬운 기도 방식이 그 사람의 기질과 상당한 관련성을 가지고 있다는 것을, 해방감을 느끼며 깨닫게 되었다. 기도에 어려움을 겪는 것은 게으름, 영적인 무능이나 건조함 때문일 수도 있지만 기도의 양식이나 스타일을 기질적으로 맞지 않는 사람에게 엄격하게 부과하기 때문일 수도 있다(전자의 요소들 또한 역할을 할 수도 있지만 말이다). 게다가 기도의 양식은 인격의 성숙이나 환경의 차이에 따라 건강하게 발전하며 변화한다고 여길 만한 충분한 이유가 있다. 그리스도인들이 이를 깨닫고 주일 학교에서 배운 습관이 바뀌는 것에 대해 더 이상 걱정하지 않게 되면, 죄책감을 상당히 덜게 된다.

이 모든 것의 결과로 전통적 경계들이 허물어지는 것을 우리는 목격해 왔다. 복음주의자들은 영적 지도 훈련과 관상기도 훈련을 받아들이고, 로마 가톨릭 신자들은 전통적 복음주의 기도회의 '열린 기도'를 발견하고 있다. 영성에 관한 다른 새로운 운동들 역시 그리스도인들의 삶을 풍요롭게 하고 있다. 예를 들어 수많은 사람이 프랑스 떼제의 에큐메니칼 갱신 센터에 다녀왔으며 예배에 새로운 경외감을 품고 돌아왔다. 그들은 매우 다른 배경을 가진 예배자들을 하나로 묶고 물질주의 때문에 영적으로 굶주린 세상의 허기를 채워 주는 듯한 조용하지만 대단히 강력한 성가들에 사로잡혔다. 또 다른 수많은 사람이 떼제의 환경을 이식해 놓은 세계 곳곳에서 떼제 예배의 음악과 스타일을 사랑하게 되었다.

예배: 전망과 문제

이 장에서 지금까지 설명해 온 것은 예배 전반의 갱신으로 이해되어야 한다. 성례, 전례, 격식 없음, 영성에 관해 모든 교파의 그리스도인들은 피터 섀퍼(Peter Shaffer)가 희곡 〈에쿠스〉(*Equus*)에서 표현한 그 진실을 마치 우연인 듯 발견하고 있다. "예배가 없으면 움츠러든다. 그만큼 단순하다." 우리는 한때 예배하는 법을 잊어버린 움츠러든 인류의 세대였다. 예배를 다시 발견하였으므로 교회와 그 안의 사람들은 다시 성장할 수 있다.

물론 여기에는 여러 문제가 있다. 전례의 기쁨을 갑작스레 발견하고 있는 이들과 격식 없는 예배의 기쁨을 갑작스레 발견하고 있는 이들 사이에 곤혹스런 충돌이 있다. 어떤 이들은 즉시 안전한 단어로 환원되어 엄격한 통제를 받을 수 없는 것이라면 무엇이든 두려워하면서 여전히 성례에 대한 깊은 불안과 공포를 키운다. 새로운 전례 중 일부는 솔직히 독창적이지 못한 채 유행을 따르며, 그것을 접하는 많은 전통적인 예배자는 크게 지루해 할 수도 있다. 성공회의 전례와 같은 전통적 전례는 그 뿌리가 깊고 강해 그것을 훼손하는 이는 누구든 위험을 무릅쓰는 셈이다.

그러한 공포는, 특히 의심과 험담이 일반적인 사회에서 누그러뜨리기 힘들 수도 있다. 우리에게 생겨나는 저항은 신학만큼이나 문화와도 관계 있음을 깨달아야 한다. 우리는 여러 문화가 풍요롭게 뒤섞인 사회에 살고 있다. 참된 예배가 친숙하지 않으며 처음에는 이상하거나 위협적으로 보일 수 있는 문화적 포장 안에 담겨 있다면 식별할 수 있어야 한다. 예배의 갱신에 덧붙여 요구되는 것은 **사랑**이라는 고풍스런 기독교 미덕의 회복이다. 1세기에 바울이 이것을 주제로 쓸 때, 사랑은 다른 이들에 대한 감정과는 별로 상관이 없었다(이를테면 고전 12-14장). 사랑은 자신과 같이 예수님을 주로 고백하는 다른 사람들을 전통적·문화적·인종적 장벽을 넘어 기꺼이 받아들이는 것과 깊은 관련이 있었다. 교회가 그 정신을 어느 정도 되찾을 수 있다면, 예배의 갱신은 우리의 일상생활에 매우 크게 기여할 것이다. 우리 사회와 같은 다중 문화 사회에서 주어진 예배의 **어떤** 측면에도 불편한 느낌을 받지 않는다면 그 예배자는 마음이 매우 열려 있거나 아니면 현대 교회의 실상을 알지 못하는 것이다.

문제의 일부는 예배와 영성이 그것들만 따로 한 상자 안에 들어 있다고 보는 데서 기인한다. 예배는 그리스도인의 삶의 전체성에서 분리될 수 없다. 이 퍼즐은 다른 모든 퍼즐과 관계있다. 예배의 특징 중 하나는 예배자 스스로 예배하는 대상과 같아진다는 점이다. 예수님에게서 그리고 성령으로 드러나는 하나님을 향한 예배의 한 특징은 예배하는 자들이 그분의 온 세상에 대한 관심에 함께하게 된다는 것이다. 전례와 기도는 하나님이 자신의 교회에 주고 계신 다른 갱신 운동, 특히 새로운 사회적 책임감을 지향하는 운동과 관계있다. 그러므로 예배는 통합을 지향하면서도 세상에서 하나님을 위한 일을 지향하는 운동들로 보완해야 한다. 이 두 운동 역시 다행히 얼마 동안 진행되고 있는데, 우리는 각각의 운동을 차례로 살펴보아야 한다.

하나 된 행복한 대가족?

예수님은 자신의 교회가 하나이기를 기도했다. '한 무리, 한 목자'를 마음속에 그린 것이다. 지난 몇 백 년 동안 예수님과 그분의 말씀을 가장 진지하게 여긴다고 주장한 이들은 종종 아이러니하게도 교회를 분열시켰다. 그들은 경쟁 집단에 누명을 씌웠으며 서로를 파문했다. 교회의 통합은 부차적 사안이며 추상적 진리가 훨씬 더 중요하다고 확신하면서 떨어져 나오고 유대를 깨뜨렸다. 그 과정에서 사람들의 마음과 삶을 아프게 했다. 그들이 떨어져 나온 원래 집단의 사람들도 오만하기는 마찬가지인 경우가 많았다. 그들은 자기들이 교회 안에서 책임이나 권위 있는 자리에 있기 때문에 당연히 옳으며 그 정당성을 누구에게도 양도할 수 없다고 생각했다. 진리를 보유하고 있다는 양측의 주장은 양측이 보유하고 있는 것은 오만함이라는 현실과 처참하게 뒤섞여 버렸다. 지난 수 세기에 걸쳐 우리가 진실로 겸허했다면 새 성전의 구조에 당연히 더 적은 균열이 발생했을 것이다(고전 3:16-17).

하지만 지난 한두 세대에서 우리는 **일치**에 대한 그리스도인의 열망이 갑자기 치솟는 것을 보았다. 에큐메니칼 운동은 1910년 에든버러를 비롯해 다른 곳에서 있었던 회의와 토론들을 거쳐 1948년 세계교회협의회의 창설과 함께 절정에 이르렀다. 세계교회협의회는 유행하는 주장과 숙고되지 않은 의제들을 단호하게 때로는 정말 어리석게도 지지한 탓에 서구 세계에서 널리 의혹의 눈총을 받고 있다. 그러나 이전 세대의 교파 간 관계의 역사를 아는 이라면 누구도 우리 시대에 일어난 커다란 도약을 오해해서는 안 된다. 이전에는 서로 다른 배경을 가진 그리스도인과 대화하려고 애쓰기는커녕 상대를 그리스도인으로 생각하기조차 힘들었는데, 이제는 거의 모든 교파가 공통된 생각, 기도, 행위에 어떤 식으로든 관여하고 있다.

이렇게 된 데는 현대 세계의 비신학적 요인들이 어느 정도 작용했을 것이다. 지구촌, 편리해진 통신 수단, 서로 매우 다른 배경을 지닌 사람들이 여행, 무역, 관광으로 하나가 되는 것 등이 기여한 결과다. 그러나 내가 보기에 그것은 하나님의 영으로 일어난 참된 운동, 참된 갱신이기도 하다. 교회의 균열은 사회의 분열, 즉 언어, 인종, 계급 등의 분열에 뒤따를 때가 (항상은 아니지만) 무척 많았다. 때로 신학 논쟁은 이 비신학적 요인들이 위장한 것이 분명했다. 이러한 분열이 극복되어 가고 그리스도인들이 사랑으로 서로를 환영하며 일부 지역에서는 적어도 상호 불신이 현격히 줄어들었다면, 이는 오직 하나님이 자기 백성이 서로를 그리스도 안의 형제자매로 보고 그들을 분리시킨 장벽을 초월하는 공동의 삶, 기쁨, 희망을 나누도록 하시기 때문에 가능하다.

교회 일치를 위한 전망 역시 교회 전체에서 수월하게 받아들여지지 않았다. 많은 그리스도인이 다른 교단의 **실제** 구성원들이나 혹은 다른 교단과 함께 하는 활동들에 대해 깊은 의혹을 품은 채로 일치에 대하여 입에 발린 말을 한다. 어떻게 일부 에큐메니칼 운동이 다양한 특혜를 목적으로 장악되었는지, 여러 에큐메니칼 행사와 분열된 교회의 재통합을 위한 제안서들이 종종 이루기 쉬운 일치에 만족하며 대충 때우는 식으로 마무리 되는지 쉽게 알 수 있다. 현재의 '갱신들' 중 가장 오래된 에큐메니칼 운동을, 서서히 진행되다 거의 중단되었다고 간주하는 이들도 있다. 그리스도인들은 편안한 자기 본거지로 후퇴하거나 더 나쁘게는 새로운 분열에 봉착할 위험에 처해 있다. 우리가 주의하지 않으면 우리 자신의 문화, 관습, 전통에 대한 우상숭배가 재개되고 만다.

교회의 일치는 추가로 선택할 사안이 아니다. 바울은 빌립보의 작은 교회가 이교 사회에 증언하는 것을 격려하기 위해 쓴 편지에서 말한다.

> 마음을 같이하여 같은 사랑을 가지고 뜻을 합하며 한마음을 품어 아무 일에든지 다툼이나 허영으로 하지 말고 오직 겸손한 마음으로 각각 자기보다 남을 낫게 여기고 각각 자기 일을 돌볼뿐더러 또한 각각 다른 사람들의 일을 돌보아 나의 기쁨을 충만하게 하라.…모든 일을 원망과 시비가 없이 하라. 이는 너희가 흠이 없고 순전하여 어그러지고 거스르는 세대 가운데서 하나님의 흠 없는 자녀로 세상에서 그들 가운데 빛들로 나타내며. (빌 2:2-4, 14-15)

누구라도 이 내용을 이상주의적 충고나 소망에 불과하다고 생각한다면, 저 두 인용구 사이의 구절에 7장에서 우리가 본 내용, 즉 예수님의 예가 제시되었음을 주목해야 한다. 그분에게 속해 있다고 주장하는 이들은 그분이 가신 길에서 뒷걸음질 칠 수 없다. 물론 나쁜 의미의 타협 같은 것이 있을 수 있으므로 우리는 그것을 경계해야 한다. 본질에서 벗어나 자꾸만 대화의 곁길로 새는 일도 생길 수 있다. 그러나 우리가 일치에 대한 기본적인 전망을 포기하면 더 큰 타협이 뒤따른다. 우리 세대에서 교회는 이교 세계와 **한목소리로** 싸워야 한다. 그렇게 하지 않으면 세상을 다스리던 나라와 권세들이 계속 세상을 다스리게 되고 교회는 일면 매력적인 표상일 뿐 그것들 앞에서 무력하다는 사실을 싸움을 시작도 하기 전에 받아들이는 셈이다. 교회의 일치를 위한 갱신, 다시 말해 사랑, 교제, 온전한 연합과 영적 교류 안에서 우리가 점차 하나 되는 것은 하나님이 최근 몇 년 동안 교회를 새롭게 해 오시는 위대한 방식 중 하나다. 그리고 이교 세계에 맞서는 우리의 새 과업들에 직면한다면 그 이유에 대해서도 알게 될 것이다. 이 갱신이 활력을 잃게 방치해서는 안 된다.

세상을 향한 도전

다행히도 교회는 어려움에 처한 이들을 돕는 전망을 한 번도 잃지 않았다. 그리스도의 사랑으로 세상의 가난하고 집 없고 배척당하는 자들을 구하러 간 사람들이 언제나 있었다. 13세기의 성 프란체스코나 우리 시대의 마더 테레사가 가진 전망은, 사회적 관습과 기대를 제쳐 두고 예수님이 행한 대로 선을 행하며 (더 불온하게는) 악을 제어하지 않고 번성하게 만드는 권력 구조에 도전한 수많은 이름이 덜 알려진 그리스도인들에 의해 공유되어 왔다.

사회정의를 향한 교회의 이러한 소명은 그리스도인의 생활에서 너무도 자주 변방으로 밀려나곤 했다. 그러나 이 소명은 우리 시대에 강력한 추동력을 새로 얻었다. 라틴아메리카의 로마 가톨릭 신학자들은 지독한 가난과 억압의 상황에서 예수님의 복음이 지닌 능력을 발견했다. 동유럽의 교회는 오늘날 그 지역의 수많은 성인 남녀의 성장 배경이었던 정치 체제를 뒤흔든 최근의 사건들을 주도했다.

그리고 그 사이 어딘가에서, 최근까지 '순수한 영적 복음'을 희석한다고 여기며 '사회적 행동'을 멀리하던 배경을 지닌 영어권 그리스도인 집단들(특히 복음주의 신념을 가진 그리스도인들)은 그 '순수 복음'의 사회적 차원을 재발견했다. 미국에서 열린 어배나(Urbana) 선교 대회는 복음의 총제적 차원을 대단히 심각하게 받아들였다. 르네 빠디야가 의장으로 있는 국제복음주의선교신학자협회(the International Fellowship of Evangelical Mission Theologians)가 사회정의에 관심 있는 복음주의권 그리스도인들을 세계 거의 모든 지역에서 한데 모았다. 영국은 그러한 사안들에 있어서 다른 나라보다 10-20년 뒤쳐질 때가 많지만, 티어 펀드(Tear Fund), 크리스천 임팩트(Christian Impact), 프런티어 유스 트러스트(Frontier Youth Trust)와 같은 단체가 복음이 단지 '귀 있는 영혼들'의 구원 이상임을 증언했다. 갑자기 '사회적 책임'이 모든 사람의 입에 오르내리고 있다. 사회적 책임을 진지하게 여기지 않는 신학적 진술은 매우 제한된 영역을 제외하고는 큰 지지를 받기 힘들게 될 것 같다.

그러나 그러한 집단들은 여전히 존재한다. 그들이 계속 존재하는 이유 중 하나는 복음을 '사회적 행동'으로 해석하려는 열정의 상당 부분이 말 그대로 열정에 지나지 않기 때문이다. 즉 마음은 불타는 것 같아도 뇌는 활발히 작동하지 않는다는 것이다. 제3세계 해방신학의 일부, 그리고 사회적 인식이 새로워진 현대 서구 세계의 복음주의권 일각에서 우리는 전통 신학이 가난, 빚, 지독한 어려움 가운데 사는 수많은 사람의 곤경에 대한 정열적 인식과 느슨히 연결되는 것을 목격했다. 그러한 많은 운동은 통합된 신학적 이해가 아니라 가난한 자들의 곤경에 대한 양심의 가책과 결부된 전통적 소규모 신학에서 발생했다.

그렇지만 이제 우리에게는 이 문제를 바로잡을 가능성이 있다. 세상의 모든 상황과 그 세상에 맞서는 교회의 모든 과업에 직면하여, 우리 세대에서 정의와 평화에 대한 열정을 그리스도인의 모든 삶의 측면과 통합할 기회가 우리에게 있다.

치유의 새로운 차원들

가난한 자들의 곤경에 대해 새롭게 인식하게 된 것과 병행하여 개인의 문제들에 대해서도 새롭게 이해하게 되었다. 모든 종류의 **치유 사역**이 최근 눈에 띄게 되살아났다. 20년 전이라면 기억의 치유에 대한 단 하나의 책이라도 찾기 힘들었을 테지만, 오늘날에는 일반 기독교 서점의 한 구획 전부가 그 주제에 할애되어 있을 정도다. 거기에는 개신교 신자와 복음주의자뿐 아니라 수도사, 정신분석가, 평신도, 정교회 신자, 로마 가톨릭 신자 등 놀랍도록 다양한 사람들의 통찰과 경험이 한데 모여 있다. 왜 이런 일이 발생하였을까?

 그 이유들은 이번에도 어느 정도 사회학적이다. 세 가지를 언급할 수 있다. 첫째, 우리 세계(특히 서구 세계)는 정신없는 곳이 되어 우리 조상들은 전혀 모르던 압박감과 스트레스를 만들어 내고 있다. 동시에 우리 사회는 좀더 파편화되었다. 잉글랜드 중부 혹은 미국이나 캐나다의 중서부에 사는 중년 부부의 경우 한 자녀와 두 명의 손주는 300킬로미터 떨어진 곳에 살고 또 다른 자녀는 3천 킬로미터 혹은 그보다 더 멀리 떨어진 곳에 사는 것이 상당히 일반적이다. 많은 현대 서구인에게 대가족이란 과거의 제도일 뿐이다. 그리하여 어머니와 딸, 아버지와 아들, 삼촌과 조카, 할아버지와 손주 사이에 전달되는 (물론, 미신과 어리석음뿐 아니라) 축적된 경험과 지혜는 이제 찾아볼 수 없다.

둘째, 인간의 고통은 이제 과학기술로 제거되었으리라는 믿음이 고조되었다. 고통은 무조건 그리고 전적으로 악하며 가능한 한 빨리 제거해야 한다고 여긴다. 특정 사례에서 기술이 우리를 구하지 못한다면, 혹 기도가 구해 줄지도 모르겠다.

셋째, 서구 세계가 다시 이교화된다는 것은 많은 사람에게 깊은 정서적 상흔을 남기는 다양한 사회적 요소가 재빠르게 증가된다는 것을 의미했다. 낙태, 아동 학대, 마약 문화, 강압적이고 비정한 물질주의, 가족의 붕괴까지 모든 것이 타격을 주었다. 나는 목회를 하며 사반세기 전에는 훨씬 덜 힘든 삶을 살았을지도 모르는 젊은이들의 삶에서 이러한 요인들과 그보다 많은 요인이 빚어낸 결과를 매일 대면한다. 현대 세계에서 평시에 사람들에게 가해지는 상처들 중 다수는 전시에 가해지는 상처만큼이나 심각하다. 때로는 평시의 상처들이 더 심한 경우도 있다. 전쟁 중에는 어떤 희생이 공동의 선을 위한 것이라고 믿어볼 수 있지만, 절대적으로 무의미한 수많은 현대인의 비극에는 그러한 위안의 여지가 없다.

나는 하나님이 이 문제를 해결하도록 교회를 준비시켜 오셨다고 믿는다. 모든 교단에서 경청, 관대함, 상담, 기도, 치유 은사의 사역이 등장하고 있으며, 삶이 호전되는 경험을 많은 사람이 하고 있다. 나는 이러한 사역들로 부름받았으며 하나님이 강력히 일하시는 통로가 되는 많은 사람을 직접 알고 있다. 또한 자신의 전 존재가 그러한 치유 사역들 덕분이라고 기꺼이 증언할 다른 많은 사람도 알고 있다.

우리는 이 갱신의 자리를 교회의 모든 삶 안에서 강조해야 한다. 바울은 고린도 교회에 쓴 편지에서 부활을 경축하며, 예수님이 가장 강력한 적들에 맞서 그것들을 물리치셨다고 역설한다.

…사망을 삼키고 이기리라…사망아 너의 승리가 어디 있느냐? 사망아 네가 쏘는 것이 어디 있느냐? 사망이 쏘는 것은 죄요 죄의 권능은 율법이라. 우리 주 예수 그리스도로 말미암아 우리에게 승리를 주시는 하나님께 감사하노니. (고전 15:54-57)

그리고 가장 강력한 적이 이와 같이 몰락했다면, 뒤따를 더 작은 승리들에 대해 생각하기를 망설일 이유가 없다. 일부 그리스도인 중에는 이상하게도 하나님이 자기를 믿는 이들의 내적·외적 삶의 근본에 변화를 가져오실 수 있음을 인정하기 꺼리는 이들이 있다. 그러나 죽음 자체를 이미 물리치신 하나님을 믿는다면, 인간의 삶을 왜곡하고 훼손하는 정서·심리·육체적 상처에 대한 부차적 승리들을 도외시할 수 없다. 솔직히 나는 "[너희는] 그보다 큰일도 하리니 이는 내가 아버지께로 감이라"(요 14:12)는 예수님의 말씀이 실제로 의미한 것이 "너희는 그보다 작은 일들을 하리라"였다고 믿을 수 없다.

다시 언급하는데, 이러한 유형의 사역을 기독교 복음의 요체로 삼는 일이 가능하다. 내적 치유에 새로운 차원을 발견하고 회심자의 열의로 온통 불타올라 마치 온갖 유형의 모든 문제를 동일한 방식으로 다룰 수 있는 것처럼 여기는 이들이 있다. 놀라운 신체 치유를 목격하고 신체의 질병은 모두 그렇게 재빠르고 손쉽게 치유되어야 한다고 생각하는 이들도 있다. 마찬가지로, 일종의 실존주의적 만병통치약을 진짜 목표로 삼는 이들이 있다. 그들의 목적은 가능한 많은 사람이 행복하고 문제없는 삶을 살도록 하는 것이다. 그러한 태도로는 십자가를 지고 자기를 따르라는 예수님의 부르심에 제대로 직면하기 힘들다. 그것은 분명 자기 퍼즐을 우상화하며 서로 보완하는 다른 퍼즐의 존재 가능성을 깨닫지 못하는 가족의 착각이다.

정반대의 오해도 있다. 예를 들어 치유와 상담 사역을 비판하거나 무시하는 것은 어리석은 일이다. 자기의 감정은 단단히 가두어 둔 채 신경쇠약이나 중년의 위기를 겪는 이들이나, 스트레스, 긴장, 우울, 또는 분명치 않은 정서적 질병으로 고통당하는 이들을 견디지 못하는 사람들이 있다. 그러한 사안에 있어서 기만당할 가능성을 의식하며 신체 치유에 관한 모든 제안을 희망 사항이라고 일축하는 사람들이 있으며, 모든 정서적 문제는 고백하지 않은 죄 때문이라거나 참된 신앙이 부족해서 발생한다고 주장하는 사람들도 있다. 내가 보기에 그러한 태도들은 잔인하고 경솔하다. 그리스도인을 포함한 많은 사람은 현대 사회의 압점에서 자신을 발견하는데, 때때로 그 압박감은 극심해진다. 감정이 없는 척하며 고통을 면하는 것은 그리스도인이 아니라 금욕주의자가 되는 것이다. 하나님이 도움을 주셨던 곳에서 도움을 구하는 것은 자기 두 발로 서려고 하지 않는다는 의미가 아니다. 그것은 겸손의 표지이며 그리스도의 몸이 상호 지원함을 드러내는 증거다.

그러므로 상담과 치유 사역은 근래에 하나님이 교회를 축복해 오신 수단인 추가적 갱신 운동이라고 나는 제안한다. 이 갱신의 목적은 그리스도인이 그저 문제없이 수월한 삶을 영위하기 위해서가 아님을 다시 강조할 필요가 있다. 하나님이 누군가의 몸, 기억, 상상, 내면의 삶, 의지를 치유하시는 이유는 단지 당사자가 그때부터 행복하고 자족적으로 기독교 실존주의자가 되어 혼자 힘으로 살도록 하시기 위해서가 아니다. 그들이 그리스도의 세상에서 그리스도를 섬길 수 없게 하던 것들로부터 자유하게 되고, 새로운 사명에 헌신하게 하시려는 것이다. 그 사명들을 위해 하나님은 교회를 새롭게 하고 계신다.

우리는 방금 하나님이 교회를 우리 앞에 놓인 사명들을 위해 준비시키며 새롭게 하고 계시는 네 가지 주요 방식을 살펴보았다. 이 퍼즐들은 맞춰져야 하며 서로에게 기여하게 되어야 한다. 교회의 여러 부분이 여러 방식으로 '갱신'되어 왔다. 갱신을 더 구체화하기 위해 서로의 갱신이 필요하다는 것을 우리가 받아들인다면, 새로운 사명에 용기와 자신감을 가지고 임할 수 있을 것이다. 그러나 퍼즐은 아직 완성되지 않았다. 고찰해야 할 갱신 운동 네 가지가 더 있다.

토론을 위한 질문

1. 당신의 교회가 지닌 특징 중 위에서 서술한 갱신에 해당하는 것이 있다면 무엇인가? 혹은 당신은 어느 것을 개인적으로 경험해 보았는가?
2. 그 결과 어떤 문제에 부딪쳤는가?
3. 그것은 당신의 (개인적 혹은 공동의) 삶에서 어떤 새로운 차원을 열어놓았는가?
4. 앞에서 서술한 갱신 중 당신이 가장 의혹을 품는 것은 무엇인가? 우리는 왜 우리 경험 밖에 놓여 있는 것들을 두려워할까?
5. 앞에 서술한 갱신들 중 당신이나 당신의 교회가 아직 영향을 받지 못한 것들이 있다면 그것들을 어떤 방식으로 경험할 수 있을까? 그러한 갱신을 경험하지 못하면 당신은 무엇을 놓치게 되는 걸까? 그것을 경험하면 당신이 잃는

것은 무엇일까? 그것은 반드시 새 포도주가 낡은 가죽부대를 터뜨리는 방식이어야 할까, 아니면 갱신을 위해 덜 폭력적 방식이 있을 수 있을까?

6. 10장의 '토론을 위한 질문'도 보라.

10장
새로워지는 교회 (2)

부활절 후 둘째 주일

에스겔 34:7-16; 베드로전서 5:1-11; 요한복음 10:7-16

우리는 방금, 앞에 놓인 도전들에 응하도록 하나님이 근래에 교회를 새롭게 해 오시는 네 가지 방식을 살펴보았다. 이제 나는 네 가지를 더 제시하려고 한다. 누군가는 뜻밖이라고 여길 주제부터 시작한다.

생각에 있어서 성인이 되라

'성인'이라는 단어는 근래 저속한 의미를 새로 지니게 되었다. 누군가 '성인 도서'라는 문구가 적힌 상점을 지나칠 때, 자긍심 있는 아이라면 그것과 관련된 어떤 행동도 하려고 하지 않을 그런 저급한 소재를 떠올릴 것임을 우리는 알고 있다. 그렇기 때문에 우리는 1세기의 이교 사회를 되돌아보면서 극도로 이교적이던 고린도의 그리스도인들에게 "악에는 어린 아이가 되라"(고전 14:20)고 한 사도 바울의 경고를 발견한다. 어른이 된다는 의미가 '성인' 전용의 추악한 세계로 들어가는 것이라면, 아이로 남아 있는 것이 더 낫다. 그러나 바울은 미성숙한 인간이 되라고 권면한 것이 아니다. 반대로 미성숙하지 말라고 충고했다. 이른바 '성인'의 포르노 세계와 인간이 서로를 착취하는 수단이 되는 다른 많은 악은 거짓된 성숙을 제공한다. 진짜 성숙은 훨씬 더 엄격하지만 훨씬 더 보람 있는 방식으로 자라는 것을 의미한다고 바울은 주장한다. 그는 **생각**에 있어서 성인이 되라고 말한다(고전 14:20).

어떤 현대 그리스도인들은 즉시 오싹함을 느낀다. 그들이 원하지 않는 한 가지가 **생각**하는 것이기 때문이다. 전문가, 지식인, 교육 전문가라면 진저리를 친다. 내가 느끼기에 이것은 영국 특유의 질병이다. 이를테면 북미나 독일에서 이와 같은 현상은 찾아볼 수 없다. 내가 알기로는 프랑스에서도 '지식인'이라는 단어는 여전히 찬사다. 영국에서 그 말은 보통 은근한 혹은 그다지 은근하지 않은 모욕이다.

그럼에도 하나님은 자기 백성의 **사고**를 새롭게 해 오고 계신다. 1986년에 북미에서 영국으로 돌아왔을 때 나는 대학에서 신학 책을 읽고 싶어 하는 젊은이들의 수가 지난 10년에 걸쳐 상당히 증가한 것에 놀라고 기뻤다. 그 추세는 시사하는 바가 크다. 오늘날 많은 젊은이가 하나님과 삶의 의미에 대한 가르침을 갈망하고 있다. 평신도들은 며칠 혹은 몇 주 코스 혹은 하계 강좌로 기독교 신앙에 대한 성인 교육을 제공하는 곳이라면 어디든 상당한 개인적 비용과 희생을 감수하면서까지 찾아간다. 그들은 주의 깊게 듣고 기록하며 날카롭고 명석한 질문을 던진다. **배우려는** 진실한 열망이 널리 퍼져 있는데 성직자들은 이를 평가절하할 때가 많은 듯하다. 좋은 논증을 듣고 알아보며 특히 하나님에 관한 것에는 더 귀를 기울이려 하는 일류 정신(내가 '일류 교육을 받은'이라고 말하지 않는 것에 주목하라)을 소유한 사람이 교회 안팎에 많이 있다.

하나님은 교회가 기독교 신앙과 그것의 타당성을 충분히 생각하려는 욕구를 다루도록 준비시키고 계신다. 그리스도를 따르는 무리를 인도하는 과제에는 분명 하나님의 백성의 사고와 성찰을 인도하는 일이 포함되며, 기꺼이 이 과제를 수행하려는 사람들의 수가 증가하는 고무적인 현상을 우리는 목격했다. 지금 신학 연구에 열중하는 사람의 수는 40년 전은 말할 것도 없고 20년 전에 비해서도 훨씬 더 많으며, 그들 중 상당수가 개인적으로 깊고 강한 기독교 신앙을 가졌다. 한 세대 전에 사람들이 기독교 신앙과 그 함의를 연구하도록 돕기 위해 설립된 기구들은 설립자들이 기대한 것보다 훨씬 더 성장했다. 이제 진지한 신학 주제에 대한 책,

잡지, 진지한 연구를 손쉽게 입수할 수 있다. 더 이상 배우지 못한 그리스도인이라고 변명할 수 있는 여지가 누구에게도 없다. 손이 닿는 곳에 자료들이 널려 있다.

물론 여기에도 함정은 있다. 또 한 명의 총명한 그리스도인 젊은이가 박사 논문을 완성한다고 해서, 또는 어떤 진취적인 젊은 교수가 디모데후서 4장 3절에 대한 새로운 해석을 제시하는 학문적 글을 출간한다고 해서 반드시 하나님의 나라가 크게 앞당겨지는 것은 아니다. 종종 자기 고유의 의제를 추구하고, 본문이나 역사적 시기에 대해 나름대로 깔끔하게 정리하는 듯 보이며, 사소한 것을 따지는 학자들이 일반 대중에게 여전히 곤혹스러운 대상임은 교회에서도 예외가 아니다. 또한 어떤 학자가 과감하게 자신의 영역을 넘어설 경우 자기 주제를 고수하라는 냉소적 반응이 돌아올 가능성이 높다. 한 성서학자가 뭔가 어리석은 이야기를 하면(다른 직업과 마찬가지로 학자의 자질은 어리석음을 막는 것과 관련이 없다) 일부 그리스도인은 모든 성서학 연구를 시간 낭비로 일축해 버린다. 그들은 그렇게 함으로써 자기들이 평상시에 설교자의 기억으로 걸러져 나오는, 두 세대 전의 성서학 지식에 의존하게 된다는 것을 깨닫지 못한다.

그러나 교회가 다음 세대에 놓인 여러 사명에 직면하려면 고립된 학문 분야 전용의 지적 게임(비판적 세상의 신랄한 공격에 맞서는 방어기제일 때가 많다) 속으로도, 오늘날 그리스도인을 손쉽게 사로잡는 반지성적 수동성으로도 후퇴하면 안 된다. 생각을 중립적으로 하면 기독교가 아니라 이원론이나 이교주의 방식의 사고에 이르게 되는데, 후자일 가능성이 더 높다. 사고를 명확하게 하는 것은 그리스도인이 되는 과제의 일부다. 그리스도인답게 사고한다는 것은 타당한 복음, 성경적 이치에 맞는 복음, 이교주의 세상이 답하지 못하는 것들을 설명하는 복음으로 세상을 책임지라는 교회에 주어진 부르심의 일부다. 하나님은 교회가 더 분명하게 세상에 말을 건네도록 교회를 사고에 있어서 새롭게 하고 계신다.

말씀의 새 빛

"하나님께는 그분의 거룩한 말씀으로부터 흘러나올 빛이 아직 더 많이 있다." 이전 세대의 많은 경건한 사람이 화자로 지목되는 이 유명한 논평이 우리 시대에서 실현될 신선한 조짐이 나타나고 있다. 성경은 오랫동안 교회의 예배하고 성찰하는 삶의 중심에 있었으며, 거의 모든 분파에서 자발적으로 성경을 진지하게 받아들이고 성경의 메시지와 씨름하는 것은 교회의 사고 및 학습 영역에서 갱신을 보여 주는 한 측면이다. 우리는 지난 세대에 **성경 연구**의 진정한 갱신을 보았다.

이것은 다양한 형태를 취했다. 우선, 이전 어느 시기보다 더 많은 성경 주석이 지금 나와 있으며, 가장 면밀하고 학문적인 것에서부터 가장 대중적이고 사용하기 쉬운 것까지 모든 수준에 이른다. 관심 있는 비전문가가 시편이나 요한복음의 처음부터 끝까지 안내하는 책을 찾는다면, 여러 서점에서 선택 가능한 제목을 너무 많이 발견한 나머지 어디에서 시작해야 할지 알지 못할 정도일 것이다. 이런 현상의 이면에는 성경 연구에 필요한 정보를 제공하는 지식의 폭발적 증가가 있다. 사전, 용어 색인, 새 번역, 성경의 문화, 신학, 장르 등 모든 측면을 탐구한 책들이 넘쳐 난다. 성경의 거의 모든 부분을 연구한 논문들을 게재하는 새로운 정기간행물들이 지난 10-20년 동안 생겨났다. 그중 일부가 난해하고 기술적 정보로 마음의 눈을 가리며 지혜의 빵이 아닌 연구의 돌을 제공하는 것이 사실이지만, 정보를 취하는 편에서 그것들 모두를 숙고할 시간만 있다면 그중 다수가 친숙한 구절들에서 충만한 빛이 터져 나오게 하는 심오하고 지혜로운 생각을 담고 있는 것 또한 사실이다.

동시에 어떤 지역에서는 강해 설교에 대한 관심이 되살아났다. 신자들로 하여금 성경의 구절이 자신에게 말을 건다고 느끼게 되는 방식으로 설명하는 기술은 결코 소멸된 적이 없다. 오늘날 많은 설교자가 본문이 자기 일부가 될 때까지 골똘히 생각하며 느끼는 흥분을 다시 발견하고, 그것을 다른 이들과 나누고 있다. 이는 정말 멋진 움직임이며 분명히 교회의 건강을 증진시킬 것이다.

또한, 성경을 연구하는 창조적 방식들이 새로 생겨났다. 인도자가 사소한 질문을 하고 구절에서 사소한 통찰을 끌어내는 성경 연구에 지루해하던 많은 사람이 여러 다른 가능성을 탐구함으로써 다시 흥미를 갖게 되었다. 시적 본문은 시로 연구되고 향유될 수 있다. 기도로 이루어진 본문은 실제 기도로 전환될 수 있다. 극의 요소가 많은 본문은 실연될 수 있다. 복음서가 숙련된 일인극 배우의 연기에서 새로운 방식으로 살아나는 것을 많은 사람이 발견했다. 나 역시 두 해 전 학회 중에 배우와 학자가 '공연한' 갈라디아서의 감동을 잊지 못할 것이다. 이 영역에는 아직 발견하고 활용하지 못한 가능성이 더 많이 있다.

더욱이, 오랫동안 성경을 열성적으로 연구한다고 알려지지 않은 기독교 분파들이 성경을 새로운 눈으로 읽기 시작한 경우가 있다. 해방신학자들의 성경 사용은 보수적 집단 안에서 많은 사람의 눈살을 찌푸리게 했다. 그들의 방식에 모호한 점이 많다는 지적이 있지만, 그것이 오랫동안 잊힌 성경 메시지의 다면성을 드러냈음에는 의심의 여지가 없다. 마찬가지로, 로마 가톨릭 신학자들은 최근 몇 년 동안 성경을 탐구하고 그들이 발견한 것을 교회와 세상의 삶에 적용할 새로운 자유를 누렸으며 종종 놀랄 만한 결실을 맺기도 했다.

동시에 그러한 성경 읽기는 교회의 다른 구성원들이 성경을 읽는 많은 방식이 일방적임을 드러냈다. 그 방식들의 경우, 먼저 계몽주의의 편견을 가지고 본문을 읽은 뒤 마치 본문 자체가 그 편견들을 지지하는 것처럼 선포될 때가 너무도 많았다. 마찬가지로, 좀더 보수적 집단에서는 자신들이 오랫동안 '성경적'이며 따라서 유효하다고 여긴 특정한 신학적 입장이 너무도 강력해서 그것을 위협하는 성경의 다른 내용에 사실상 재갈을 물리곤 한다. 이를 잘 보여 주는 예가 많은 보수적 집단에서 바울이 로마인들에게 쓴 유명한 편지의 골자를 빼 버리는 것이다. 이러한 배경의 그리스도인들이 처음 여덟 장은 강조하면서 마지막 여덟 장은 무시하는 것을 나는 자주 목격했다. 그것은 편지 전체를 심하게 왜곡하는 행위인데도 말이다. '성경의 권위'가 정확히 무엇을 의미하거나, 의미해야 하는지는 여전히 어렵고 논쟁이 잦으며, 관련 작업이 상당히 더 필요하다. 그러나 본문은 모두가 볼 수 있게 거기 그대로 남아 있으며, 여전히 확고한 전제에 이의를 제기하고 새로운 시각을 제시하는 놀라운 능력을 지니고 있다.

내가 이 절에서 내어놓은 주된 주장은 재론의 여지가 없어 보인다. 하나님은 자기 교회에 경이감과 흥분을, 성경에 대한 흥미와 사랑을 회복시키고 계신다. 그리고 이는 하나님이 우리 앞에 두신 새로운 과제를 수행하기 위해 전체 교회를 갱신하는 데 반드시 기여할 것이다.

하나님의 모든 백성

하나님이 교회를 새롭게 하고 계시는 일곱째 영역은 **평신도 사역**이다. 그다지 오래되지 않은 일이지만, 로마 가톨릭이든, 성공회, 감리교, 장로교, 침례교, 그 외 무슨 교파든 교회는 대체로 혼자서 여러 악기를 다 연주하는 '일인 악단'(물론 단연코 '한 남자로 이루어진 악단'이었다)과 같았다. 헌금을 세는 일이나 지붕의 기와를 수리하는 일과 같은 잡무를 도우려고 모이는 소수의 평신도들은 환영을 받았지만 그들이 목회 사역 자체를 함께 한다는 인식은 별로 없었다. 무리를 인도하는 것은 전문화된 과업, 그것도 소중히 보호되는 과업이었다.

이제 그 모든 것이 바뀌었다. '전교인 목회'는 적어도 이론상으로 우리 신앙생활의 일부다. 대부분의 성직자는 교회의 사역이 완전해지기 위해 필요한 중요한 은사들을 평신도들이 가지고 있다고 믿는다. 어떤 이들은 실제로 이 믿음을 실행에 옮긴다. 그러면 전통적으로 직접 해 온 일들을 위임해야 하는 성직자와, 나태한 수동성을 버리고 교회 안의 일들에 대한 책임을 맡도록 부름받는 평신도 양편 모두에게 힘들 때가 많다. 그러나 예배, 전도, 돌봄 사역 등 많은 영역에서 완전히 새로운 태도가 생겨났다. 전문 목자가 무리를 돌보는 일을 전적으로 독점하면 무리가 영양실조 상태가 되고 좋은 보살핌을 받지 못하며 방향 감각이 부족해진다는 것을 우리는 알게 되었다. 공동체 전체의 선을 위하여 그 과업들은 더 널리 분산되어야 한다.

이 새로운 운동에는 신학적 요인뿐 아니라 사회학적 요인도 존재한다. 서구 사회의 일반적인 반권위주의 분위기가 그 변화를 가져온 원인의 일부다. 이 변화는 평신도 사역을 간절히 받아들이고 (또 성경을 끌어다 그것에 대해 찬성론을 펴고) 싶은 이들이 성경에서 교회 내 특정 임원들을 존경하고 그들에게 순종하라고 지시하는 다른 사역들에 대한 이해가 느릴 때 발견될 수 있다. 마찬가지로 평신도의 참여를 반대하는 이들이 펼치는 주장도 있다. 그들의 주장은 전통적 권위 구조에 대한 공격은 무엇이든 저지하는, 더 광범위한 사회적 의제의 일부다. 그러한 크누트(어떤 일의 발생을 막으려고 애쓰지만 결코 성공하지 못할 사람—옮긴이) 같은 입장에 대한 유일한 치료책은 하나님이 오늘날 교회에 주고 계시는 것을 그들이 받아들이지 못하게 막는 뿌리 깊은 공포를 해결하는 일이라고 나는 생각한다.

전교인이 어떤 사역에 참여하는 방향으로 가고 있는 새로운 변화들은 너무도 중요하므로 트집 잡기 식으로 저지해서는 안 된다. 또한 '평신도 사역'이 안수받지 않은 사람들이 예배를 인도하거나 성찬식에서 성배를 관리하는 것을 의미하거나 그것에 한정된다고 생각해서도 안 된다. '평신도 사역'은 교회 안에서뿐 아니라 교회 밖 세상에서도 이루어져야 한다. 교회는 구성원들이 세상에서 개인이 아니라 그리스도의 온전한 몸의 일부로서 행동하는 것을 인지하고 격려하며, 그렇게 할 수 있는 능력을 주어야 한다. 그리스도인이 직장에서 그리스도인으로서 활동하는 것이 절실히 필요하다. 단지 직장 내 성경공부나 사내 전도 행사를 조직하는 것이 아니라 기독교 관점과 심사숙고된 기독교적 근거로 일해야 한다. 특히 텔레비전, 라디오, 비디오 산업, 언론계 같은 대중매체 영역에 그리스도인들이 필요하다. 이들 매체는 교회에 오거나 '진지한' 책을 읽는 사람들보다 훨씬 더 많은 사람에게 다가가기 때문이다. 최고의 그리스도인 예술가, 극작가, 작곡가가 우리에게 더 많이 필요하다. 기독교 윤리를 염두에 두고 사업을 할 뿐 아니라 현대 세계에서 무역이 어떻게 흘러가는지 기독교적으로 또 창조적으로 성찰할 그리스도인 사업가가 우리에게 더 많이 필요하다. 자기들이 무엇을 왜 하고 있는지 아는 그리스도인 버스 기사, 그리스도인 교사, 그리스도인 비서, 그리스도인 건축가, 그리스도인 변호사, 그리스도인 간호사, 그리스도인 컴퓨터 프로그래머가 우리에게 필요하다.

그리고 교회는 그러한 사람들이 교회 안에 속해 있음을 발견함과 동시에 그들 각자가 자기 영역에서 섬기도록 가르치고 훈련하며 능력을 주어야 한다. 단지 일대일 방식의 개인적 봉사도 중요하지만 거기에서 그치지 않고 자기 직업, 사업 혹은 무역의 방향에 진지한 기독교적 공헌을 하면서 섬길 수 있도록 말이다. 너무 오랫동안 교회는 구성원들이 한쪽 주머니에는 우수한 전문 자질을, 다른 한쪽 주머니에는 주일학교 신앙을 가지고 일하러 가도록 내버려 두었다. 복음은 분명히 세상에서 그리스도를 위해 일하는 평신도들의 필요를 채우기에 충분히 크고 강하다. 하나님이 평신도 사역의 갱신을 고무하고 계신다는 사실을 파악하고, 그 사실을 진행 중인 다른 모든 갱신의 맥락에 접목하면 우리는 잠재력이 무궁무진한 새로운 운동의 자질을 갖추는 셈이다.

세찬 돌풍

하나님이 지난 세대에 교회에 보내신 가장 위대한 갱신 운동은, 아마도 종종 **갱신**이라는 말 자체로 호명되는 운동이다. 지난 20-30년간 광범위하고 다양한 배경을 가진 그리스도인들이 종종 예기치 않게 그리고 보통은 불편하게, 내적·집단적 일대 갱신을 경험했으며, 그 일을 성령이 직접 하셨다고 고백했다. 카리스마 운동은 이전에 활기 없거나 고루했던 수많은 그리스도인을 사로잡았고, 교회와 개인 모두에게 자발성과 기쁨을 가져다주었다. 그것은 그 자체로 내가 이미 이야기한 많은 갱신의 부분적 동인이 되었다. 카리스마 운동은 예배에 새로운 자유와 기쁨을 만들어 냈다. 기도에 새로운 자유를 불러일으켰다. 주위 사람들의 안녕에 대한 관심의 증대와 전통 교단 간 장벽을 넘나드는 사귐에 새로운 열의를 낳았다. 그 운동의 주된 특징 중 하나는 하나님의 치유 능력에 대한 새로운 자각을 가져온 것이다. 또한 그 운동은 사람들이 성경을 새로운 눈으로 읽게 할 때가 많았으며, 그리스도의 일을 위해 평신도들을 모으는 데 꼬박꼬박 기여했다.

카리스마 운동이 저절로 교회의 모든 병폐에 대한 해결책이 되는 것은 아님을 인식해야 한다. 냉소주의자라면 그 운동이 때로 개인주의와 교회의 파편화를 부추겼다고 논평할지도 모른다. 그 운동은 자주 반지성주의를 조장했다. 때때로, 이를테면 '좋은 느낌'을 마치 그 느낌 자체를 위해 제공하는 듯할 때 그것은 시대정신과 아주 비슷했다. 심심한 복음주의 실존주의자들에게 새로운 종교적 경험을 제공할 뿐이었다. 카리스마 운동은 때로 사람들을 새로운 급진적 이원론으로 이끌었다. '카리스마'적이면 다 하나님의 일이고 그 외의 것은 다 마귀의 일이라는 식으로 말이다. 그 운동에는 새로운 권위주의를 불러일으킬 가능성도 있다. 즉, 사람들을 해방시킨 후 다시 새로운 작은 상자 속에 넣어 버릴 때도 있다. 사람을 우둔하게 만드는 수준 낮은 전례, 말의 기능을 멈추고 그저 만트라가 된 형태의 말들(사람의 말이든 천사의 말이든)을 양산해 내기도 했다. 그리고 비극적이게도 현대 광고의 가장 나쁜 점들을 모방하여, 깊은 욕구와 상처를 지닌 사람들에게 쉬운 해결책을 간간이 내밀었고 실망과 분노, 냉소주의를 낳게 되었다.

그러나 카리스마 운동은 그 전성기에 하나님의 창조 세계의 선함과 전 자아에 대한 인식의 중요성을 강조하고 강화했다. 그 운동은 꾸벅꾸벅 조는 그리스도인들에게 그들은 깨어날 수 있고 깨어나야 한다는 것을, 그리고 세상에서 그리스도를 위해 일할 능력은 그들 스스로의 노력이 아니라 하나님의 바람, 창조의 물결 위로 불던 바람, 오순절에 제자들을 사로잡은 바람으로부터 온다는 것을 끊임없이 상기시켰다. 수많은 경우에 그것은 요한복음에 기록된 예수님의 말씀이 실현되는 도구였다. "내가 온 것은 사람들로 생명을 얻게 하고 더 풍성히 얻게 하려는 것이라"(요 10:10).

그리고 교회가 다음 두 장에서 논의할 과제 중 어느 것이든 수행하려 한다면 그렇게 할 수 있는 유일한 방식은 다음과 같다. 우리가 성경을 읽고 기도하며 '전도'할 때뿐 아니라 예수님의 이름으로 현대 세계의 신이교주의에 맞설 때, 예수님의 사랑으로 신이교주의가 인간성을 파괴한 결과에 휘말려 신음하는 이들과 더불어 신음할 때 그리고 어쩌면 특별히 그렇게 할 때에 살아 계신 하나님의 영이 활발히 일하심을 교회가 믿는 것이다. 그렇게 하는 것이 우리 모두를 카리스마적으로 만든다면, 그것도 좋다.

당파심, 갱신의 위험

하나님이 자기 교회에 위탁하고 계시는 다양한 갱신을 다루는 이 한 쌍의 장을 마무리하면서 교회 안의 '분파들'이나 집단들의 현황에 대해 한마디 덧붙일 필요가 있다. 비극적이게도 하나의 갱신이 특별 이익집단이 되고 특별 이익집단이 분파가 되고 마는 일이 흔하다. 분파에 대한 충성은 이제 그것을 야기한 갱신에 대한 충성을 이룬다고 여겨진다. 성공회 안에서 이 일은 19세기에 등장한 갱신에 충성하는 '가톨릭' 분파와, 16세기와 18세기의 역사적 갱신 그리고 보다 최근의 몇몇 운동에 동조하는 '복음주의' 분파에서, 또한 계몽주의를 통한 역사의식의 고조와 그밖의 다양한 '근대주의적' 명분을 지지한다고 주장하는 '자유주의' 분파에서 일어났다. 그리고 현 세기의 다양한 오순절 운동의 조류에 참여하는 '카리스마' 분파에서 일어난 것으로 악명 높다. 그러한 것들에 대해 우리는 무슨 말을 해야 할까?

1990년 그린벨트 축제의 강사로 초대받았을 때 내가 한 여러 강의의 제목 중 하나는 '복음주의자란 무엇인가?'로 정해져 있었다. 나는 그 제목을 고치게 해 달라고 다시 제안했다. 이에 주최 측은 친절하게 동의해 주었다. 나는 이 책에서 다루고 있는 질문, 즉 하나님은 우리 세대에서 교회를 어떤 과제로 부르시는지 묻는 것이 더 도움이 되리라고 생각했다. **이에 비추어** 우리는 이런 질문을 할 수 있다. 복음주의(또는 가톨릭주의, 자유주의, 카리스마 운동, 또는 다른 어느 분파든) 안에는 이 과제를 위해 우리를 준비시킬 어떤 자원들이 있는가? 상황을 이런 식으로 보지 않으면 우리는 사방에 부상당한 사람들이 치료를 기다리며 누워 있는데 각종 들것의 장점에 대해 토론하는 적십자사 직원이나 다를 바 없다고 생각한다. 분파들을 규정할 시기가 있었다면 이미 지나갔으며, 그렇게 해서는 세상이 긍정적·외향적 교회를 절실히 필요로 하는 시기에 부정적·내향적 교회를 만들 뿐이다. 교회가 여러 갱신을 경험하고 있지만 새로운 분파에 혹은 낡은 분파의 변형된 형태에 빠져들지 않고 하나가 되어 세상에 연합 전선을 드러내는 것이 매우 중요하다. 지금은 복음주의를 잊고 복음에 집중할 때다. 가톨릭주의를 잊고 교회와 교회의 사명에 집중할 때다. 자유주의를 잊고 명료한 사고에 집중할 때다. 그리고 카리스마 운동을 잊고 살아 계신 하나님의 영이 임하도록 기원할 때다.

이는 결코 분별없는 실용주의를 호소하는 것이 아니다. 교회가 자기 역사 속에서 우리가 어리석게도 잊어버리는 중요한 교훈을 얻었음을 부인하는 것도 아니다. 우리는 이제 과거의 모든 교리적 체계에 무감해야 한다고 말하는 것도 아니다. 나는 믿을 수 있다고 증명된 진리의 진술과 교회를 위한 지침을 담고 있는 기독교의 근본 교리를 소중히 여긴다. 그러나 익사 직전의 사람이 뗏목을 부여잡듯 붙잡는 교리는 기독교의 본질이 아니다. 모든 교리가 이야기하는 하나님을 붙잡는 것, 나아가 그 하나님께 붙잡히는 것이 중요하다. 그러므로 나는 하나님을 우리의 모든 분열을 뛰어넘는 주권자로 인식하고, 성경을 자기 소유라고 주장하는 전통을 포함하여 우리의 모든 전통을 뛰어넘는 주권을 성경 자체가 가졌다고 보며 교회 안에서 성령이 마음껏 활동할 수 있도록 하고 예기치 않은 방면에서 새로운 것을 배울 가능성을 열어 두기를 호소한다. 즉 일의 순서를 바로잡아야 한다고 호소하는 것이다. 그것은 밖으로 시선을 돌리고 우리가 경험한 여러 갱신 운동을 교회가 **세상을 위한** 교회가 되는 데 활용하자는 호소다.

우리는 두 장에 걸쳐 하나님이 교회를 새롭게 해 오고 계시는 여덟 가지 방식을 살펴보았다. 각각의 방식은 보통 그것을 하나님이 오늘날 교회에서 하고 계신 **바로 그 주된 일**이라고 여기는 집단이 채택하지만, 갱신의 퍼즐 전체가 완성되려면 각 방식에 다른 방식들이 필요하다고 나는 제안했다. 더욱이 하나님이 오늘날 교회를 위해 염두에 두신 과제를 위해 준비하려면 그 방식들 모두 서로에게 필요하다. 그것이 다음 세 장의 주제가 될 것이다.

토론을 위한 질문

1. 9장 끝에 있는 질문들을 재검토하고 이 장에 적용하라.
2. 어떤 갱신을 몸소 체험하는 것과 그 갱신이 일어났으며 다른 이들이 거기서 이익을 얻었음을 인식하는 것에는 차이가 있다. 갱신들 가운데 모든 사람을 위한 것은 무엇이며, 그것에 꼭 함께 할 필요 없이 인식만으로 충분한 것은 무엇일까?
3. 갱신의 징후가 참으로 하나님이 보여 주시는 것인지 그저 기발한 혁신가의 영리한 발상인지 분별하기 위해 시험할 수 있는 방법은 무엇일까?
4. 갱신의 징후들을 놓고 교회 안에 이는 의혹과 분열을 어떻게 극복할 수 있을까?
5. 우리는 다른 이들의 '갱신'을 심각한 위협으로 느끼는 이들을 어떻게 돌보고 안심시킬 수 있을까?
6. 어떻게 하면 새로운 삶에 계속 열려 있으면서, 과거의 가장 좋은 것을 지킬 수 있을까?
7. 카리스마 운동은 당신과 당신 교회에 (만약 영향이 있었다면) 어떤 식으로 영향을 끼쳤는가? 다양한 배경을 지닌 그리스도인들은 어떻게 오늘날 세상에 하나님의 영의 능력을 전하는 통로가 될 수 있을까?

11장
승리의 기를 꽂아야 할 자리:
마르스와 맘몬의 땅

부활절 후 셋째 주일
_____

골로새서 3:1-11; 요한복음 11:17-27

우리는 방금 하나님이 근래에 자기 교회를 풍요롭게 하는 데 사용하고 계신 갱신 운동 몇 가지를 살펴보았다. 이 운동들은 지금 우리를 기다리는 새로운 과제들을 위해 우리를 준비시키고 있다는 것이 이 책에서 내가 주장하는 바다. 이 장과 다음의 두 장에서 예수님의 복음으로 이교주의에 맞서는 과제들 가운데 일부를 검토할 것이다.

적군의 땅에 기 꽂기

고고학자들이 영국 곳곳에서 로마 유적을 발굴한 장소들 가운데 어떤 곳, 특히 하드리아누스 방벽에 가면 흥미로운 현상을 발견할 것이다. 로마인들 또는 그중 일부는 일정 시기까지는 예수님을 예배했으며 그렇기에 작은 교회들을 짓고 사용했다. 그런데 그들은 상당히 자주 과거에 비기독교적이던 장소에 교회를 짓곤 했다. 기독교 석조물 아래를 파내 보면, 아마도 미트라 또는 더 과거에 로마 군대가 선호한 다른 이교 신들에게 바친 신당을 발견할 때가 많을 것이다.

그들은 왜 이렇게 했을까? 조금 이상한 혹은 심지어 모욕적 행위가 아니었을까? 미트라를 예배하던 이들은 어떻게 생각했을까? 그들에게 같은 신을 새로운 이름으로 부를 뿐이지 오래된 방식 그대로 계속 예배할 수 있다고 제안하는 것은 조금 위험스럽지 않았을까?

내가 보기에 저 건축가들이 따른 충동은 기본적으로 건전했으며 우리가 되찾을 필요가 있다. 이 장과 다음 장에서 나는 우리 세대가 꼭 건물을 지을 필요는 없지만 보다 영리한 방식으로 사실상 같은 일을 해야 한다고 제안할 것이다. 우리는 이교주의가 많은 사람의 충성을 얻는 것을 너무 오래도록 좌시했다. 이 승리는 이전에 서구 사회가 기독교화될 때처럼 건축학적 상징을 가지고 있다. 즉, 첨탑과 탑에 장악돼 시민들이 세상을 초월하는 하나님을 떠올리게 만들던 도시의 스카이라인을 이제 마천루가 장악해 맘몬이 세상을 다스린다고 역설하고 있는 것이다. 예수님이 주님이심을, 그리고 이교주의의 찬탈하는 세력은 그저 찬탈자에 지나지 않음을, 겸허하고 지혜로우며 분명하고도 단호하게 주장할 방식이 무엇인지 생각해 내고 실천에 옮길 때다.

이는 사실상 예수님이 나사로의 무덤에서 죽음의 세력에 훨씬 더 강력한 말로 맞서며 하신 일이다. 마르다는 자기 오빠의 죽음 때문에 큰 슬픔에 휩싸인 채 예수님께 왔다. 그녀는 "주께서 여기 계셨더라면 내 오라버니가 죽지 아니하였겠나이다"라고 말했다. 이에 대한 예수님의 반응은 그녀가 집중하는 대상을 죽음에서 그분으로 바꾸기를 권하는 것이다. "나는 부활이요 생명이니"라고 그분은 말씀하셨다(요 11:25). 우리가 세상의 치명적 세력들에 접근하는 주요 경로도 그래야 한다. 다시 말해, 현재 다른 세력들, 다른 신들이 지배하는 곳에서 고집스레 예수님을 예배해야 한다.

이 모든 것을 해결할 실마리는 이교주의가 기독교의 **패러디**를 제공한다는 점을 우리가 깨닫는 것이다. 기독교는 마치 이교주의가 잘못된 선율로 부르는 원래 곡조와 같고, 이교주의가 그려 내는 희화의 바탕이 되는 실상(實像)과 같다. 이교주의가 힘을 얻는 방식은 희화가 그러하듯이 하나님이 주신 선한 창조 질서의 한 측면을 다른 측면들을 희생시켜 강조하는 것이다. 기독교는 이에 대응하여 사람들이 이 희화가 무엇을 그린 것인지 알 수 있도록 실상을 제시해야 한다. 이것이 적군의 땅에 기를 꽂는 것을 의미한다면, 좋다. 기독교는 세상의 모든 미세한 공간과 모든 경각이 창조의 권리와 구속의 사랑의 권리로 예수님께 속해 있다고 주장한다. 그 것을 믿지 않는다면 신약성경의 예수님을 따르지 않는 것이다. 그것을 진정으로 믿는다면 그것을 표현할 적절한 방식을 찾는 것 외에 대안이 없다. 그리고 그것을 표현하는 방식들은 실제적인 동시에 상징적일 수 있다. 상징적 행위의 힘을 과소평가하면 안 된다. 그것은 때로 다른 어느 것보다 훨씬 강한 메시지를 전한다. 최근에 많은 도시에서 목격된 '예수 행진' 을 뜻하는 것은 아니다. 그 행진은 특히 승리주의의 위험 때문에 나름의 모호함을 지니고 있다. 내가 보기에 그 사안을 다루는 좀더 미묘하면서 효과적인 방식들이 있으며 곧 몇 가지를 제안하려고 한다.

그러나 이 시점에서 어떤 이들은 우리가 사방에 있는 이교주의를 교란해야 한다는 생각에 깜짝 놀랄 것이다. 기독교의 근본 요소들 중 하나는 분명, 관용이 아닌가? 그것은 이웃에게 친절한 것을 의미하지 않는가? 글쎄다. 그렇기도 하고 그렇지 않기도 하다. 내 이웃이 자기 아이들을 학대하고 있다면, 아이들을 보호하고 경찰에 연락하는 것이 그에게 친절한 행동일 수도 있다. 인종차별주의 구호를 벽에 쓰고 있는 이웃에게 친절함이란 모든 인간은 하나이신 하나님의 형상으로 만들어졌다는 진리에 그를 대면시키는 것일 수도 있다. 더 미묘한, 더 '세련된' 형태의 이교주의는 뚜렷하게 눈에 띄지 않을 수도 있지만 거기 존재하며 적절히 다뤄야 한다. 그렇게 하지 않으면 우리는 예수님이 아니라 예수님에 대한 계몽주의의 패러디를 예배하는 것이다. 다시 말해, 그저 모든 사람을 친절히 대하는 데 전념했던 예수님, (아주 온화할 뿐 아니라) 단호하고 당혹스럽게 대립을 일삼은 복음서의 예수님과는 사뭇 다른 예수님을 말이다.

다른 이유로 놀라는 이들도 있을 것이다. 확실히 기독교의 문제들은 늘 이교주의로 다시 빠져들 우려가 있다는 것 아닌가? 크리스마스트리조차 분명 이교의 다산 상징들에 대한 위험스런 타협이 아닌가? 글쎄다. 역시, 그렇기도 하고 그렇지 않기도 하다. 이교주의로 다시 빠져드는 일이 존재하며 우리는 그러한 일이 생기지 않도록 조심해야 한다. 하지만 이원론으로 빠져드는 것은 결코 그 문제의 답이 아니다. 복음은 사적 취미가 아니다. 그리스도의 주권을 단순히 사적으로 긍정할 것이 아니라 실제적으로 다루어야 한다. 그렇지 않으면, 우리는 그야말로 미트라와 그 현대적 대응물들을 그대로 둔 채 예수님은 그 옆에 나란히 서 있는 또 다른 신에 불과하다고 암시하는 셈이다. 혹은 우리만 사적 구원으로 도피하면서 세상은 지옥에 떨어지게 내버려 두는 셈이다. 어떤 식으로든 우리는 신약의 복음을 은밀히 포기하게 되는 것이다.

그렇다면 아덴의 바울처럼 우리는 세상의 선함을 긍정하고, 그 맥락 안에서 예수님을 긍정하는 위험을 무릅써야 한다. 사도행전 17장에서 그는 길가의 이교 제단에서 발견한 "알지 못하는 신에게"라는 문구를 들어 설교한다. 그는 "너희가 알지 못하고 위하는 그것을 내가 너희에게 알게 하리라"고 선언했다(행 17:23). 어떤 이들(물론, 이원론자들)은 이 내용을 바울을 비난하는 근거로 삼는다. 그러나 내가 보기에 그 말은 정확하게 맞는 것 같다. 이교주의는 진리를 좇는 감정이다. 그것은 달을 향해 날아가려는 나방과 같다. 그곳에는 발견될 빛이 있긴 하나, 불행하게도 열기가 전혀 없으며 여정 내내 날 수 있는 대기가 전혀 없다. 그것은 속임수다. 이교주의도 마찬가지다. 그것은 빌려 온 빛으로 반짝이면서, 의심하지 않는 인간들을 실제로 도달할 수 없으며 도달한다 해도 어떤 온기도 주지 않을 목표로 유인한다. 그러나 **태양과 같은 것이 존재하지 않는다는 뜻은 아니다**.

이 책의 후반부에서 나의 주된 제안은 이교 신들이 숭배되고 있는 장소를 발견하고, 바로 그 장소에서 예수님을 예배하는 방법들을 찾는 데 있어서 초대교회와 바울을 본받아야 한다는 것이다. 오래된 경건주의자의 언어로 말하자면, 그분이 모든 것의 주님이 아니라면 결코 주님이 아니다. 여기에서 중요한 것은 단지 전통을 조금 고치거나 교회의 정책을 세우는 문제가 아니다. 중요한 것은 예수님의 주권, 성령의 능력, 창조주 하나님의 선하심과 사랑이다. 간단히 말하면 삼위일체 교리 그리고 그것과 병행하는 기독교 방식의 삶이다.

우리는 예수님의 복음으로 이교 신들과 대결하는 것이 실제로 무엇을 의미하는지 알아내야 한다. 내가 보기에 이 의제는 우리에게 임무를 제시한다. 하나님은 그 임무를 위해 지난 두 장에서 살펴본 다양한 방식으로 교회를 새롭게 하고 계신다. 그 직무를 우리가 맡게 된다면, 우리 배후에 있는 저 갱신들의 총력이 필요할 것이다.

새로운 성소를 세워야 한다고 내가 제안하는 영역은 일곱 가지다. 이 장에서는 가장 뚜렷한 영역들 중 두 영역으로 시작한다.

마르스

전쟁의 신은 여전히 왕성하게 활동 중이다. 국제정치 무대에서 최근에 일어난 사건들 가운데 가장 인상적인 사건은 1989-1990년의 이야기였다. 우선, 베를린 장벽이 무너져 내리고 동유럽이 공산주의에 억압당한 반세기를 원상태로 돌리는 동안 세계는 숨을 죽였다. 그 후 기막히게 나쁜 타이밍에 이라크가 쿠웨이트를 침공했다. 서구 주요 열강은 적을 하나 잃었으나 군사 조직이 계속 잘 굴러가도록 적시에 또 다른 적을 발견해 안도의 한숨을 내쉬는 듯했다. 돌이켜 보면 뒤이어 일어난 일은 예견했어야 했다. 군사력의 과시, 군사 기술의 대규모 전시, 작고 부유하며 억압적인 국가의 해방과 어리석고 호전적인 이웃 국가(기독교 예배가 적어도 허용은 되던)의 초토화 및 그 국가의 엄청나게 많은 군인과 민간인 학살. 그런 다음, 영국과 미국에서는 서구 병력이 얼마나 적은 사망자를 기록했는지 기뻐하며 승리의 가두 행진을 벌였다. 쿠르드 난민들 그리고 아직 쿠웨이트와 다른 곳에서 살고 있던 팔레스타인 사람들은 과연 누군가가 자기들의 계속되는 역경에 관심을 가질지 궁금해하는 동안에 말이다. 결국 부자들은 부자들을 도운 반면, 가난한 자들은 산으로 도망했다.

편파적인가? 그럴지도 모른다. 하지만 그것은 당시 혹은 그 이후로 지금까지보다 더 심각하게 여길 필요가 있는 쪽을 편드는 것이다. 전쟁을 만드는 자들, 즉 무기와 그것을 뒷받침하는 기술을 연구하고 제조하는 이들은 대단히 강력해서 그들이 정한 방침대로 정부는 움직인다. 손해 보는 이들은 언제나 가난한 자들이다. 1991년 초에 전쟁이 3주간 더 지속되었다면, 영국과 미국은 아마 예산으로 책정해 놓은(그렇게 하지 않았다고 하면 이라크 사람들을 주요 난적으로 만들어 온 말들이 거짓이었음을 보여 줄 뿐이다) 막대한 돈을 계속 써 댔을 것이다. 우리가 전쟁의 필요성을 인정한다 하더라도 그 후 서구 열강이 이 책정된 돈의 상당액을 그 지역의 가장 고통당한 이들을 돕기 위해 주었어야 했다. 그러나 그러한 자세는 전혀 보이지 않았다.

왜 그렇게 하지 않았을까? 적어도 일어난 일의 일부가 마르스에 대한 예배였기 때문이라고 나는 생각한다. 우리는 나치 독일이 전쟁을 노골적으로 찬양하고, 유일한 진리는 권력에 있다는 니체의 철학을 실천에 옮긴

것을 비난한다. 우리 자신은 과연 전혀 그렇지 않을까? 결코 그렇게 쉬운 문제가 아니다. 물론 국가 안보와 국제 안보는 중요하며 가끔은 사실상 국제 경찰력에 해당하는 것을 통해 유지된다. 물론 불안정한 핵보유국의 부상은 세계 평화를 위협한다. 냉전이 끝나자 서구의 무기 제조업자들이 자기들의 시장이 줄어들지도 모른다고 걱정하던 차에 사담 후세인(물론 그의 어리석음과 그의 군사들의 잔인함 역시 마르스 예배의 결과였다)이 서구에서 공급받은 무기를 사용해 쿠웨이트를 침공하게 된 것은 어쩌면 그저 우연이었을지도 모른다. 하지만…우연이 아니었을지도 모른다.

국제 상황이 마르스 예배의 증거를 제공한다면, 지역에서도 폭력이 증가하는 것은 분명하다. 서구 세계에서 혼자 길을 걷는 일은 20년 전에는 안전했다. 하지만 지금은 더 이상 안전하지 않은 마을과 도시가 많다. 폭력은 영화와 비디오와 소설에서 미화되며 거리와 가정에서 행동으로 옮겨진다. 어떤 경제학자의 컴퓨터가 부리는 변덕에 따라 사람들을 직장과 집에서 쫓아내는 체계적이고 제도화된 '폭력'은 그러한 일이 일어나는 곳에서 자주 분출되는 실제 폭력에 곧장 반영된다. 한때 서구에는 용서란 좋은 것이라는 원칙에 모두가 적어도 말로나마 동의하던 사회가 존재했으나, 이제 용서는 약함의 표지로 이해되는 형편에 급속히 가까워지고 있다. 반격하는 것이 정상이다. 마르스가 다스린다. 그리고 그의 신당에 바쳐지는 제물은 주로 인간이다.

교회는 이원론의 무심함과 단순함으로는 감히 이에 대응하지 못하며 그렇게 해서도 안 된다. 모든 이교주의와 같이 마르스 숭배는, 약자를 악으로부터 보호할 책임이라는 적절한 동기가 왜곡되어 지나치게 과장된 형태로 이루어져 있다. 우리는 그저 두 세계에 살고 있다고, 사람들은 조만간 죽을 테니 전쟁은 문제될 게 없으며 중요한 것은 그들 영혼의 상태라고 주장할 수 없다. 또 지역적으로는 경찰과 법정을 해체하는 것에 비견될, 값싼 평화주의로 만족할 수도 없다. 세상에는 사악함이라는 것도 있다. 약자는 그로부터 보호받아야 하며, 사악함을 실행에 옮길 유혹을 느끼는 이들은 그것이 결국 득이 되지 않음을 알아야 한다.

그보다 교회는 갈등을 해결할 창조적·비폭력적 방법들을 찾기 위해 힘을 다해야 한다. 현재 마르스에게 점령당한 영토에 예수님을 위한 성소를 세우려면, 상황이 이미 너무 많이 진행된 시점에 논의에 가담해서는 안 된다. 교회는 현지의 감정을 이해하고 문제가 발생하기 쉬운 지역이 어디인지 미리 알며 그리고 가능하면 어디에서든지 조정자와 중재자가 되기 위한 절차를 밟기 위해, 다른 나라의 그리스도인들과 함께 일하면서 국제분쟁의 최초 단계에 기도하고 목소리를 내며 관여해야 한다. 교회는 이 과제를 자기의 주요 사역 외의 취미로서가 아니라, 평화의 왕을 증언하는 진지하고 필수적인 부분으로 삼아 헌신해야 한다. 교회는 이 일에 은사가 있는 구성원들이 지역적·국가적·국제적 중재망을 구축하는 데 필요한 자원과 지원을 제공하면서 그들을 훈련시켜야 한다. 지금까지 교회는 그 일이 작은 특별 이익 단체에 의해 이루어지도록 내버려 두는 것으로 만족한 반면 교회의 나머지 부분은 그러한 활동을 다소 수상쩍게 여기며 거리를 두고 지켜볼 때가 많았다.

특히 가까이에 군사기지나 주요 무기 제조업체가 있는 지역 교회들은 긴요하고도 어려운 과제를 지니고 있다. 그들은 인간으로서 다른 인간을 산산조각 내는 것보다 더 나은 길이 있다는 사실을 지속적으로 증언해야 한다. 이는 군사 작전 규모의 축소에 대한 일반적 반응(그것은 아주 많은 사람을 실직자로 만들 것이다라는)이 현실이 되지 않게 현지 사람들이 대체 직장을 찾도록 돕는 것을 의미할 수도 있다. 형편에 따라 폭탄 창고나 탱크 훈련지 앞에서 야외 예배, 특히 성찬식을 올리면서 이따금씩 상징적 행위를 취하는 것을 의미할 수도 있다. 이것을 교회가 그저 어떤 정치적 불평 운동에 가담하는 것처럼 암울하거나 부정적인 방식으로 행해서는 안 된다. 우리가 사는 세상의 모호함 그리고 복음에 대한 우리 이해의 모호함 둘 다를 인식하되, 우리의 상징적 행위에 있어 독실한 체하거나 침울할 필요가 전혀 없다. 우리는 기쁨과 유머, 가벼운 기법으로 그 행위들에 다가가야 한다. 탱크를 모는 이들을 멀리하고 무시하거나 비인간적으로 대하면 안 된다. 이러한 활동들은 엄격하고 험악한 비난보다 훨씬 더 효과적으로 예수님이 온 세상의 주님이심을 주장할 것이다. 전쟁을 가져오는 신 마르스는 어둠을 가져오는 자이기도 하다. 그와 겨루면서 같은 기분에 빠지지 말자.

덧붙여, 교회가 다른 이들의 우상숭배에 희생된 자들을 찾아내 돌봐야 한다. 개인과 가족뿐 아니라 공동체 전체, 나라 전체의 삶이 직접 일으키지 않은 전쟁으로 갈가리 찢어진 사람들이 있다. 교회가 세상 어딘가에 속해야 한다면 바로 거기다. 교회는 비용이나 부산물을 계산하지 않고 고통을 겪는 이들 곁으로 가 그들의 슬픔을 함께 나눠야 한다. 십자가에 못 박힌 주님을 따르는 이들은 그렇게 하지 않으면 안 된다.

맘몬

마르스가 크게 지지받는 것은 그의 숭배자들로 가득한 사회가 맘몬을 예배하고 있다는 사실에서 비롯한다. 우리는 이미 이전에 성당 첨탑이 그랬듯이 도시의 마천루가 현재 예배받고 있는 신들을 어떻게 상징하는지 알게 됐다. 돈은 우리 사회에서 점차 전능한 위치를 차지하게 됐다. 매년 수많은 졸업생이 창조적 혹은 문화적 영역에서 일하려 하지 않고 다른 사람들의 돈을 다루는 사업, 일종의 거대한 기업 룰렛에서 세계를 도는 숫자 게임을 하는 사업에나 발을 들여놓으려고 한다.

이를 나타내는 하나의 징후가 잡지 「이코노미스트」(The Economist)다. 이론상 그것은 제목이 암시하는 것처럼 경제 사안들에 대해 진지한 논의를 제공한다. 실제로는 경제학의 영역을 우리 삶의 전 영역으로 확장한다. 예술과 문학, 음악과 연극으로 구분된 지면이 존재하는 것 자체가 경제학이 삶의 과학임을 강조한다. 이는 그야말로 총체적 세계관이다. 마찬가지로 내가 신학이 결코 대부분의 사람들 특히 대부분의 정치인이 생각하는 것처럼 삶과 무관한 학문이 아니라 사실은 실제로 삶을 다루는 학문이라고 주장할 「신학자」(The Theologian)라는 잡지를 보고 싶다고 말한다면 그것은 반만 농담이다. 그러나 그것은 또 다른 문제다.

맘몬은 다른 모든 우상들처럼 자기를 숭배하는 이들뿐 아니라 자기의 함정에 걸린 이들 또한 노예로 만들며 그들의 인간성을 파괴한다. 평범한 일은 너무도 하찮게 여겨지고, 오직 돈만 유일한 목표가 되었다. 인간에게 일은 하나님이 주신 문화적 과업의 일부다. "당신은 결코 다시 일하지 않게 될 겁니다!"라고 위협이 아닌 약속을 하는 축구 도박 광고는 우선순위가 철저히 잘못 정해진 사회에서만 나올 수 있다. 또한 항공수송이 쉬운 (그렇지만 약간 비싼) 거리에 사는 사람들은 식량이 부족해 죽어 가는 마당에, 엄청난 식량이 비축되어 썩거나 심지어 매립되는 일은 맘몬이 숭배되는 곳에서만 일어날 수 있다. 그 사회는 가난한 자들이 멸시받는 사회다.

그들은 맘몬이 제공하는 보상을 받은 우리와 달리 그 신을 제대로 예배하지 않은 것이 분명하다. 맘몬이 숭배되는 사회에서 수백만 명은 빚에 허덕이고 수백 명은 풍족하게 지낸다. 그것이 예수님 시대 팔레스타인의 상황이었다. 주기도문의 한 구절에 담긴 한 가지 의미가 "우리의 빚을 탕감해 달라"는 것임은 놀랍지 않다. 절대로 빚을 져서는 안 된다는 식의 대응으로는 안 된다. 그것은 아마도 대출이 쉬운 서구 사회에는 올바른 응답일 수 있으나 제3세계의 현 부채, 그리고 현대 도시의 일부 지역에 거주하는 제3세계 구성원들의 현 부채에 대한 올바른 응답은 단연코 아니다. 그곳에서 부채는 피할 수 없으며 아주 넉넉한 사람들은 계속 다른 이들의 불행을 통해 이익을 얻는다.

맘몬에 대해 무엇을 할 수 있을까? 아무것도 할 수 없다는 말, 맘몬을 가만히 내버려 둬야 사회는 자연스럽게 진보할 것이라는 말은 맘몬 숭배자들 특히 우리 사회의 정치 기관과 금융 기관에 있는 맘몬 숭배자들이 퍼뜨린 거짓말의 일부다. 그리고 그 말의 의미는 노골적으로 말해서 예수님이 세상의 주님이 아니라는 것이다. 다시 말해, 예수님은 결국 십자가에서 인간을 노예로 만드는 통치자와 권세들을 물리치지 못했다는 것이다. 하지만 마찬가지로 우리는 복잡한 사회에서 돈 없이 살 수 있다고 생각해서는 안 된다. 맘몬 숭배는 다른 우상숭배와 같이 하나님이 주신 자원이 왜곡되는 것이다. 그렇다면 맘몬의 열성 신자들이 현재 그를 숭배하는 영토에서 어떻게 예수님의 주권을 선포할 수 있을까?

먼저, 예수님의 본을 따라 가난한 자들의 역경을 이해하고 공감할 수 있어야 한다. 충격적이지만, 이러한 표현은 이미 좌파의 구호로 여겨져 많은 그리스도인이 즉각 의혹을 품는다. 하지만 나는 예수님의 본과 우리 사회에 만연한 맘몬 숭배가 우리에게 어떤 선택지라도 남겨 두는지 모르겠다. 교회는 아주 먼 지역뿐 아니라 우리 각자가 속한 사회에서 가난한 자들에게 다가가는 일에 시급히 착수해야 한다. 벌써 이 일에 훌륭한 첫걸음을 내딛은 교회들이 있다. 그렇지 않은 교회들은 이를 따라 할 필요가 있다.

　이는 실질적으로 우리가 맘몬을 제자리에 되돌려야 한다는 뜻이다. 돈은 불처럼 좋은 하인이면서 나쁜 주인이다. 물건과 돈을 계산 없이 거저 주라는 신약의 다양한 명령들은 맘몬에 미친 우리 사회에서 어리석은 짓처럼 읽힐 수도 있다. 그 명령들은 사실 맘몬이 아닌 예수님이 주님이심을 선포하라는 권유다. 물론 그 명령들은 자기 가족을 부양하라는 명령 등에 의해 균형이 잡힌다. 초대교회는 모든 것을 거저 주고 예수님을 따른 많은 이들뿐 아니라 재산을 유지하며 그것을 하나님의 영광과 복음의 증진에 쓴 많은 이를 포함했다. 현대 세계에도 자기 가족을 부양하고 교회의 다양한 사역에 지원하라는 부르심이 포함된 소명을 가진 이들이 많을 것이다. 이는 오직 돈을 적절히 사용함으로써 이룰 수 있다. 맘몬과 그의 열성 신자들에게 짓밟힌 많은 이들의 가난에 함께하면서 소유 없는 삶으로 예수님의 주권과 맘몬의 폐위를 입증하는 부르심을 받는 이들도 있다. 교회는 구성원들이 이러한 부르심을 받았을 때 더 많은 사람이 그 길을 택하도록 격려하고 지지할 책임이 있다.

　덧붙여, 교회는 최대한 빨리 세계 빈곤의 원인 분석과 가능한 해결책을 찾는 일에 관여해야 한다. 나는 서구 세계가 한두 해 동안 생활수준을 20퍼센트 낮추면(우리 대부분이 잘 감당할 수 있는 수준이다) 세계의 빈곤 문제는 해결될 수 있으며, 그 결과 모든 이의 생활수준이 더 나아지지는 않더라도 이전 상태로 돌아갈 수 있다는 주장을 본 적이 있다. 그렇게 뉘우치고 책임지는 행위를 상상하기는 힘들다. 우리 사회가 맘몬 숭배를 너무나 깊이 수용했기 때문이다. 교회는 그러한 주장들과 그것들을 뒷받침하는 세밀한 분석을 지휘하고, 필요한 지역에서 그것들을 논리 정연하고도 힘차게 제시해야 한다. 그리고 지역 교회 주변에 주요 금융기관이 있거나 (아마도 교외에서) 세계 금융이 돌아가게 만드는 이들이 있다면, 사람들이 일어나는 일의 실상을 붙들고 씨름하며 주일학교 신앙과 경건한 선의보다 더 깊은 기독교 관점에서 그럴 수 있도록 해 줄 프로그램 마련을 고려해 볼 수 있다. 특히, 그러한 지역의 교회는 가난한 자들의 역경과 그들의 가난을 일으키고 지속하는 권세들의 폐위에 대해 이야기하는 상징적 행위를 정규 예배 안에 포함하면서, 맘몬에 대한 예수님의 승리를 선포하는 방식을 탐구할 수 있다. 이 일은 편협하고 흥을 깨는 열의가 아니라 하나님 나라를 활기차게 선포함으로써 이루어져야 한다.

마르스와 맘몬은 우리 시대에 수많은 사람을 노예로 만든 이교신들 가운데 두 신이다. 우리는 그들에게 속으면 안 된다. 그들은 예수님이 십자가에서 죽을 때 패배했으며, 예수님은 부활하시면서 그들과 온 세상을 지배하는 주님으로 등극하셨다. 그러므로 우리는 바울이 골로새 교인들에게 명한 대로 위의 것을 찾고 만물 위에 예수님을 경배하며 우리 각자의 삶과 사회의 삶이 그분에게 전적으로 순종하도록 해야 한다. 가짜 신들은 예수님에 대한 순종이 인간성을 파괴하고 자연스럽지 못하며 실행 불가능하고 파괴적이며 민주적이지 않고 부당하다며 날카롭게 외칠 것이다. 이것은 투사에 불과하다. 그들은 계속 예속의 고리를 뒤에 숨긴 채 '자유'의 미끼를 드러낼 것이다. 우리는 그들의 위협에 차분하게 기도로 저항해야 한다.

마지막으로 한마디 덧붙이자면, 나는 이 신들과 다른 이교 신들을 숭배하는 사회에서 살아가면서 분노하게 될 때가 있다. 그 분노는 이 우상 숭배들 때문에 고통받고 그 고통을 가한 사회의 돌봄을 받지 못하는 사람들에 대한 것이다. 매일 자전거를 타고 일터로 가면서 나는 골목길에 있는 작은 가게를 지나친다. 그곳은 정신 질환으로 고통당하는 사람들을 돌보는 '마음'이라는 자선단체가 운영하는 곳이다. 사람들이 헌옷과 다른 잡동사니를 가져오면 자원봉사자들은 그것들을 팔아 돈을 벌어 어려움에 처한 이들을 돕는다. 솔직히 나는 최첨단 미사일 하나에 수억 원이 지출되는 마당에 고통받는 사람들은 골목길에서 중고 의류를 파는 누군가에게 의존하는 사회에 살고 있다는 사실에 분개한다. 예수님의 복음이 우리 사회에서 존중받게 하려면, 우리는 빈자와 약자에 대한 돌봄을 의제의 맨 위에 두고 세련된 무기 기술은 아래쪽에 놓을 것이다. 만약 내가 그러한 사회에 살고 그것이 어떤 나라인지 표현할 전시나 전시관을 기획하라는 요청을 받는다면, 나는 방문객에게 성경구절을 떠들어 대거나 입구를 예수님의 그림들로 뒤덮지 않을 것이다. 나는 예수님이 무엇을 하고 있는지 설명해 달라는 세례 요한의 요청을 받았을 때 보여 주신 본보기를 따르겠다. 그분은 맹인이 보며 귀먹은 사람이 들으며 못 걷는 사람이 걸으며 가난한 자에게 복음이 전파된다고 말씀하셨다. 그것은 충분한 메시지다. 모든 잠재적 적을 최신 현대 기술로 신속하고 효과적으로 죽일 수 있어야 한다고 여전히 강하게 느끼는 사람들이 있다면, 한 가지 제안하고 싶다. 그들이 골목길에서 중고 의류를 팔게 하라.

토론을 위한 질문

1. 이교 신당들이 점유한 땅에 예수님을 위한 성소를 세울 수 있다는 제안에 대한 당신의 첫 반응은 무엇인가? 흥분되는가? 못마땅한가? 걱정스러운가? 왜 그런가?
2. 교회가 이 장에 요약한 과제들을 실제로 행한다면, 어떤 반응이 예상되는가?
3. 우리는 개인의 우상숭배와 기관의 우상숭배 중 어디에 주로 초점을 맞추어야 할까?
4. 당신의 지역에서 가장 눈에 띄게 숭배되는 우상은 무엇인가? 당신의 교회는 그 우상에 관하여 무슨 일을 하고 있는가?
5. 기술이라는 우상이 어떻게 숭배되는지, 그 결과는 무엇인지, 그리고 어떻게 그것 대신 예수님을 예배할 수 있을지 알고 있는가?
6. 사람들은 왜 그런 파괴적 우상들을 숭배할까?
7. 주요 교회들은 어떻게 (적어도 영국에서) 중요하고 풍부한 재산들을 소유한 채 맘몬 숭배에 현실성 있게 대항할 수 있는가?
8. 당신은 이러한 영역들에서 보다 실제적으로 소유권을 주장할 방식을 개인·지역·국가·국제적 수준에서 제안할 수 있는가?
9. 당신이 「신학자」라 불리는 잡지의 편집자라면 어떤 기사들을 게재하겠는가?

12장
승리의 기를 꽂아야 할 자리:
아프로디테와 가이아, 다신론의 땅

부활절 후 넷째 주일
_____

고린도후서 4:13-5:5; 요한복음 14:1-11

우리는 우리 사회에서 얼마간 숭배되어 온 이교 신들을 살펴보았다. 이제 극히 잘 알려진 또 다른 신에서 시작하여 그러한 일련의 신들을 추가로 살펴보자.

아프로디테

성애의 여신 아프로디테는 지난 한두 세대에 크게 재유행했다. 그녀는 고대 세계에서 그 이름이나 그녀의 라틴 이름인 비너스로 공공연히 숭배되곤 했다. 보다 최근, 특히 19세기 서구 문화에서 그녀는 조심스럽게 가려졌다. 물론 에로티시즘은 늘 존재했다. 그것이 결여된 문화는 없었다. 그리고 별로 놀랄 일은 아니지만, 하나님은 인간을 만드실 때 그분의 이미지인 남자와 여자로 만드셨다. 남성성과 여성성, 그리고 그 둘 사이의 상호 보완성에는 인간의 잠재의식에 매우 강력한 반향을 불러일으키고 창조 자체가 지닌 의미를 아주 많이 포착하는 무언가가 있기 때문에, 성애가 인간의 사회와 문화에서 중요한 위치를 차지하는 것은 당연하다.

우리 시대에서처럼 하나님이 주신 인간됨의 이러한 측면이 인간 실존의 요체가 될 때 문제는 발생한다. 에로티시즘은 하나님이 주신 성적 욕망의 이교적 희화다. 그것은 성적 활동이 만병통치약이자 최고의 선, 우리가 창조된 유일한 목적이라는 암시를 준다. 신문과 잡지는 우리에게 이 메시지를 큰 소리로 외치며, 광고판은 그 메시지로 우리 얼굴을 강타한다. 여신 아프로디테는 더없는 행복, 현실 도피, 황홀한 기쁨을 제공한다.

이상한 것은 그녀는 그 약속들을 이행하는 데 거듭 실패한다는 점이다. '좋은 섹스를 하는 법'과 같은 종류의 최신 문헌, 말하고 논할 자유, 최신 자료와 상담 기법이 있음에도 성은 여전히, 많은 사람에게 인간성의 당혹스럽고 역설적 측면으로 남아 있음을 나는 목회자로서 지속적으로 인식한다. 아프로디테를 숭배하는 이들은 그녀의 제단에 많은 것, 즉 시간, 돈, 깊거나 지속적 관계, 태어나지 못한 아이들, 정서적 성숙, 건강, 그리고 심지어 (이 에이즈의 시대에) 생명 자체를 제물로 바칠지도 모른다. 그녀는 불가해한 채 남아 있으면서, 텅 빈 신기루임이 드러나고 마는 눈부신 약속들을 내어놓는다. 그렇지만 그녀의 숭배자들은 더 많은 약속들 때문에 되돌아온다.

아프로디테 숭배에 대한 대응은 그녀에게 실질적 힘이 있음을 부인하는 것이어서는 안 된다. 여러 전통 아래 있는 많은 그리스도인이 다른 이들이 이 영역에서 파멸하는 것을 보고, 또는 어쩌면 자기 자신의 깊은 갈망과 감정에 겁을 먹고 이원론으로 후퇴했다. 우리가 성적 존재라는 모든 표지를 보이지 않는 곳에 밀쳐 두면 아프로디테는 사라지고 우리를 가만히 내버려 둘까? 결과는 비극적일 수 있다. 성이 단단히 억압되는 가정은 은밀한 성적 학대가 극성을 부리는 곳일 수도 있다. 자기가 성적 존재임을 부인하는 사람들은 아프로디테가 그들이 예상치 못한 방식으로 복수한다는 것을 알게 되기 쉽다. 하나님이 주신 피조물의 한 측면에 대한 이원론적 거부는 비극과 몰락으로 이어진다.

우리가 대신 해야 할 일은 대담한 노선을 택하는 것이다. 우리는 현재 아프로디테에게 점령당한 영토에 예수님께 바치는 성전을 세워야 한다. 많은 그리스도인이 이 제안에 충격을 받을지도 모른다. 그것이 실제로 의미하는 것은 무엇이란 말인가?

그것은 우리가 진정으로 기독교적 성을 배우고 연습해야 함을 의미한다. 성경은 하나님이 주신 성애를 즐거이 선포한다. 아가서는 이에 분명히 들어맞는 사례인데, 그 주제는 창세기 1장과 2장으로 곧바로 되돌아가며 요한계시록 21장의 그리스도와 교회의 결혼으로 곧바로 넘어간다. 그러나 성경은 성애는 너무도 중요하고 강력하며 그것을 적절한 맥락에 놓는 것이 아주 중요하다고 분명히 말한다. 전기는 중요하고 강력하지만 어떻게 되는지 보거나 전율을 느끼기 위해 전기 콘센트에 클립을 꽂는 아이는 예상하지 못한 일을 겪게 될 것이다. 베토벤 교향곡 음반은 그 자체로 멋지지만 그것을 틀 준비가 되지 않은 장비에서 재생하려 애써 봐야 소용없다. 성은 강력한 충동이어서 해롭거나 파괴적이지 않으려면 안정적이고 적절한 환경을 필요로 한다. 이와 관련하여 혼란과 비탄의 이야기를 거듭 듣는 많은 목사 및 상담자와 마찬가지로, 나는 혼외 성관계를 가지는 것이 사람들을 결혼 안에서 행복하고 성공적 관계를 영속적으로 맺고 유지하지 못하게 만든다고 생각한다. 당혹스럽거나 고통스러운 혹은 거북스러운 상황에 대한 기억들은 너무도 쉽게 돌아와 하나님이 주신 성의 온전한 향유의 특징인 자유롭고 즐거운 상호 헌신을 방해한다.

이는 현재 아프로디테에게 점령당한 영토에 예수님께 바치는 성전을 짓는 가장 중요한 방법들 중 하나가 기독교적 결혼을 확립하고 유지하는 것임을 의미한다. 교회는 그저 현재의 만연한 이혼 풍토를 한탄하기보다는, 약혼한 커플, 결혼한 커플, 먼 미래에 약혼하게 될 젊은이들이 하나님이 주신 우리의 남성성과 여성성의 참된 본질을 이해하고 그 두 가지가 어떻게 동반자 관계 안에서 협력하게 되어 있는지 이해하도록 그들과 함께하는 일정한 작업에 더 많은 에너지를 쏟아야 한다. 바울이 고린도후서 4장 13절-5장 5절에서 주장하듯 우리의 몸이 다가올 생에서 파괴되지 않고 개선될 것이라면, 그 몸은 귀중하다. 다시 말해, 그 사이에 그 몸으로 무엇을 하느냐는 중요하다.

동시에 교회는 어떤 이유로든 독신으로 부름받는 이들의 삶을 환영하며 경축하기도 해야 한다. 현재의 아프로디테 숭배 풍조에서 오늘날 자주 잊히는 진실을 강하게 긍정하는 것은 매우 중요하다. 즉 생식기를 통한 성적 관계를 하지 않고 산다고 해서 박탈되거나 왜곡된 삶을 사는 것이 아니라는 진실 말이다. 물론 어떤 독신자들은 이원론적이고 건강하지 못한 방식으로 자신의 성을 무턱 대고 억압해 버렸다. 그러나 자신의 성을 충분히 고려하고, 기쁨에 찬 자제의 비결을 배운 이들도 있다.

기독교적 결혼과 기독교적 독신 어느 쪽이든 아프로디테가 숭배되는 곳에 복음의 깃발을 올린다. 그녀는 틀림없이 달가워하지 않으며 반격을 가할 것이다. 지속적으로 경계해야 하지만 그러면서 성을 소외시키거나 실재하지 않는 것으로 여기면 안 된다. 그리스도인은 즐기며 사는 사람들을 적대시한다는 인상을 주어서도 안 된다. 다름 아닌 기쁨에 찬 적절한 경축을 통해 우리는 아프로디테에 맞서 선수를 칠 수 있을 것이다. 그녀가 할 수 있는 어떤 것이든 우리는 더 잘 할 수 있다. 그녀는 인간이 원래 의도된 맥락, 즉 한 남자와 한 여자의 평생에 걸친 상호 헌신 안에서 사랑을 성적으로 표현할 때 얻게 되는 것을 패러디하며 그것을 주겠다고 약속하지만 결코 내놓지 못한다.

우리는 바로 이 맥락에서, 하나님이 주신 성이 사회 안에서 걷잡을 수 없이 왜곡되었더라도 그리스도인의 삶에서는 왜곡될 수 없다는 것이 기독교적 삶의 기본임을 주장해야 한다. 관용의 이름으로 혹은 성 자체의 선함을 긍정한다는 명목으로 성이 왜곡되는 것을 너그러이 봐주는 것은 핵심을 놓친 처사다. 우리는 성의 선함을 긍정하기 때문에 성의 왜곡을 근절해야 한다. 바울이 골로새서 3장 5절에서 말하는 것처럼, 뒤틀린 성의 왜곡된 관행은 그야말로 처단되어야 한다. 그것은 우상숭배의 영역에 속하며 기독교적 삶과 무관하다.

아프로디테에게 점령당한 영토에 예수님을 위한 성전을 세우는 다른 방법들도 있다. 더 위험할 수도 있는 방법들이나 그것들이 적절할 수도 있는 맥락에 놓인 교회들은 진지하게 고려할 필요가 있다. 오늘날 많은 도시에서 모든 사람을 비인간적으로 만들고 비하하는 방식으로 성이 소비되는 홍등가가 늘고 있다. 홍등가와 같은 곳에서 무슨 일이 벌어지는지 알면 충격받을 많은 신문 가판대 주인이, 휴대용 홍등가로서 기능하는 잡지들을 기꺼이 들여놓고 판다. 그런 잡지들을 들여놓지 않겠다고 하면, 잡지 공급자 상당수는 그것들을 가져가지 않으면 어떤 보통 잡지도 공급하지 않겠다고 협박한다. 교회는 어떻게 적절히 반응할 수 있을까?

교회는 성 자체의 선함과 중요성을 부인하지 않으면서 아프로디테 숭배의 수지맞는 장사에 대항할 방법들을 찾아야 한다. 우리가 육체적 사랑의 왜곡과 패러디를 있는 그대로 폭로해야 하는 참된 이유는, 다름이 아니라 육체적 사랑은 분명히 선하며 하나님이 주신 것임을 믿기 때문이다. 홍등가 안이나 가까이에서 사역하는 교회라면 홍등가 한가운데 위치한 가게를 사거나 빌려, 혹은 현재 그 여신을 숭배하는 데 사용되는 부지가 있다면 매입해 거기에 성의 남용으로 구타당하거나 상처입거나 정서적 혹은 신체적 상흔이 남아 있는 이들을 위한 도피처를 세우는 일을 고려해 볼 수도 있을 것이다. 한 걸음 더 나아가 주요 장소에서 공개 성찬식을 하는 방법도 있을 것이다. 그리고 지역 교회들이 한데 모여 신문 가판대 주인들이 스스로 들여놓은 일부 물건이 인간성을 파괴한다는 것을 알도록 그리고 그것을 가져가라고 강요하는 공급자들의 협박에 굴하지 않도록 도와야 한다. 그러한 모험적 시도들은 저항에 부닥칠 것이다. 바로 이 지점에서 이 일에 관여하는 교회들이 지혜와 용기로 그 일에 매진하기 위해 온전한 갱신의 힘이 필요하다. 아프로디테는 (종종 맘몬과 결탁하여) 우리 사회에 큰 권력을 휘두르며 그 권력을 쉽게 포기하지 않을 것이다.

특히 교회는 예수님이 이스라엘에서 하신 것처럼 세상에 행해야 한다는 앞선 내 주장의 연장선에서 말하면, 교회 안에 있는 우리는 아프로디테 숭배가 야기한 실질적 고통과 인간성 파괴가 있는 곳에 다가가야 한다. 상처받은 사람들이 있었으면 하는 곳이 아닌 그들이 있는 곳으로 가서 그들 편에 설 준비를 해야 한다. 이는 의심의 여지없이 그리스도인들은 예수님이 그러셨듯이 도덕적으로나 신체적으로 위험에 처하게 되리라는 것을 의미한다. 그러나 착각하지 말자. 예수님은 안전한 거리에서 이스라엘에 진부한 이야기를 외치지 않으셨다. 그분은 자기 목숨을 걸고 이스라엘의 역경에 공감했다. 교회가 현대 세계에서 동일하게 행할 적절한 방법들을 찾아야 한다.

가이아

잘 알려진 세 명의 이교 신 다음으로 여태 잘 알려지지 않았지만 갑자기 유명해진 신을 살펴보려 한다. 바로 대지의 여신 가이아다. 우리는 5장에서 이 신을 간략히 살펴보았는데 이제 급속도로 증가하는 가이아 숭배에 대한 그리스도인다운 반응은 무엇인지 고찰해야 한다.

자연 종교에는 언제나 열성 신도들이 있었다. 계절의 리듬과 땅의 생명은 늘 인간에게 강한 영향력을 행사했다. 마땅히 그러하다. 우리가 이 땅에서 땅의 순환 및 기초 질서와 어우러지도록 만들어진 것은 당연한 일이다. 그런데 어떤 이들은 땅 자체를 신으로 여기라고 독촉한다. 그들은 오월제와 수확제를 자연스럽게 기리는 본능을 훨씬 넘어서고 있다.

그러한 변론가들은 땅은 거룩하다고, 대지의 여신이 인간의 잘못된 관리로 고통당해 왔다고 말한다. 대부분 근래에 알게 된 생태적 위기가 인간의 착취와 인구 과잉 탓이라고 말한다. 그러므로 우리는 뒤로 물러나 가이아에게 길을 내주고 그녀가 당연히 받아야 할 것을 받을 수 있도록 대안적 삶의 방식들을 발견해야 한다. 매우 다양한 모습으로 드러나는 이 분명한 범신론은 최근 놀라운 속도로 입지를 강화해 왔다. 서구 세계 전체에 걸쳐 자원 개발의 이원론은 가장 가증스러운 죄로, 자원 보존은 현대의 가장 필요한 미덕으로 간주되고 있다. 우리는 모두 책임지고 과거를 속죄하며 기록과 세상을 바로잡기 위해 비상한 노력을 기울이고 있다.

물론 이 모든 것에는 상당한 지혜가 있다. 계몽주의의 이원론은 실제로 서구 세계 전역의 수많은 사람이 자연 질서를 개발 대상으로 간주하도록 조장했다. 우림의 파괴와 거대한 산성비 구름은 수 세기 묵은 이데올로기가 이 시대에 빚어낸 결과다. 나는 일부 그리스도인들조차, 우리에게 지구를 마음대로 다룰 권리가 있으며 세상은 예수님이 돌아오시면 모조리 파괴될 것이므로 중요하지 않다는 주장을 '초자연적' 기독교의 이름으로 펼치는 것을 들었다. 환경을 정화하는 모든 움직임을 위험한 뉴에이지 음모라고 간주하는 새로운 형태의 이원론으로 되돌아가지 않도록 주의해야 한다.

그렇다면 가이아에 대한 제대로 된 기독교적 대응은 무엇인가? 우연히 친구의 집에서 잘 쓰인 문고본으로 처음 진지하게 가이아 신학과 만났을 때 나는 개운치 못한 뒷맛과 같이 낯설고 불쾌한 감정을 경험했다. 강력한 범신론은 인간 의식에 충만한 명료성을 버리고 스스로를 신비와 주문의 세계, 어두운 힘과 감정의 세계로 미끄러져 들어가게 하는 지나치게 감상적이고 케케묵은 느낌을 준다. 다음 날 아침 일하러 가는 길에서도 그 느낌은 여전했다. 나는 지역 교구 교회의 짧은 평일 예배에 들렀다. 약간 늦었는데 들어가니 시편 97편이 낭독되고 있었다. 두 개의 절이 끝날 때마다 덧붙여지던 응답의 말, "주는 왕이시며 땅은 그로 인해 기뻐할 것입니다"는 성경 진리의 신선한 공기로 범신론의 케케묵은 냄새를 날려 버렸다. 그것이 진리이며 가이아 숭배는 그에 대한 어두운 패러다임을 그때 깨달았다. 창조주이신 한 분 하나님이 계신다. 그분은 자신의 세상을 사랑하고 그 안에서 활동하시지만 하나님과 세상은 단연코 같지 않다. 땅은 가이아가 스스로를 여왕으로 드높일 때가 아니라 주님이 왕이실 때 기뻐한다.

생태적 책임은 성경의 주요 부분과 기독교 전통의 기본 요소다. 거기에서 발견되는 것은 인간이 세상의 책임 있는 관리인이 되라는 부르심이다. 어떤 이들은 '관리'라는 개념에 반대하는데, 인간이 어떤 면에서 세상 위로 드높아지는 것처럼 들리기 때문이다. 어떤 이들은 더 나아가 다름 아닌 '왕'과 '나라'라는 단어들의 사용을 반대한다. 그 단어들은 성경적 울림을 지녔지만 너무 오랫동안 착취와 지배를 조장해서 오해의 소지가 많다는 주장이다. 나는 그 입장들을 존중하지만 공유하지는 않는다. 우리가 사는 선하고 아름다운 세상을 지혜롭고 겸손하며 책임 있게 돌보도록 부름받는 것은 내가 보기에 기독교적 관점에서 인간 소명의 필수 요소다. 우리는 감히 범신론자가 가이아를 격상시키려고 인간성을 격하하는 것과 같은 행동을 하지 않는다. 우리는 그저 동물이나 식물이 아니다. 그것들이 필요로 하는 것은 **인간**인 우리이지 자기들과 함께 네 발로 기어 다니는 우리가 아니다. 왕의 신분이라는 성경의 중심 개념을 군림하고자 하는 인간들이 남용했다는 사실이 창조주 하나님의 지혜롭고 사랑에 차 있으며 치유하고 판단하는 통치권을 뜻하는 개념을 버릴 이유는 아니다.

그렇다 하더라도 교회는 전적으로 성경적 '녹색' 신학을 분명히 표현하고 실천하는 데 가능한 많은 힘을 쏟아야 한다. 우리는 이전의 부주의, 착취를 일삼는 사이비 관리에 대해 진정으로 회개하고 우리의 방식을 바꾸기로 결정해야 한다. 교회는 환경에 대한 지당한 관심을 반영해 생활 습관을 바꾸는 운동의 선봉에 서야 한다. 그러나 성경의 관점을 진지하게 취하며 그렇게 해야 한다. 말하자면, 양쪽 끝에서 시작해야 한다. 창조에 대한 성경의 관점, 그리고 피조 세계 안에서 사랑과 돌봄으로 피조물에 창조주의 이미지를 반영할 책임감 있는 대리인으로서 인간의 역할에 대한 성경의 관점을 확고히 붙잡아야 한다. 그리고 우리는 로마서 8장, 고린도전서 15장, 요한계시록 21-22장과 같은 구절에 드러난 미래의 전망을 붙잡아야 한다. 땅은 엄청난 쓰레기를 버리듯 하나님의 계획에서 내던져지지 않을 것이다. 땅은 물이 바다를 덮음같이 여호와의 영광으로 가득 찰 것이다. 들판은 기뻐하며 나무들은 손뼉을 칠 것이다. 그러기까지 그 믿음과 희망에 비추어 살아가며, 창조주의 치유하는 사랑을 피조물에게 가져와 그분을 영화롭게 할 방법들을 고안하는 것이다.

이는 그리스도인들이 다른 '녹색' 단체들이 주창하는 여러 운동과 생활 습관에 관여하고 장려하되 다른 동기와 근거로 해야 함을 의미한다. 우리의 환경을 고의적으로 파괴하지 않고 보존할 때 우리의 행동은 그 환경을 지으신 분에 대한 사랑과 결과적으로 피조물을 그 자체로 숭배하지 않고 소중히 여기는 것에서 비롯될 것이다. 우리는 창조주가 자신의 피조 세계를 돌보는 우리의 활동을 사용하실 것이며 언젠가 몸소 그 안에 거하심으로써 피조 세계를 새롭게 하실 것임을 확신하며 행할 것이다. 이것은 피상적일 때가 많은 '녹색' 철학들과 의제들을 깊이 있게 할 것이다. 교회는 이 모든 영역에서 모범을 보여야 한다.

'뉴에이지' 운동 그리고 그에 속한 집단들에 대한 오늘날의 열광은 그 자체로 별개의 현상인 보편적 종교 다원주의로 번질 때가 많다. 그러므로 그 주제에는 지면을 따로 할애해야 한다.

많은 이름, 많은 신

현대 서구 교회에서 가장 논쟁적 사안들 가운데 하나는 때로 '다른 신앙'이라 불리는 것에 대한 문제다. 이전 세대들은 기독교 외의 종교들에 대해 거의 아는 바가 없었던 반면 지금 지구촌에 사는 이들은 그 문제를 쉽게 회피할 수 없다고 지적하는 것은 진부한 일이 되었다. 인구의 대규모 이동으로 서구 세계의 많은 그리스도인에게 이제 무슬림 신자나 힌두교신자, 또는 불교 신자인 이웃이 생겼다. 매우 영국적인 기관인 BBC와 로드 크리켓 구장 사이의 짧은 인도를 걸으면 커다란 리젠트 파크 이슬람 사원을 지나치게 되어 있다.

이 문제를 대부분은 새롭다고 여기지만 사실 현재 형태로는 적어도

200년을 거슬러 올라가는 논쟁이 양성화된 것이다. 모든 종교는 기본적으로 같은데 서구에서 기독교의 지위를 격상시켰으므로 부당하다는 것이 계몽주의의 주요 주장들 가운데 하나였다. 경솔한 자칭 그리스도인 일부가 다른 종교인을 착취하고 억압하며 심지어 노예로 삼은 것, 서구 국가들에서 이민, 피부색, 문화에 관한 매우 고조된 논쟁 안에 종교적 차원이 도입된 것, 특별히 한 종교(유대교)의 경우에 금세기 최대의 공적 범죄 중 하나를 저지른 이교주의를 은폐하는 데 기독교 언어를 사용했으며 많은 그리스도인이 그것에 속았다는 섬뜩한 깨달음 등이 이 오래된 사상에 신선한 추동력을 주었다. 이 모든 것에 비추어 보건대 우리는 지난 수십 년 동안 타종교 신앙의 '유효성'을 인정하라는 요구, 그 신앙을 고백하는 이들을 전도하지 말라는 요구, 서로 다른 종교 전통을 명백히 제설혼합주의 방식의 혼합체로 만들라는 요구를 목격해 왔다. 이 사안을 다루는 일에는 많은 문제가 뒤따르겠지만, 분명히 어떤 주장이라도 나와야 한다. 내가 보기에 처음에 필요한 두 가지 주장이 있다.

첫째, 모든 종교가 기본적으로 같다는 믿음의 실체를 드러내야 한다. 그것은 모든 종교의 신자들이 사실은 위장한 이신론자라는 주장이다. 이것은 그 이론의 역사적 기원을 고려하면 우리가 예상했어야 한다. 원래 이신론을 전파한 것은 그리스도인을 포함하여 자신의 실제 믿음과 종교적 실천에 그저 희미하게만 반영되는, 멀리 동떨어져 있고 무심한 신을 믿는 이들이었다. 이 체계 안에서 종교는 오직 보편성 강한 영적 느낌 혹은 전 인류에 대한 형제애나 책임감으로 이루어졌을 뿐이다. 결과적으로 그리스도인들이 스스로 예배하는 신에 대해 말하는 구체 사항들은 실재의 모호한 근사치에 지나지 않는다. 일단 그것들이 '진정으로' 의미하는 바를 요약하면(그리고 타종교의 거친 진술들로 같은 작업을 하면), 당연히 모두 비슷해 보일 것이다.

하지만 이 생각에 이의를 제기할 필요가 있다. 종교적 오만을 축출한다고 주장하지만, 후기 계몽주의의 우월함으로 가장한 높은 곳에서 기독교를 포함한 모든 주류 종교를 신봉하는 무지몽매한 자들을 내려다보는 극도로 오만한 생각이다. '서구' 종교들을 경멸한다고 주장하면서 스스로는 서구의 준종교, 즉 후기 계몽주의의 합리적 이신론과 깊이 결합되어 있다. 그것은 나사렛 예수와 그분의 영이 세상을 창조하신 주님의 참되고 구원을 주는 계시라고 믿는 진지한 그리스도인들에게 대단히 모욕적일 뿐 아니라 주류 유대인과 무슬림에게도 대단히 모욕적이다. 그것은 힌두교 신자들과 시크교 신자들이 믿기에 좀더 쉬운데, 어떤 면에서 그 자체로 혼합주의적 성격이 강한 그들의 종교는 추가 사항과 수정 사항을 더 쉽게 포함시킬 수 있기 때문이다. 하지만 그것은 몇몇 후기 계몽주의 서구인이 지성적으로 처리한 종교 윤리적 믿음을 제외하고는, 알려진 어떤 종교의 믿음이나 실천도 정확히 대변하지 않는다.

비슷한 결론에 도달하는 다른 방법은 모든 종교인은 결국 '실제로' 범신론자이거나 어쩌면 '만유내재신론 신봉자'(만물이 하나님은 아닐지라도 하나님의 일부라고 믿는 사람)라고 제안하는 것이다. 여기에서 다시 우리는 매우 다양한 사람의 종교적 경험을 하나의 명료한 진술로 환원시킬 수 있으며 그 다음에는 실제로 그 종교를 실천하는 이들이 그 종교에 대해 들려주는 이야기를 비판하는 데 그 진술을 사용할 수 있다고 주장하는 오만함에 직면한다. 이것은 앞으로 나아가는 길이 될 수 없다.

둘째, 예수님이 세상의 주님이라는 기독교 신앙, 많은 그리스도인이 강력히 권고받은 대로 타종교와 조금이라도 타협하기보다 차라리 그것을 위해 죽을 준비가 된 신앙을 서구 문화의 우월성에 대한 믿음과 혼동해서는 안 된다. 그러한 혼동은 대중 사이에 널리 퍼져 있다. 사람들은 레바논 위기를 대하는 서구의 태도에 관한 논쟁을 접하는데, 그 논쟁에서 '서구'와 '기독교'는 혼동되거나 심지어 동일시된다. 이는 그야말로 현실을 몰라서 생기는 일이다. 오늘날 세상의 대다수 그리스도인은 서구에 살지 않으며 대다수의 서구인은 기독교를 믿는다고 공언하지도 기독교를 실천하지도 않는다. 오늘날 가장 많은 성공회 신자는 흑인이며 그들의 모국어는 영어가 아니라는 점이 그 일례다.

기독교를 '서구'의 종교로 이야기하는 것은 기독교를 상대화하거나 심지어 기독교의 평판을 떨어뜨리려는 낡은 속임수다. 서구는 때로 스스로를 기독교 주식회사의 주요 주주라고 오만하게 생각했으며 더 나아가 예수님의 최고 주권은 그분을 따르는 이들을 위해 문화적·인종적 우월함을 자동적으로 내포하고 있다고 생각했다. 이 터무니없는 오만은 당연히 뻔뻔하고 권력에 굶주린 제자들을 향한 예수님의 질책에 역행하며, 예수님의 최고 주권이 십자가에서 가장 분명하게 드러난다는 복음의 요점과 상반된다. 그리고 바로 이 오만이 그보다는 분명히 겸손한 상대주의가 우리 시대에 발현되도록 만들었다. 그러나 거기에는 반대의 오류가 있다. 많은 그리스도인이 참담하게도 예수님의 유일한 주권을 자신이 사는 시대의 사회적 혹은 문화적 권리의 영역으로 잘못 옮겼다. 그러나 상대주의도 마찬가지로 지구촌에 사는 모든 사람에게 적절한 문화 상호 간 존중을 그들이 숭배하는 존재들에 관한 주장으로 잘못 옮겨 놓았다.

직설적으로 말해서, 예수님의 유일한 주권의 문제는 이민 정책 같은 문제가 아니라는 의미다. 주님으로 숭배되는 이가 예수님과 같은 이름으로 통하는 서구의 우상이 아니라 정말 **예수님**인 경우에, 교회에는 주변의 사회와 문화가 자기 땅에서든 다른 곳에서든 모든 민족과 모든 인종의 존엄을 유지하고 향상시키기 위해 정의와 관용으로 행동하도록 촉구할 충분한 동기가 있다. 예수님에게서 그리고 성령을 통해서 드러나는 창조주 하나님을 예배하는 것은 그분의 형상을 지닌 모든 사람의 가치에, 그리고 모두가 평화롭고 서로 존중하며 함께 사는 공동체를 창조하는 일에 불가역적으로 헌신하는 것이다.

또한 이것은 그리스도인들이 요한복음의 유명한 진술을 기꺼이 받아들여야 한다는 의미다.

> 예수께서 이르시되 내가 곧 길이요 진리요 생명이니 나로 말미암지 않고는 아버지께로 올 자가 없느니라. 너희가 나를 알았더라면 내 아버지도 알았으리로다. 이제부터는 너희가 그를 알았고 또 보았느니라. (요 14:6-7)

그러나 그리스도인들은 예수님이 이 말씀을 하신 밤에 가신 길, 즉 십자가의 길, 권력 포기의 길, 겸손의 길을 갈 준비가 된 사람들만 이 진술을 사실로서 주장할 수 있다는 것 또한 인식해야 한다. 이 본문을 사회 권력 혹은 정치권력을 얻기 위한 수단으로 남용하는 것은 앞에서 검토한 어떤 우상보다 더 위험한 우상을 신봉하는 것이다. 그렇지만 남용의 위험 때문에 그러한 본문을 도외시하는 것은 잡초가 자랄까 봐 정원을 포기하는 것과 같다. 바로 예수님의 주장과 사랑 안에서 상대주의자가 다루려고 하는 공동체와 사회의 모든 문제에 관한 해결책을 발견할 수 있다.

새로운 다원주의와 상대주의에 직면한 교회의 과제는 상대주의가 최선을 다해 이루려는 일, 즉 지구적 수준과 지역적 수준 둘 다에서 모든 민족을 위해 정의롭고 배려하는 인간 공동체를 창조하는 일에 헌신하는 것이다. 교회가 다른 신앙 가족들의 가치와 열망을 기꺼이 긍정하려 할 때 다양하고 많은 문제를 발견할 것이다. 우리는 그렇게 말하기를 부끄러워하지 말아야 한다. 예수님이 세상의 주님이심을 믿는다면, 참된 인간 공동체는 그분의 의제를 따름으로써 창조될 것이라는 것도 믿어야 한다. 상대주의가 누구나 이해할 수 있는 **자유방임적** 통합을 제공할 때 교회는 훨씬 더 풍성한 상(賞), 즉 모든 인간이 있는 그대로 존중받는 공동체가 우리에게 주어졌음을 행위로 입증해야 한다.

그러나 그들이 숭배하는 것을 반드시 존중해야 하는 것은 아니다. 지구촌은 우리가 매우 다양한 인간의 문화뿐 아니라 그 문화가 만들어 내는 매우 다양한 어리석음과 위험도 가까이에서 볼 수 있다는 특징이 있다. 기독교는 20세기에 두 가지 위험한 우상숭배로 왜곡되었는데, 바로 나치즘과 남아프리카공화국의 인종차별 정책이다. 다른 종교들도 마찬가지로 같은 잘못을 저지를 수 있다. 힌두교의 카르마 교리는 서구의 아마추어 평론가들에게 매우 인기가 있는데, 그것이 후기 계몽주의 사상이 가장 소중히 여기는 '관용'을 다른 방식으로 일으키기 때문이다. 그러나 이 교리는 불가촉천민과 거리에서 죽어 가는 거지들을 그대로 내버려 둬야 한다고 주장한다. 이슬람교가 일부 서구인에게 환영을 받는 이유는 그것이 기독교처럼 '책의 종교'이기 때문이다. 하지만 그 책들은 서로 좀 다르며 책을 고수하는 유형도 서로 다르다. 물론 기독교와 마찬가지로 이슬람교 안에 다양한 분파가 있다. 그러나 이슬람교의 중심이 되는 것은 못 박혀 죽음으로써 가장 심오하게 자기를 계시하신 신이 아닌 맹목적으로 복종해야 하는 신에 대한 믿음이다. 우리는 이슬람교의 알라가 참신이면 못 박혀 죽으신 예수님은 덫이자 망상이며 그 역도 성립하는, 서구 종교의 몹시 불편한 진실에 직면해 있다. 이것은 단지 공허한 신학의 영역에서 이루어지는 추상적 논쟁이 아니라 두 존재를 예배하는 공동체들의 본질과 관계있다.

내가 말하려는 바의 예를 들어 보겠다. 우리 서구인들은 사실상 오랫동안 후기 기독교 사회에서 살았다. 그러나 우리는 인간관계에서 용서, 화해, 그리고 새로운 시작의 가치들을 여전히 이상으로 여기고 있다. 그 가치들을 그리 잘 실천하지 않더라도 여전히 그 가치들을 지지한다. 그러나 기독교 전통이 없는 나라에서 용서는 약함으로 이해된다. 화해는 어리석은 짓으로 여겨진다. 누군가 우리를 모욕하거나 해치면, 복수가 옳고 적절하며 전적으로 정당한 반응이라는 것이다. 내가 짧은 기간 살아 보니, 후자와 같은 사회에서 사는 것은 깊은 불안을 자극한다. 이렇게 말한다고 해서 현대의 서구 사회를 극찬하는 것은 조금도 아니다. 종교에는 인간이 자기의 고독을 다루는 일 이상의 것이 있다.

마찬가지로 '구원'이라는 단어는 여러 종교에서 여러 의미를 갖는다. 유대교에서 구원은 이스라엘 땅으로의 복귀 그리고 장차 도래할 미지의 메시아와 뗄 수 없이 밀접한 관계가 있다. 힌두교와 불교에서 구원은 시공의 세계가 떨쳐지고 몸을 떠나는 상태에 이르는 것을 의미한다. 그러나 그리스도인들에게 땅과 메시아에 대한 약속은 예수님 안에서 이미 압축적으로 나타났다. 이를 부인하는 것은 신약성경의 중심을 부인하는 것이다.[9] 몸을 떠난 상태는 바울이 고전적으로 표현한 기독교의 중심 소망과 정반대되는 이원론적 요소다.

> 참으로 우리가 여기 있어 탄식하며 하늘로부터 오는 우리 처소로 덧입기를 간절히 사모하노라. 이렇게 입음은 우리가 벗은 자들로 발견되지 않으려 함이라. 참으로 이 장막에 있는 우리가 짐진 것 같이 탄식하는 것은 벗고자 함이 아니요 오히려 덧입고자 함이니 죽을 것이 생명에 삼킨 바 되게 하려 함이라. (고후 5:2-4)

예수님과 성령으로 말미암아 주어지는 구원에서 중요한 점은 그것이 인간성을 폐기하지 않고 재긍정한다는 점이다. 그리고 이 재긍정에는 다시 몸을 입는 일이 포함될 것이다. 초기 기독교 사상에서 '하늘'은 그리스도인의 **최종** 안식처가 아니다. 그것은 하나님께서 결국 새 하늘이 새 **땅**과 결합하며 도래할 새 몸을 포함한 새 세상을, 바로 지금 예비하고 계신 곳이다. 장래에 대한 이 전망은 많은 세계 종교가 주장하는 것과 완전히 반대된다.

그러므로 그리스도인은 상대주의자의 오만에 위압되어 남녀노소 모두를 향한, 그리스도를 닮고 그리스도가 중심이 되는 사명을 결코 포기해서는 안 된다. 이 형용구는 매우 중요하다. 기독교 선교는 그리스도를 닮거나 그리스도가 중심이 되지 않았던 적이 많다. 교회는 스스로의 삶과 행동 탓에 즉시 무효화되지 않을 예수님에 관한 어떤 말이라도 하기 전에 회개해야 할 것이 아마 많을 것이다. 하지만 교회가 완전해지기까지 기다리며 사명에 참여하지 않는 것은 어리석은 일이다. 개혁은 교회가 그 과제에 헌신하는 가운데 도래할 것이다.

그러므로 공정하고 평화로운 인간 공동체를 창조하는 일은 예수님에 관한 언어적 메시지를 제대로 전하고 들을 수 있는 맥락이 된다. 교회가 예수님이 이스라엘에서 그리 하신 것처럼 세상에서 버림받은 자들을 환영하고 병자들을 치유하며 가난한 자들을 억압하고 노예로 만드는 권세들에 도전할 때, 예수님에 대한 교회의 주장은 스스로 그 진실성을 입증할 것이다. 우리가 교회를 둘러보다 다양한 인종의 사람들이 편견과 생색 없이 자연스럽고 편안하게 환영받는 것을 볼 때, 그 교회가 그러한 회중이 나타내는 여러 문화 전통을 예배 형식에 수용하려고 열심히 노력하는 것을 발견할 때, 우리는 다원주의와 상대주의를 주장하는 이들이 현재 확고하고 사납게 점령한 땅에 교회가 참 하나님을 위한 성소를 세우는 것을 목격하는 셈이다.

아프로디테와 가이아 숭배, 그리고 신은 다수라는 인식의 일반화, 이들 각각은 하나님이 세상을 만드신 방식에 관한 특정한 진실을 인식하지만, 그 진실을 왜곡하며 그것을 숭배하게 되는 인간들을 왜곡한다. 이제 우리는 교회가 예수님을 위한 새로운 성소를 지어야 하는 여섯 가지 영역을 살펴보았다. 아직 두 가지 영역이 더 있다.

토론을 위한 질문

1. 당신의 공동체에서 보이는 아프로디테 숭배의 징후는 무엇인가? 교회는 이 징후에 어떻게 대응하였는가, 혹은 어떻게 대응해야 할까?

2. 교회는 결혼 제도를 통해 하나님의 계시를 증언하는 일을 어떻게 더 효과적으로 할 수 있을까?

3. 성은 주로 대규모 사업이다(오늘날 영국의 가장 부유한 사람들 중 일부는 포르노물 관련 산업을 하는 이들이다). 우리는 어떻게 그 새로운 우상숭배를 적극적으로 유포하고 그로부터 이익을 얻는 이들을 식별할 수 있을까? 한편 어떤 복잡한 이유에서든 그것의 희생자가 된 이들을 구할 수 있을까?
4. 당신의 지역에서 이미 시행되고 있는 생태 프로그램은 무엇인가? 교회는 어떻게 성경적 '녹색' 신학을 장려하고 그것의 실제적 영향을 파악하는 일을 도울 수 있을까?
5. 당신의 지역에서 다원주의와 상대주의의 문제는 어느 부분에서 '악영향'을 끼치는가? 교회는 지역의 인종과 공동체의 문제들에 어떻게 관여해 왔는가?
6. 어떻게 복음을 손상시키지 않으면서 다른 종교 전통의 좋은 점을 존중할 수 있을까?
7. 어떻게 다른 신앙을 가진 이들, 특히 당신의 교회 근처에 사는 이들에게 적절히 복음을 전할 수 있을까?
8. 그리스도인들은 과제를 수행하면서 어느 정도까지 다른 신앙을 가진 이들과 함께 일할 수 있을까?

13장
전신 갑주를 취하라

부활절 후 다섯 번째 주일

로마서 8:28-39; 요한복음 16:12-24

우리는 지금까지 교회가 예수님을 예배함으로써 이교주의와 싸워야 하는 다섯 가지 영역을 살펴보았다. 이제 예배 방식과 유형으로 시작해서 두 가지 영역을 더 살펴보아야 한다.

이교 예배와 기독교 예배

바쿠스와 옥수수 왕

고대 이교주의의 자연신 가운데 농작물과 덩굴식물의 신, 음식과 음료의 신이 있었다. 포도주의 신 바쿠스는 자기의 열성 신자들을 술 마시며 흥청대는 연회에서 마음껏 축배를 들도록 초대했다. 다양한 옥수수 왕은 매년 씨앗이 죽고 작물이 올라오는 것을 상징했다. 그러한 신들을 경축하는 데에는 숭배자들이 신을 나누어 먹고 함께 그의 힘과 능력을 갖게 된다고 믿는 식사 의례가 수반되었다.

오늘날 우리 사회에도 비슷한 신들이 있다. 이론적으로는 아니지만, 분명 실제적으로 음식과 음료의 종교를 만드는 이들이 있다. 그 결과는 어느 곳에서나 뚜렷하다. 어떤 이들은 고급 포도주와 고급 음식을 즐기고, 다른 이들은 한 줌의 쌀로 연명한다. 어떤 이들에게는 심장마비와 콜레스테롤 문제가, 다른 이들에게는 굶주림으로 부풀어 오른 배와 한껏 뻗은 텅 빈 손이 있다. **인간이 이렇게 살아가도록 되어 있었을 리가 없음**을 이해하고 말하기 위해 많은 상식이나 심지어 많은 연민조차 필요하지 않다.

기아 문제에 대한 글은 충분히 많이 쓰였다. 충분하지 않지만 일정 정도의 대책이 실행되었다. 지난 10년간 가장 큰 진보 중 하나는 가난한 자들이 처한 어려움은 문제이며 우리의 양심이 과거보다 더 가책을 느껴야 한다는 인식이 서구 세계의 사회와 문화의 전 영역에 걸쳐 일어난 것이었다. 그렇다 하더라도 우리는 여전히 문제의 심각성을 제대로 파악할 필요가 있다. 단지 부주의한 생활 습관 몇 가지를 바꾸는 문제라면 상당히 쉬울 것이다. 쉬운 문제가 전혀 아니라는 점은 이 문제를 해결할 성패가 습관 이상의 것에 달려 있음을 보여 준다. 우리는 바쿠스와 식욕의 신이 다스리는 신당에서 예배해 왔으며, 이제 그들은 우리를 장악했다. 어떻게 거기에서 벗어날 것인가?

대답의 일부를 제시하자면, 기독교 축제를 통해 벗어날 수 있다. 바쿠스 신이 베푸는 술잔치는 기독교 축제를 잔인하고도 인간성을 파괴하는 방식으로 패러디한 것이다. 떡을 떼고 포도주를 붓는 성찬식은 정확히 그러한 제전이다. 그에 관해 다른 글에서 썼으므로 여기에서 더 상세히 논할 필요는 없다.[10] 예수님은 자신을 기념하고 기억하여 이 식사를 거행하라고 우리에게 말씀하였다. 바울은 그것의 가치를 매우 높이 두는 견지에서 다음과 같이 썼다. "너희가 이 떡을 먹으며 이 잔을 마실 때마다 주의 죽으심을 그가 오실 때까지 전하는 것이니라"(고전 11:26). 그는 극도로 이교적인 고린도의 이교 예배를 규탄하는 맥락 안에서, 주님의 떡을 먹고 잔을 마시는 이들이 예수님의 죽음에 함께하는 자들이 되라고 이야기하기 위해 명백히 이교적인 언어를 의도적으로 사용한다.

그가 오늘날 이렇게 말했다면, '아슬아슬한 짓을 하고 있다'고 생각할 그리스도인이 틀림없이 얼마간 있을 것이다. 그러나 바울은 자기 생각의 내적 근거를 확실하게 지닌 채, 이교주의가 진리의 왜곡에 불과하다는 것과 사람은 단지 진리를 왜곡하는 이들이 있다고 해서 진리를 포기하지 않는다는 사실을 알았다. 유월절과 구약성경의 다른 축제들, 그리고 성찬식과 신약성경의 다른 축하 의식들은 바쿠스와 옥수수 왕이 모방하고 있을 뿐인 실재들이다. 이 권리에서 물러나는 것은 이교 신들이 자기들 멋대로 모든 것을 취하게 내버려 두는 것이다. 이 권리를 제대로 주장하는 것, 피조물의 선함과 예수님 안에서 얻는 구속에 대하여 창조주 하나님을 향한 참된 기쁨과 감사를 가지고 성찬을 거행하는 것은 정확히 이교 신들이 현재 숭배되고 있는 자리에서 삼위일체의 깃발, 성육신한 예수님의 깃발을 들어 올리는 것이다. 이러한 성찬례를 정기적으로 거행하는 가치를 과소평가해서는 안 된다. 이교주의가 부상하는 시대에 그것의 필요성은 전에 없이 크다.

그렇다면, 시험관에 넣고 분석할 수 없는 성찬 행위라면 의심하고 보는 합리주의를 거부하자. 유일하고 참된 종교는 외적·물리적 행위가 아니라 '내면에서' 발생하는 것과 관계있다고 믿는 이원론적 낭만주의 역시 거부하자. 성찬식은 예수님의 죽음을 기념하는 예식 이상이다. 그것은 ('들리는 성례'로 설교를 전함으로써 이것의 균형을 잡을 준비가 되어 있지 않은 한) 그저 '보이는 말씀' 이상이며 하나님 백성의 삶에서 진리, 신앙, 희망, 사랑, 봉사의 모든 선이 만나는 순간들 중 하나다. 주님의 식탁에서 우리는 잠시 동안 진정한 스스로가 된다. 우리는 실재와 접촉하며, 그만큼 사람이 만든 대체물들에 속을 가능성은 줄어든다. 탐욕에 차고 술에 취한 세상에 직면한 우리는 옥수수 왕이나 바쿠스 따위의 신들을 쫓아내고 들어서시는 하나님을 떡과 포도주로 경축하며 널리 알리도록 부름받는다.

특히 성찬식은 모두가 대등하게 참여하는 식사를 상징적으로 상연한다. 고린도전서 11장을 보면, 교회에 사회·경제적 분열이 이 맥락에서 드러나는 것을 허용하는 경향이 있었으며 주님의 식탁을 둘러싼 유대감은 파괴되었던 것이 분명하다. 그러한 곡해와 비극은 분명히 방지되어야 한다. 그와는 반대로 우리는 주님이 주시는 음식을 받아먹는 가운데, 우리의 떡을 자신을 위해 움켜잡지 않고 배고픈 자들과 나누기로 서약한다.

정규 예배 안에, 특히 실험적 예배 안에 이를 생생히 되살리는 방법을 찾아볼 수 있다. 최근 한 예배에서 우리 모두는 영국을 비롯한 세계 도처의 난민과 노숙자가 처한 곤경을 상세히 알게 되었다. 우리가 떡을 떼기 위해 모였을 때 나는 한 걸음 뒤로 물러나서 보이지 않는 손님도 자리를 차지하도록 짝지어 선 예배자들 사이사이에 공간을 만들자고 제안했다. 우연히도 그날 우리가 읽은 성경 말씀은 죽은 자들을 위해 세례를 받는 사람들에 대해 이야기하는 구절(29절)이 있는 고린도전서 15장이었다. 나는 그 구절이 무엇에 관한 내용인지 알지 못하지만, 원칙적으로 죽은 자들을 위하여 세례를 받을 수 있다면 살아 있는 자들을 위해 성찬을 받지 못할 이유는 없는 것 같다. 나는 침묵 기도 시간에 각자 한 명씩 그 식탁의 손님으로 다른 사람을 하나님 앞에 데려오라고 요청하였다. 전쟁고아가 된 아이, 젊은 과부 난민, 젖을 빠는 그녀의 아기, 집과 가족을 잃은 할머니, 집에 돌아와 마을 전체가 파괴된 것을 발견하는 남자, 자기 아이들이 굶어 죽는 것을 본 어머니를 말이다. 우리는 눈물과 기도로 그리고 내가 지금껏 경험하지 못한 깊은 유대감을 갖고 그들 모두를 살아 계신 사랑의 그리스도가 현존하시는 자리로 데려왔다. 그리고 예배당을 떠날 때 우리는 다른 사람이 되어 있었다.

이것은 성찬식을 거행하는 방식의 한 예일 뿐이다. 다른 예들도 있을 것이다. 너무도 많은 교회가 성례전적 예배는 불가사의하며 교회 언저리에 있는 이들이 이해하기에 어렵다고 생각한다. 때로 이것은 (예수님과 바울의 분명한 명령에도 불구하고!) 그 신학에 성찬식을 위한 자리가 없는 잠재적 반성례주의를 위한 합리화로 제시된다. 하지만 이것은 비극이다. 성찬식은 신이교주의가 가져온 참화와 인간적 비극에 대항하는 그리스도인의 무기고에서 매우 강력한 무기다. 그것은 예수님이 자기 제자들뿐 아니라 어떤 식으로든 하나님 나라를 기쁘게 선포하고자 한 모든 이와 함께하신 식사로 거슬러 올라가는 가족 식사다. 성찬식을 잘 짜인 가족 예배만큼 교회 주변부에 있는 이들에게 호소력 있는 방식으로 거행하는 것, 떡과 포도주를 받을 때 성찬을 받기에 부적절한 이들을 소외시키지 않는 방식으로 준비하는 것 모두 전적으로 가능하다. 영국의 많은 그리스도인은 정규 성찬 예배에 대해 단지 특정 스타일이나 신학의 견지에서 생각하려고 한다. 이것은 상당히 불필요하다. 일단 성찬례의 성경적 신학을 파악하고 나면, 그것을 표현할 창조적이고 상상력 넘치는 방식들, 예를 들어 예배를 인도할 자격을 갖춘 사람이 충분하지 않은 것과 같은 실제적 문제들을 다룰 방식을 찾게 될 것이다. 이렇게 하지 않으면 우리는 복음을 덜 명료하게 표현할 이런 저런 종류의 가짜 성례 행위들로 그 공백을 채울 것이다. 성찬식에 관한 멋진 사실 중 하나는 모든 사람이 축하 식사를 이해할 수 있다는 점이다. 그것은 모든 문화에 그 경계를 가로질러 말을 건다.

그러므로 성찬식을 교회의 삶과 예배 안의 적절한 자리로 복귀시켜야 한다. 수많은 예배에 참석하면 신비하게도 모든 문제가 해결되는 것처럼, 우리가 성찬식을 과도하게 중시해야 한다는 말이 아니다. 우리가 성찬식을 예수님과 바울이 그랬던 만큼 진지하게 여겨야 한다고 말하는 것이다. 가장 낮은 수준에서 이것은 순종의 문제다. 예배자들이 그 달의 어떤 주일에 성찬식이 아침 여덟 시에 열리는지, 아침 기도 후에 열리는지, 저녁 예배 후에 열리는지 기억하기 어려워하는 교회가 예수님이 구체적으로 자신을 따르는 이들에게 당부한 일 중 하나에 당연히 기울여야 할 관심을 진정으로 기울일 수 있을까? 어쩌다가, 불규칙적으로, 또는 생각 없이 예배에 오는 그리스도인이 진정으로 바울이 권고한 방식으로 성찬식에 다가갈 수 있을까? 기독교가 정기적으로 주일 아침 성찬식을 거행하는 것은 토요일 밤 정기적으로 빠지는 방종에 대한 참된 해결책이다.

만트라, 신비주의, 기도

성찬례와 관련하여 사실인 것은 영성 전반에도 적용된다. 우리는 9장에서 아무런 도움도 되지 않고 죄책감을 느끼게 할 뿐이며 사람을 우둔하게 만드는 관례들에서 많은 그리스도인을 해방시킨 새로운 운동들이 이 영역 안에 출현한 것을 주목했다. 그런데 그 새로운 운동들 중 몇몇에 대해 염려하는 많은 그리스도인이 있다. 특히, 새로운 기도법의 발달을 이교주의 방향으로 가는 위험한 단계로 보는 이들이 있다. 의식의 범위를 넘어서서 자기 존재의 심연에 자리한 신과 교감하려고 하는 일부 동양 종교의 기도 수행을 모방한 반복 기도, '만트라' 등에 임하는 그리스도인들도 있다. 우리는 이에 대해 어떻게 생각해야 할까?

이교적 기도와 같은 것이 있으므로 그것에 속지 말아야 한다. 기독교의 기도는 언제나 우리 존재의 근원 내지 '자연'이 아닌 그것들을 초월하시는 창조주 하나님을 **향한** 기도다. 그것은 언제나 역사 속에서 사셨고 죽으셨다가 다시 살아나신 예수 그리스도를 **통해** 형성되는 것이지, 실재하는 예수님과 분리되어 어떤 마법의 공식이나 신비주의적 원리를 통해 형성되는 것이 아니다. 또한 그것은 주도권을 행사하는 미지의 세력이 아니라 하나님 백성의 마음속에 거하시는 성령의 **능력 안**에서 형성된다. 기독교의 기도는 예수님이 산상수훈(마 6:7)에서 말씀하신 대로, 이교의 기도와 근본적으로 다르다.

그리고 바울은 마음이 기도에 관여하는 것이 좋다고 주장한다. 그는 방언을 하는 것은 괜찮지만 마음에도 마땅히 제 역할이 주어져야 한다고 말한다(고전 14:6-19). 그러나 많은 이원론적 그리스도인들은 우리가 그리스도인으로서 기도를 드리는 대상은 초월적 창조주이실 뿐 아니라 나사렛의 역사적 예수로 드러난 분이며, 우리의 내밀하고 깊은 곳에 거하며 우리 인간성의 가장 깊은 지점들로부터 우리를 바꾸고 치유하기를 간절히 바라시는 성령이시라는 점을 깨닫지 못한다. 기도 중에 성령과 교감하는 것은 신비로운 일이다. 표면적으로는 이교의 기도 관습에서 행해지는 어떤 것들과 비슷하지만, 우리가 명받은 대로 참으로 '성령 안에서' 기도하도록 돕기에 적절하고 필요한 방법들이 틀림없이 있을 것이다.

그러한 기도는 특히, 말로 간단히 정리할 수 없는 것들에 열려 있어야 한다. 너무나 많은 기독교의 기도는 말과 논리에서 모든 것을 분명히 전달하려고 고집해 왔다. 물론 이것은 전체의 한 측면으로서 중요하고 참으로 필수적이다. 그러나 그 자체로 보면, 합리적 정신이 모든 것을 주관하도록 하면서 자신이나 (더 나쁘게는) 회중을 계속 통제하려는 하위 기독교의 일부 또는 이원론적 욕망이 될 수 있다. 기독교적 기도를 하려면 지배권을 손에 넣으려고 해서는 안 된다. 그것은 정확히 말하면 우리가 요청하거나 생각할 수 있는 모든 것보다 훨씬 더 풍성하게 하실 수 있는 하나님에게 지배권을 내주는 것이다. 그것은 "**당신의** 뜻이 이루어지이다"라고 말하는 것이다. 그러므로 단순히 합리적이고 장황한 기도를 넘어서야 한다. 바울이 로마서 8장에서 말하는 대로, 말로 나타내기에는 너무도 깊은 수준에서 하나님과 관계 맺게 하는 적절한 때와 방식이 있다.

어떤 방식들이 있을까? 방언으로 말하는 것이 한 방식일 수 있다. 어떤 그리스도인들은 방언이 결코 그 존재를 알지 못하던 감춰진 심연을 여는 열쇠임을 발견했다. 물론 방언으로 말하는 것에는 바울이 지적하듯 문제점이 있다. 그것은 고유의 자리, 특유의 영예를 가지고 있기도 하다. 방언을 특히 목회적 맥락에서, 합리적 정신이 그때 도달할 수 있는 바를 넘어서서 다른 이들을 위해 기도할 수 있게 한다. 어떤 이들은 무척 애용하고 다른 이들은 무척 의심스러워하는 또 하나의 방법은 침묵이다. 휴대용 오디오 사회에서 어떤 그리스도인은 소음 없이 존재할 수 없다. 침묵은 그들을 두렵게 한다. 그들은 침묵을 통제할 수 없다. 그들은 늘 재잘거리고 끼어들며 논평하는 목소리들을 들어야 한다. 그러나 참된 기독교의 침묵에는 말 많은 그리스도인이 결코 상상하지 못할 풍부함이 있다. 침묵이 제대로 사용된다면, 아무도 건드리지 않아 비옥하며 식물의 뿌리가 자랄 수 있는 따뜻하고 거뭇한 흙과 같은 역할을 할 수 있다. 하나님이 도저히 말로 할 수 없는 자신의 사랑을 백성과 나누고자 하는 방식들이 있는데, 우리는 그것들을 놓치고 궁핍해진다.

세 번째 방법은 동방정교회 전통에서 깊이 있게 탐구되는 것으로 짧은 반복 기도 방식이다. "주 예수 그리스도, 살아 계신 하나님의 아들이시여, 이 죄인에게 자비를 베푸소서." 이 기도는 만트라처럼 조용히 거듭 반복되지만 정신과 마음을 예수님이라는 역사적 인물에 집중시킨다는 지극히 중요한 차이가 있다. 이 기도는 기도자로 하여금 가만히 있고 겸손할 수 있도록 한다. 그런 후에 세상, 기도하고자 하는 이들 그리고 예수님을, 우리의 구주뿐 아니라 그들의 구주가 되게 보내신 아버지 앞에서 겸손한 사랑으로 붙들게 한다. 누군가 또는 어떤 상황을 위해 어떻게 기도해야 할지 잘 모를 때 대개 이와 같은 반복 기도는 문을 여는 열쇠가 될 수 있다. 게다가 반복 기도를 하면 내가 이 세 장을 통해 주장해 온 것이 이루어질 것이다. 그것은 이교적 기도가 패러디하는 진리를 보여 줄 것이다.

지성의 우상들

이교주의는 아프로디테 숭배나 바쿠스의 술잔치처럼 몸에만 호소하거나 맘몬 숭배처럼 지갑에만 호소하지 않고 지성에도 호소한다. 우리는 지난 200년에 걸쳐 발달해 온 현대의 대학에 잠재되어 있던 이원론이 명백히 드러나는 것을 보았다. 학자들은 자기 주제를 서로 분리해 따로 연구해 왔다. 학문 분야가 파편화되었고 유니버시티(university)는 사실상 **멀티버시티**(multi-versity)가 되었다. 공유된 이상 따위는 없으며, 우리가 사는 세상을 이해하고 그 세상에 적절히 응답하려는 공동의 노력도 전무하다. 이것이 오늘날의 대학생 대다수가 처한 세상이다.

이 상황에서 새로운 일원론은 분명히 매력적일 것이다. 우리의 학문적 조상들에게 동기를 부여하던 오래된 기준과 목표들, 예를 들어 과학의 세계를 연구하면서 창조주의 생각을 따라 하고 있다는 의식 같은 것을 내던져 버렸다. 그 대신 우리는 새롭지만, 본질적으로는 이교적인 목표들의 출현을 목격하고 있다.

한편에서 대학은 부를 창출하는 곳으로 이용당하고 있다. 물질주의,

맘몬, 마르스 그리고 기술의 신과 같은 이교주의는 학문의 실천에 악영향을 끼친다. 연구의 결과가 금전적으로 이익이 되는가, 핵물리학 실험실은 신기술이나 군사력 측면에서 그 존재가 정당화될 것인가와 같은 기준을 만들어 낸 것이다. 그러나 그것은 지식의 미개척 영역을 탐색하는 방법이 전혀 아니다. 학문의 기준은 재정적 혹은 정치적 편의주의라는 제단에 제물로 바쳐지고 있다.

다른 한편으로, 학문에 종사하는 모든 사람이 '정치적으로 옳은' 사회 윤리 기준에 따르고 그들의 모든 연구를 이 방향으로 돌리도록 촉구하는 이들이 있다. 현재 영국보다 미국에서 더 뚜렷이 나타나는 이 운동 역시 학문 작업 고유의 실천을 우롱하고 있다. 과거의 기준들을 조심스레 폐기하고 더 이상 **부모와 같은** 책임을 갖지 않으며 소속된 직원 및 학생들의 도덕은 상관할 바가 아니라고 조심스럽게 강조하던 교육 기관들이, 강력한 이익 단체들의 명령에 따라 새로운 도덕주의를 상당히 엄격하게 확립하고 있다. 그들의 갑작스런 변화가 심각한 문제가 아니라면 거의 코미디에 가까운 일이다. 내가 최근 방문한 한 대학은 모든 교수가 자신의 연구실을 포함해 대학의 어느 건물에서도, 그뿐 아니라 대학의 어느 건물이든 그로부터 약 30미터 거리 안에서도 담배를 피울 수 없다는 지시를 받은 참이었다. 여름이 매우 더운 나라에서 불쾌하게 여기는 여성들이 있다는 이유로 남자들의 반바지 착용을 금지한 일도 있다. 독재자와 공론가는 권력을 장악할 때 새로운 언어, 새로운 규약을 도입한다. 우리는 그러한 모든 움직임을 경계해야 한다. 그것들은 우스울 수 있는 측면들이 있지만, 공격적 이교주의를 숨기고 있을 때가 많다.

다시 강조하지만 이것은 그리스도인들이 수동적으로 있을 문제가 아니다. 그리스도인에게는 지향하고 추구할 다른 의제가 있다. 많은 그리스도인은 한동안 자기의 학문 주제를 기독교 관점에서 숙고하는 법을 배워야 한다고 강조했다. 이는 낡은 이원론적 환경에서는 종종 어려운 일이었다. 말하자면 화학을 연구하는 일에는 기독교의 복음과 분명한 접점이 결코 많지 않으며 통화주의나 금속공학에 대한 글에 기독교를 관련짓는 것은 광신도처럼 보였다. 하지만 그리스도인들은 그 어느 때보다 지금, 가르치는 입장에서든 배우는 입장에서든 자기의 신앙과 연구를 통합하려고 노력해야 한다. 세계관 위기의 시대를 사는 우리는 세상이 어디로 흘러가는지 생각하라는 요구에서 잠시 비켜설 수 있는 '중립적' 입장 같은 것이 있다고 주장할 수 없다. 기독교는 사적 분파가 아닌 공적 진리임을 주장하는 종교다. 스스로 소멸되지 않는 한 기독교는 그 입장에서 물러설 수 없다.

이는 어쩌면 그리스도인 학생은 그리스도인이 아니었을 경우 요구되는 것보다 더 열심히 공부하도록 부름받았음을 의미한다. 우리는 절차와 원칙을 무시하거나 피상적 의제나 값싼 비평에 안주할 수 없으며 감히 그렇게 해서도 안 된다. 우리는 연구 주제의 전제와 실천을 숙고하고 그것이 지닌 함의를 탐구하며 다른 이들과 협력하면서, 그 주제가 하나님의 영광과 피조 세계의 이익을 위해 어느 방향으로 나아갈 수 있고 나아가야 하는지 알아내야 한다.

새로운 성소에 대한 전망

우리는 이제껏 일곱 가지 영역을 살펴보았다. 나는 그 영역들에서 이런저런 이교 세력이 작용해 왔으며, 교회는 그 영역들에 참 하나님, 예수님과 성령 안에 드러난 하나님이 예배받으실 새로운 성소를 짓도록 부름받는다고 제안했다. 이제 우리는 두 가지 매우 중요한 사안을 다루어야 한다. 첫째, 이 계획은 얼마나 성공할 수 있을까? 둘째, 이 과제가 사회 개량 운동 이상이 되려면 어떤 다른 차원들을 가지고 있어야 할까?

우리는 얼마나 이룰 수 있을까? 쉽지 않은 질문이다. 나는 교회를 위한 의제는 '예수님이 이스라엘에게 하신 것처럼 세상에'라는 모델에 기초해야 한다고 주장했다. 그런데 예수님이 이스라엘에 대한 자신의 사명에 착수했을 때 그 사명은 그분을 가차 없이 십자가로 이끌었다. 그리스도인은 자기가 사방을 격분시킬 것이고 자기 일을 제대로 하면 실패할 것이며, 문자 그대로 혹은 비유적으로 결국 십자가에 못 박힐 것임을 알면서 일해야 한다는 말인가? 어쩌면 이것이 예수님이 제자들에게 자기 십자가를 지고 그분을 따르라고 하신 말씀의 의미인가?

또 다른 생각의 갈래는 부활에 초점을 맞춘다. 예수님은 악의 권세에 대해 결정적 승리를 거두었다. 부활은 새로운 시대의 막을 열었다. 이제 교회는 자신 있게 세상 속으로 나가서 더 많은 승리로 예수님의 승리가 효력이 있도록 할 수 있다. 이것이 해답일까?

내가 보기에 우리는 양 갈래의 사고를 한데 모아야 한다. 어느 쪽이든 다른 한쪽이 없으면 심각하게 위험하다고 할 수 있을 정도로 잘못 인도하기 십상이다. 그렇지만 어떻게 하면 그럴 수 있을까?

'권세들'이 여전히 활동하고 있으며 십자가에서 그 권세들에 대해 거둔 어떤 승리든 계속 효력이 발생하게 해야 한다는 것은 기독교의 아주 초기부터 상당히 분명했다. 초대교회는 아주 일반적으로 유대인과 이교도 모두에게 핍박을 받았다. 순교도 빈번히 일어났다. 실제로 교회가 존재한 첫

300년 동안 그리고 그 후 여러 세기를 거치며 기독교는 순교를 아주 지속적으로 경험해서, 현대 서구 교회의 '이적과 기사'나 여성 안수 문제만큼 자주 논쟁거리가 되었다. 잦은 순교가 교회의 쇠락을 의미한다는 주장은 전혀 없었다. 교회는 그저 예수님이 인도하시는 길을 따르고 있었다. 교회는 바울이 골로새서 1장 24절에서 말한 대로 그리스도의 고난에서 부족한 것을 채우고 있었다. 교회가 이교주의와 전면전을 벌인 것은 정확히 이 시기였다. 그리고 교회는 혼란, 퇴보, 내분과 타협을 겪었음에도 승리를 거두었다. 이전에 이교 신들이 숭배되던 곳들에 교회가 세워지고 성장했다. 순교자의 피가 교회의 씨앗이라는 옛말은 맞는 것 같다.

현대에도 전혀 다르지 않다. 동아프리카의 부흥은 종족이나 부족을 기반으로 한 다양한 정부가 자기들만의 규칙을 세우고, 정의를 외치는 그리스도인을 포함한 저항 세력을 뿌리 뽑으려고 하면서 야기된 크나큰 고난의 맥락 가운데서 발생했다. 교회는 급속히 성장했다. 공산 치하에 살던 동유럽의 많은 그리스도인은 그 경험으로 약해지지 않고 더 강해졌다. 참으로 서구 자본주의자들이 공산주의의 몰락을 자기들의 생활 방식의 정당성이 입증된 것으로 간주하고 싶다면, 진정한 승리가 어디에 놓여 있었는지 곰곰이 생각해 보아야 한다. 공산주의에서 해방되기 위해 투쟁한 지도자들 중 다수는 자본주의 옹호자가 아니었다. 그들은 자본주의 역시 무시하거나 짓누르려고 했으며, 믿음을 고백하는 그리스도인이었다.

그러므로 고난은 기독교적 삶의 일부이며 역설적으로 기독교 승리의 일부다. 내가 지지하는 계획들의 '성공'은 단순히 통계로 측정되지는 않을 것이다. 보통의 현대 서구적 관점에서 성공을 측정한다면, 실패하는 듯 보이는 몇몇 교회가 언제나 있을 것이다. 참된 성공은 결코 승리주의적 기독교가 주눅 든 이교주의를 대체하는 문제가 아닐 것이다. 반대로, 그것은 예수님의 승리가 도래했을 때 이루어질 것이다. 다시 말해, 맹인이 보게 되고 귀먹은 사람이 듣게 되며 가난한 자가 복음을 받아들이는 가운데 말이다. 그리고 복음을 전하는 자들 혹은 그들 중 일부는 일을 하는 '평범한' 방식들, 즉 점차 이교적으로 변해 가는 방식들에 도전받을 때 발생할 수치와 멸시, 신체적 폭력조차 견딜 것이다. 내가 제안한 프로그램을 시도하는 어떤 이들은 직장에서 그들이 기대하고 응당 할 수 있던 승진의 기회를 놓칠 수도 있다. 어떤 이들은 투서와 협박을 받을 수도 있다. 어떤 이들은 신체적 폭행을 당할 것이다. 진정한 승리가 있을 것이다. 그러나 그것은 진정한 고난의 맥락 가운데 도래할 것이다.

그와 동시에 기독교 전통은 그리스도의 길을 따르는 것이란 예수님이 단지 첫 번째 사례로 보여 주신 하나의 양식(특히 '실패의 양식!)을 끝없이 되풀이하는 문제가 아니라고 주장한다. 십자가에서 이루어진 일은 **최종적**이어서 반복되지 않는다는 것이 종교개혁자들의 위대한 통찰이었다. 예수님은 일이 항상 되는 방식 혹은 될 방식의 본보기에 불과한 것을 이루시지 않았다. 그분은 우주 안의 영적 힘의 균형에 결정적 변화를 불러일으켰다. 그 후로 어떤 것도 같을 수 없게 되었다.

그러므로 그리스도인은 겸손과 십자가 중심의 자신감, 즉 오만함과 정반대인 자신감을 가지고 새로운 과제를 시작한다. 그 자신감에는 자신의 무가치함을 분명히 인지하는 것이 전제되어 있다. 오직 세상과 공유될 하나님의 사랑만이 우리가 방향감각을 잃지 않게 한다. 이 일의 모형은 십자가로 가시는 예수님의 자기 헌신적 사랑이다. 우리는 이 일에서 '성취되는' 어떤 것이든 자신의 기술, 지혜, 노동이나 수고가 아니라 바로 살아 계신 하나님의 영에 귀속되어야 한다는 지식으로 내내 단련된다. 또한 이 삶에서 이루어지는 모든 기독교의 '성취들'에는 모호함이 가득하지만 동시에 그것들은 하나님 나라가 마침내 세워질 위대한 날을 앞당기므로 중요성을 지닌다. 기독교의 모든 것이 실패했다고 전제하며 이교 사회를 향한 증언에 실패한 교회들을 정당화하는 것은 불가능하다. 우리에게는 자신감과 희망의 근거가 있으며 그것은 언제나 겸손을 동반한다.

바울이 로마인들에게 보낸 편지에서 펼친 하나의 중심 주장이 절정에 이른 구절에 이 모든 것이 요약되어 있다.

우리가 알거니와 하나님을 사랑하는 자 곧 그의 뜻대로 부르심을 입은 자들에게는 모든 것이 합력하여 선을 이루느니라.…만일 하나님이 우리를 위하시면 누가 우리를 대적하리요? 자기 아들을 아끼지 아니하시고 우리 모든 사람을 위하여 내주신 이가 어찌 그 아들과 함께 모든 것을 우리에게 주시지 아니하겠느냐. 누가 능히 하나님께서 택하신 자들을 고발하리요. 의롭다 하신 이는 하나님이시니 누가 정죄하리요. 죽으실 뿐 아니라 다시 살아나신 이는 그리스도 예수시니 그는 하나님 우편에 계신 자요 우리를 위하여 간구하시는 자시니라. 누가 우리를 그리스도의 사랑에서 끊으리요. 환난이나 곤고나 박해나 기근이나 적신이나 위험이나 칼이랴? 기록된 바

"우리가 종일 주를 위하여 죽임을 당하게 되며

도살당할 양같이 여김을 받았나이다"

함과 같으니라. 그러나 이 모든 일에 우리를 사랑하시는 이로 말미암아 우리가 넉넉히 이기느니라. (롬 8:28, 31-37)

여기에 세상 안에서 펼칠 기독교 사역의 모형이 있다. 예수님과 성령을 통해 드러나는 하나님의 사랑, 오로지 그것에 대한 자신감. 그 결과로 박해와 고난에 직면하지만, 승리를 이미 얻었으며 또한 장래에 확실히 얻을 것임을 인지함. 그리고 모든 것이 헛되어 보일 때조차 살아 계신 하나님의 끊임없는 도움을 이사야 50장의 하나님의 종에 대한 묘사에서 빌린 언어로 경축하는 것. 그러하기에 바울은 그 장을 다음과 같이 마무리한다.

> 내가 확신하노니 사망이나 생명이나 천사들이나 권세자들이나 현재 일이나 능력이나 높음이나 깊음이나 다른 어떤 피조물이라도 우리를 우리 주 그리스도 예수 안에 있는 하나님의 사랑에서 끊을 수 없으리라. (롬 8:38-39)

이는 요한복음의 고별 담화에서 발견되는 것과 같은 시각이다. 자신이 제자들을 떠났다가 부활과 성령의 선물로 그들에게 돌아올 것을 내다 보신 예수님은 그들의 고통과 기쁨이 적절하게 뒤섞일 것이라고 말씀하신다.

> 지금은 너희가 근심하나 내가 다시 너희를 보리니 너희 마음이 기쁠 것이요 너희 기쁨을 빼앗을 자가 없으리라. (요 16:22)

여기에 진정한 기독교의 특색이 있다. 슬픔과 기쁨, 고통과 승리는 그리스도인의 삶에서 반의어가 아니다. 그것들은 서로 밀접하게 관련된다. 우리는 실제로 승리를 기대할 수 있으나, 그 승리는 언제나 역설적일 것이다. 그렇지 않은 승리를 기대하면 미혹이 뒤따를 것이다.

이교주의와 영적 전투

이제껏 존재한 모든 권세에 대한 그리스도의 위대한 승리를 말하는 편지(엡 1:20-23)에서, 바울은 교회가 세상에서 그 승리의 효력을 발생시키기 위해 관여해야 하는 영적 전투에 대해서도 썼다(6:10-20). 교회의 과제를 그저 교회 지도자들이 새로운 프로그램을 제안하고 교회 위원회가 계획하는 수준으로 축소할 수 있다고 생각하는 사람이 없도록 하려면, 이 세 개의 장을 이 편지로 마무리하는 것이 옳다. 바울은 다음과 같이 쓴다.

> 끝으로 너희가 주 안에서와 그 힘의 능력으로 강건하여지고 마귀의 간계를 능히 대적하기 위하여 하나님의 전신 갑주를 입으라.
>
> 우리의 씨름은 혈과 육을 상대하는 것이 아니요 통치자들과 권세들과 이 어둠의 세상 주관자들과 하늘에 있는 악의 영들을 상대함이라. 그러므로 하나님의 전신 갑주를 취하라. 이는 악한 날에 너희가 능히 대적하고 모든 일을 행한 후에 서기 위함이라. 그런즉 서서 진리로 너희 허리 띠를 띠고 의의 호심경을 붙이고 평안의 복음이 준비한 것으로 신을 신고 모든 것 위에 믿음의 방패를 가지고 이로써 능히 악한 자의 모든 불화살을 소멸하고 구원의 투구와 성령의 검 곧 하나님의 말씀을 가지라. 모든 기도와 간구를 하되 항상 성령 안에서 기도하고 이를 위하여 깨어 구하기를 항상 힘쓰며 여러 성도를 위하여 구하라.
>
> 또 나를 위하여 구할 것은 내게 말씀을 주사 나로 입을 열어 복음의 비밀을 담대히 알게 하옵소서 할 것이니 이 일을 위하여 내가 쇠사슬에 매인 사신이 된 것은 나로 이 일에 당연히 할 말을 담대히 하게 하려 하심이라. (엡 6:10-20)

우리 사회의 마르스 숭배 문제에 민감한 사람들은 바울이 사용하는 병사의 갑주라는 확장된 비유를 걱정스러워할지도 모른다. 하지만 그것은 우리가 낡은 이원론을 거부할 때 다소 직면하려 하지 않는 현실을 반영한다. 초인간적 악이 존재하며, 그것에 대해 도전하기 위해 그리스도인은 생각하고 행동할 뿐 아니라 영적 전투라고 부를 수밖에 없는 것에 뛰어들게 된다. 바울은 그 일에 필요한 방어물과 무기를 그리스도인에게 제공한다.

우리는 바울이 나열하는 갑주의 각 부분, 특히 마지막 부분을 진지하게 받아들여야 한다. 그는 모든 것 위에 기도를 놓는다. 그것은 그리스도인과 창조주, 믿는 자와 주님, 그리스도의 병사와 그리스도의 영의 끊임없는 사랑의 접촉이다. 아무것도 이를 대체할 수 없다. 모든 이교 권세보다 더 강하신 하나님이 계시며 이 하나님은 아버지, 아들, 성령으로 알려졌다. 이 하나님은 자신의 백성이 가까이에서 머물며 자신의 사랑과 은총을 간구하기만 하면 그들에게 필요한 보호물과 능력을 덧입혀 주신다. 이 모든 것은 우리가 그분의 사랑과 능력을 알리는 그분의 사역을 계속해 나갈 때, 기도와 성찬례를 통해 구할 수 있다. 우리는 하나님의 확실한 보호 가운데 하나님이 맡기신 과제로 나아간다.

토론을 위한 질문

1. 9장과 10장에 묘사된 갱신들을 다시 살펴보라. 이 다양한 갱신들은 교회가 11-13장에 요약된 과제들을 해내도록 구체적으로 어떻게 준비시키는가?
2. 여기에 언급되지 않은 다른 갱신, 다른 이교주의를 알고 있는가? 그것들을 전개되는 패턴에 알맞게 포함시킬 방법은 무엇일까?

3. 우리가 새로운 과제들에 그저 우리 나름의 숨은 의제들을 가지고 또 우리 나름의 스타일로 뛰어들지 않고, 예수님의 방식으로 수행하려 한다는 것을 어떻게 확신할 수 있는가?
4. 어떻게 하면 기도와 행위 사이에서 적절한 균형을 잡을 수 있을까? 당신은 어느 쪽으로 더 자연스레 기우는가?
5. 당신의 교회는 '영적 전투'라고 부를 만한 일에 얼마나 관여하고 있는가? 어떻게 더 잘할 수 있을까?
6. 당신의 교회가 현재 어떤 의미로든 '성공적'이라고 할 수 있는 영역이 있는가? 이 '성공'은 어떤 모호함을 지니고 있는가?
7. 개인으로서나 교회로서 당신은 세상에서 하나님을 위해 살고 일하려고 애쓰다가 어떤 유형의 고난이라도 겪은 적이 있는가?
8. 이에 대한 대답이 '아니오'가 분명하다면, 그것은 주변 문화에 교회가 미치는 영향력에 대해 무엇을 말해 주는 것일까?
9. 우리는 신앙 때문에 고난을 겪고 있는, 국내외 다른 그리스도인들을 어떻게 지원할 수 있을까?

14장
양날의 검:
복음 전도와 사회참여

승천절

다니엘 7:9-14; 사도행전 1:1-11; 마태복음 28:16-20

지금까지 우리는 하나님이 교회를 새롭게 하고 계시는 몇 가지 방식과 우리가 수행하도록 부름받는 몇 가지 새로운 과제를 제시했다. 그런데 한 가지 질문이 여전히 부담으로 남아 있다. 이 과제들은 복음을 전하는 것과 관련이 있는가?

거대한 분리

대부분 그리스도인이 관여하는 서로 다른 두 종류의 과제 사이에는 현격한 차이가 있다고 생각한다. 한편에 '복음 전하기'가 있다. 이는 개인에게 구원자이자 주님이신 예수님을 신뢰하고 그분과의 개인적 관계를 통해 이 땅의 삶에 새로운 차원을 발견하고 이후의 삶에 대한 새로운 소망을 발견하도록 초청하는 것을 의미한다. 다른 한편에 예수님의 메시지를 사회와 세상에 적용하려는 시도인 '사회적 행동'이 있다. 이것들은 때로 각각 '복음 전도'와 '선교'로 분류되어 왔다. 이 거대한 분리를 받아들이는 이들 중에는 내가 앞선 두 장에서 옹호한 것이 '사회적 행동'이나 '선교' 범주에 속한다고 생각했을 법하다.

물론 이 분리가 교회의 과제를 논의하는 유일한 방식은 결코 아니다. 최근에 나온 한 책은 다섯 가지 서로 다르지만 상호 보완하는 선교관(현존, 동일시, 대화, 행위 전도)을 나열한다.[11] 마찬가지로, 공적 종교와 사적 종교, 물질적 사안들과 영적 사안, 신앙과 일, 말과 행동처럼 그리스도인의 일을 나누는 다른 방식도 있다. 그런데 교회가 무엇을 해야 하는지에 관한 현대의 논의에서 '복음 전도'와 '사회적 행동' 사이의 분리는 여전히 많은 그리스도인을 곤혹스럽게 하고 있다고 나는 생각한다.

내가 이 분리에 오해의 소지가 다분하다고 생각하는 이유를 개인적 경험을 들어 설명해 보겠다.

그리스도인으로 살아온 인생 초반의 긴 시기에 걸쳐 때로 노골적으로 그리고 주로 암시적으로, 복음 전도와 사회정의의 추구를 뒤섞으면 안 된다고 배웠다. 전자는 하나님과 인간 사이의 관계인 수직적 차원에서 작용하는 반면, 후자는 인간들이 서로 맺는 관계인 수평적 차원에서 작용했다. 게다가 교회가 후자에 집중하면 전자를 강조하지 않게 되기는 쉽다고 배웠다. 복음 전도는 인간의 영원한 상태와 관계있고 사회정의는 고작 이 세상에서 일시적으로 사는 것과 관련되므로, 우선순위를 어디에 둬야 하는지는 분명할 것이다. 곧 절벽 너머로 추락할 차의 엔진에 기름을 치는 건 아무 의미가 없다. 사람들을 죽음의 저편, 보다 확실하고 안전한 미래를 위해 준비시키는 것이 훨씬 낫다.

나 스스로 이러한 사고방식 속에 산 것을 꽤 생생히 기억한다. 한번은 정치가이기도 한 신학자가 복음 전도와 사회정의에 대한 총체적 관점을 상세히 설명하는 강사로 참여한 세미나에서 사회를 본 적이 있다. 나는 그가 그 둘을 결합시킨 방식을 도무지 이해할 수 없었다. 더욱 당혹스럽게도, 내가 그에게 결합의 방식에 대해 물었을 때 **그는 내 질문을 이해하지 못했다.** 그에게 두 요소는 동일한 전체의 일부였다. 나에게 그 두 요소는 완전히 다른 세상에 속해 있었다.

내 생각이 변하기 시작한 것은 골로새 교회에 보내는 바울의 편지를 연구하면서부터였다.[12] 나는 첫 장의 위대한 시(1:15-20)와 씨름하면서, 그리스도를 이제껏 존재한 모든 권세의 주님으로 보는 관점을 발견했다. 동시에 나는 내 배경지식이던 온건한 이원론이 나를 준비시키지 않은 상황,

내 인생의 난국을 받아들이려고 애쓰고 있었다. 결국 골로새서를 끝마칠 무렵에(그보다는, 골로새서가 나와 관계를 끝낼 무렵이라는 표현이 정확하겠다), 나는 그 세미나 강사의 입장을 이해하게 되었을 뿐 아니라, 어떻게 지금까지 그것을 몰랐는지 이해하기 어려워졌다. 게다가 이 새로운 관점에 비추어 이전에는 이해하지 못했던 복음서와 서신서의 많은 부분이(성경의 다른 부분들을 말할 것도 없고) 이해되기 시작했다.

이 장에서 나는 내가 도달했고 성경적이라고 여기는 입장을 설명하고자 한다. 즉 한 쌍을 이루는 교회의 두 과제는 서로 너무도 잘 맞물려서 그중 어느 것도 다른 것 없이 상상할 수 없다는 입장이다. 이는 부활절 기간 후반부와 승천 축하 예배를 위한 주제로 특히 적절하다. 부활하신 주님은 세상의 주님으로 즉위하며 그분의 이름에 모두가 무릎을 꿇을 것이다. 예수님은 참된 우주적 그리스도로, 만물이 그분으로 말미암아 지은 바 되었으며 이제 만물에게 높임받는 주님으로 즉위한다.

분열의 뿌리

나는 이제 내가 '복음'과 '사회정의'의 분리가 성경적이라고 간주한 근거가 성경이 아니라 오히려 1장에서 언급된 비성경적 철학 전통에 있음을 안다. 철학자 G. E. 레싱(Lessing)은 18세기에 이성의 영원한 진리와 현실 시공간의 우연적 진리 사이의 '커다랗고 보기 흉한 도랑'에 대해 이야기하며 그 둘을 뒤섞을 수 없다고 말했다. 사람들은 두 세기에 걸쳐 맹목적으로 그를 따르면서 이 급진적 이원론으로 빠져들었는데, 그중에는 자기들이 '성경적'이라고 확신한 그리스도인들도 있었다.

그러나 성경에서 발견되는 것은 레싱이 불가능하다고 선언한 저 혼합체가 틀림없다. 하나님은 아담과 바벨탑의 문제를 무효화하려고 아브라함을 부르셨다. 그렇지만 하나님이 우주의 시공간을 전적으로 소멸시키며 일부 사람이 새로운 '영적' 세상에 속하도록 부름받게 하겠다고 선언하신다고 바벨탑 사건이 무효화되지 않는다. 하나님은 현실의 시공간 **안에**서 일하기로 결정하셨지, 그것을 폐기하거나 무시하기로 결정하지 않으셨다. 또한 이스라엘에게 거룩한 백성이 되라고 하신 하나님의 부르심은 선지자들이 수없이 많이 상기시킨 대로, 그들의 사회 안에 정의를 이루라는 부르심을 반드시 포함했다. 그들은 공동체의 정의 그리고 하나님에 대한 지식과 예배를 동일하고 바꿀 수 없는 전체의 두 부분으로 이해한다(예를 들어, 렘 22:15-16을 보라). 그리고 세례 요한을 통한 하나님의 부르심에는 다가오는 심판을 피할 뿐 아니라 현재 처한 일들을 분별 있게 처리하라는 권고가 포함된 것으로 보인다(눅 3:7-14).

예수님은 어떻게 하셨을까? 대중은 예수님이 동시대인들을 짓누르는 사회적·정치적 곤경은 한쪽에 내버려 두고 삶의 '영적' 차원을 강조하는, 시대를 초월하는 복음을 설파하시는 분이라고 여긴다. 이 책 전반부에서 본 대로, 그것은 복음 전체의 칼날을 무디게 하는 위험한 반쪽 진실이다. 그것은 결코 바울의 견해도 아니었다. 바울은 '또 다른 왕'이 있다고 선언함으로써 투옥되기도 했고, 빌립보 교회 신자들을 향해 그들이 자랑스러운 로마 식민지에 살고 있지만 오직 예수님이 주님이심을, 다시 말해 카이사르는 주님이 아님을 인정하도록 권고하기도 했기 때문이다.

복음에 대한 이 통합된 이해는 바울에게서 그치지 않았다. 많은 사람이 3세기와 그 후의 콘스탄티누스 교회에 대해 쉽게 타협하며 겉으로는 기독교의 옷을 입어 위장한 채 이교주의를 지속한다는 이유로 냉소했다. 그러나 교회가 무엇을 했어야 하는지 파악하는 일은 그리 쉽지 않다. 교회는 고립된 구역으로 물러났어야 할까? 교회 자체의 온전함과 교회가 소유한 복음의 온전함 둘 다를 어떻게 지킬 수 있었을까? 이와 같은 질문들이 중세 교회를 분주하게 했으며, 만족할 만한 해법을 찾지 못한 그들의 실패는 16세기의 위대한 개혁가들이 일하도록 자극했다. 종교개혁자들을 연구할 때(그것은 나의 첫 연구 분야였다) 나는 이미 요약한 이유 때문에 그들의 '신학적' 강조점에 주로 관심이 있었다. 나는 그들의 '정치적' 메시지를 필요악에 가까운 것으로 받아들였다. 다시 말해, 그 시대의 정치 체제가 부패했으므로 그들은 '복음'을 보호할 질서를 세우기 위해 그 체제를 전복하고자 했으리라는 식으로 이해할 수 있었다. 청교도들은 추상적이고 시대를 초월하는 메시지로 복음 전하기를 열망한 것만큼 사회정치적 개혁을 열망했다는 사실이 분명함에도 지난 몇 십 년 동안 신(新)청교도 신학을 받아들인 이들 가운데 다수가 비슷한 암묵적 분열을 만들어 냈다. 그러나 위대한 종교개혁자들과 그들의 뒤를 잇는 청교도들은 그러한 분열 따위는 전혀 알지 못했다. 그들은 물론 레싱과 그의 '커다랗고 보기 흉한 도랑' 이전 시대에 살았다. 그리고 레싱의 동시대인 중에는, 지금은 마치 역사상 중요한 복음주의 입장을 대표하는 것처럼 자주 옹호되지만 복음 전도와 사회적 행위 사이의 분리를 결코 지지하지 않을, 존 웨슬리 같은 이들이 많았다.

기독교 전통 안에서 복음 전도와 사회적 행동 간 분열의 뿌리는 흔히 생각하는 것만큼 깊지 않다. 교회가 고유의 전체론적 주장에 내재한 문제들을 해결하지 못해 그러한 분리가 시작됐다는 주장은 가능하다. 16세기 이후 유럽을 몹시 괴롭힌 종교 전쟁들(십자군 전쟁처럼 이 종교 전쟁들은 진짜 이유가 따로 있는 전쟁을 정당화하기 위해 신학적 동기들이 날조되었다)에서 평화의 왕자라는 이름으로 서로를 죽이는 모습을 보며 당연히 역겨움을 느끼는 이들이 생겼고, 이는 '계몽주의'에 강한 추동력을 주었다. 종교가 그렇게 해로운 존재라면 그것을 사적·추상적 영역으로 추방시켜서 더 이상 전쟁과 정치적 싸움을 일으키지 않게 할 것이다. 그리고 우리의 삶을 문명화된 방식, 합리적이고 사리에 맞는 (그렇지만 신학적이지 않은) 방식으로 편성할 것이다. 이것이 우리가 지난 두 세기로부터 물려받았고, 많은 사람이 기독교 자체와 혼동하는 관점이라고 생각한다. 그리고 이 관점은 우리가 연구하고 있는 신이교주의의 발흥으로 지금은 죽어가며 숨을 헐떡거리고 있다.

온전한 복음을 향하여

그러므로 나는 현재 분리되고 있는 복음 전도와 사회적 행동 양편을 공평하게 다루며 교회가 해야 할 일을 떠올릴 방법을 제안하고자 한다. 우리의 복음은 무엇인가?

예수님은 동시대인들에게 "회개하고 복음을 믿으라"고 강력히 권고하셨다. 오늘날 교회를 다니는 사람들 대부분은 그 말씀의 의미를 안다고 생각하면서 다음과 같이 이해하고 있다. 하나님께 당신의 사적 죄악들에 대해 사죄하고, 영원한 구원을 위해 예수님이 드러내신 하나님의 자비에 자신을 맡겨라. 그런데 예수님의 동시대인들은 그것이 권고에 담긴 참뜻이라고 이해했을까? 그랬을 것 같지 않다.

바울의 동시대인으로 유대인 저자였던 요세푸스의 자서전에는 예수님이 하신 이 말씀과 놀랄 만큼 유사한 부분이 있다. 요세푸스는 자신의 행동이 장차 로마와 유대 반역자들 사이를 중재할 것이라고 묘사하고 있다. 그는 주후 66년 갈릴리의 한 부대를 지휘했으며 흥미롭게도, 갈릴리 사람 예수라 불리는 어떤 사람이 이끄는 반역자 무리에 맞서는 임무를 맡고 있었다. 이 무리, 특히 이 무리의 지도자에게 보내는 그의 메시지는 단순했다. 그들은 **회개하고 그를 믿어야 한다**.[13] 헬라어 단어들은 복음서에서 사용되는 단어들과 사실상 동일하다(이를테면, 막 1:15). 그런데 요세푸스는 '영적' 회개 혹은 사적 죄악들에서 벗어나는 것을 생각한 것이 전혀 아니었다. 요세푸스를 믿으라는 말 역시, 적어도 바울 이후 예수님을 신뢰하는 것을 뜻하게 된 '신앙'을 의미하지는 않았다. 요세푸스는 반역자들에게 "이스라엘이 되는 당신들의 방식, 나름의 스타일로 하나님의 전투를 벌이려는 당신들의 시도를 포기하고 내가 시행하려 하는 프로그램을 신뢰하시오"라고 말한 것이었다.

어떤 이들은 아마 이 대비가 부조리하다고 항의할 것이다. 그 항의를 아주 진지하게 받아들여야 한다. 여기에 서술된 것은 복음서들이 쓰인 시기에 복음서의 예수님이 자주 다니신 곳과 정확히 같은 지역의 반체제 유대인 집단들과 관련해 발생한 사건들이다. 물론 차이점들이 있다. 예수님에 대한 복음서 이야기의 전체적 취지는 요세푸스 자서전의 취지와 근본적으로 다르다. 그러나 우리가 회개하고 복음을 믿으라는 예수님의 명령에 대한 해석에 포함하려는 차원이 무엇이든 다음의 차원은 피할 수가 없다. 즉 그 명령은 이스라엘이 되는 다른 방식들, 인간이 되는 다른 방식들을 버리고 예수님의 방식, 예수님의 의제, 예수님의 길을 신뢰하라는 권고를 포함한다는 것이다. 그것은 사실 이스라엘이 세상에 제기해야 했던 도전의 압축된 형태다. 즉, 당신들의 우상숭배적 생활 방식을 멈추고 우리와 함께 창조주이신 참 하나님을 예배하라는 도전 말이다. 그러나 이제 그 도전을 자신이 참 이스라엘로서 행동한다고 주장하시고 우리가 이미 살펴본 대로 이스라엘의 운명을 몸소 구현한다고 주장하신 분이 이스라엘에 제기하신 것이다.

그러므로 기독교 복음을 받아들이라는 권고는 맨 처음부터 단지 현실적 사회 개혁을 호소한 것이 아니었듯이 영원한 구원에 관한 순전히 '영적'인 메시지도 아니었다는 생각이 든다. 그 권고는 우상을 버리고 살아 계신 하나님을 따르라는 부르심이다. 이는 예수님 안에서 죄와 죽음(우상숭배와 그 숭배의 결과)에서 참된 구원을 발견하라는 초청과 새로운 삶의 방식으로 예수님을 따르라는 권고 둘 다를 포함한다. 이 새로운 삶의 방식에서는 모든 우상숭배를 삼가야 한다. 또 이 새로운 삶의 방식을 통해 창조주의 치유의 사랑이 그분의 피조 세계에 뻗어 나갈 수 있다. 우상들의 힘은 십자가에서 끝장났으며, 십자가를 예배의 중심으로 받아들이는 이들은 자기를 속박하고 자기의 인간성을 파괴한 우상숭배로부터 해방되고 있는 것이다.

예수님은 주님이시다

이 말은 예수님 승천일에 그리스도인들이 경축하는 위대한 진리다. 예수님은 모든 권세 위에 최고의 권위를 가지는 우주의 주님으로 높임을 받으신다. 승천절이 이교적 유사물이 없으며 성탄절과 부활절에 많은 문제를 초래한 이교의 물질주의적 세력에게 장악당하지 않은, 사실상 유일한 기독교 축제라는 점은 의미심장하다. 상점들이 승천일 선물로 가득 차지 않으며 "사랑하는 할머니, 행복한 승천일 되세요"라고 쓰인 카드를 살 수도 없다. 그리스도인은 어쩌면(위험한 일이겠지만) 승천일을 보다 노골적으로 기념해야 할지도 모른다. 선물이나 카드를 교환할 수도 있다. 그러나 가급적이면 만연한 물질주의를 심화하는 물건이 아닌 집에서 상징을 부여해 만든 물건을 교환하는 것이 좋겠다. 이 시기 즈음에 성탄절이나 부활절 행사와 유사한 새로운 가족 축제를 만들어 낼 여지도 있다. 이것 역시 다시 이교주의 속으로 빠져들지 않도록 주의를 기울여야 한다.

예수님의 승천은 특히 교회가 사명에 착수하도록 만든다. 제자들이 예수님께 "주께서 이스라엘 나라를 회복하심이 이때니이까?"(행 1:6)라고 물었을 때, 사람들은 보통 예수님의 대답이 "아니다"를 의미했다고 생각한다. 그분은 "때와 시기는 아버지께서 자기의 권한에 두셨으니 너희가 알 바 아니요 오직 성령이 너희에게 임하시면 너희가 권능을 받고…땅 끝까지 이르러 내 증인이 되리라"고 말씀하셨다(행 1:7-8; 마 28:16-20과 비교하라). 사실 나는 이 대답이 재정의된 긍정이었다고 생각한다. 예수님은 제자들을 내보내면서(그들은 즉시 자기들의 수를 상징적 열둘로 복원시키는 데 주의를 기울였다) 하나님 나라를 이스라엘에 회복시키고 **계셨다**. 그러나 그것은 자신의 죽음과 부활로 재정의된 이스라엘이었다. 승천은 교회가 민족주의적 혹은 승리주의적 사명에 착수하도록 하는 것이 아니라, 온 세상에 **예수님의 주권**적 통치를 공표하고 개시하는 과제에 착수하도록 한다.

이는 다니엘의 환상이 실현되는 것이다. 그 환상에서 인자는 창조주, 즉 "옛적부터 항상 계신 이" 옆에 앉도록 높임받는다(단 7:9-14). 인자의 '도래'는 설욕과 영광 가운데 하나님께 오는 것이지 땅으로 귀환하는 것이 아니라는 점에 주의해야 한다. 예수님의 재림은 상당히 다른 근거와 본문을 기반으로 규명된다. 예수님은 세상에 지혜와 치유의 통치를 확고히 할 수단으로 내내 창조주의 부름을 받은 이스라엘의 대표로서 승천하신다. 7장에서 본 대로 예수님의 승리는 인류, 이스라엘, 심지어 하나님의 이야기에 있어서 절정의 순간이다.

예수님이 주님이시라면 그리고 복음이 이 사실을 세상에 효과적으로 공표하는 것으로 이루어져 있다면, 뒤따르는 서로 다른 유형의 과제들 사이에 분열은 있을 수 없다. 복음 전도와 사회적 행동 둘 다를 아우르지 않는 복음은 세상의 권력 구조를 내버려 둔 채 도피주의자의 꿈을 제공하거나 고매한 영적 차원의 실재를 도외시하는 사회 개혁만 제공하면서 타협과 실패로 끝날 운명을 자초하는 가짜 복음이다.

가짜 복음은 새로운 문제가 아니다. 사도 바울이 쓴 매우 통렬한 편지인 갈라디아서에 그 문제가 다루어졌다. 이 책은 선행이 아니라 예수님과 십자가에 대한 믿음으로 의롭게 된다는 메시지를 개인 구원의 선언문으로 이해하는 '개신교의 복음'을 옹호한다고 해석될 때가 많다. 그러나 그러한 해석은 그 편지의 골자를 빼 버리는 것이다. 바울은 한 **민족**에게 은총을 국한하려는 시도를 매섭게 비판한다. '나는 하나님의 참 백성에 속하기 위해 유대인이 되어야 하는가?'는 지극히 중요한 사안이다. 그리고 이 사안은 모든 문제 가운데 가장 심각한 문제, 즉 '참 하나님을 예배한다는 것은 무엇을 의미하는가?'를 반영한다. 갈라디아서 4장 1-11절에서 그는 아버지, 아들, 성령으로 드러난 하나님이신 참 하나님이 '권세들'의 통치를 끝장내셨음을 보여 준다. 그리고 그는 갈라디아 사람들이든 다른 어느 누구든 교회 안에서 유대인/이방인 구분을 계속 유지시키는 것과 같이 세상의 권력 구조를 그대로 내버려 둔다면, 복음 아닌 것을 신봉하게 된다고 논증한다. 십자가는 권세들을 이기지 못했고, 그들은 여전히 최고 통치자라는 메시지에 진정으로 좋은 소식이란 없다.

바울은 '이신칭의'가 그저 개인이 어떻게 하나님과 화목할 수 있는지를 말하는 메시지가 아니라고 생각했다. 그것은 하나님이 어떻게 스스로를 위해 자신의 특별한 사랑의 대상이자 그 사랑을 세상에 펼칠 수단으로 백성을 부르시는지 말한다. 그 메시지의 주장에 따르면 이 일단의 백성은 특정 민족, 특정 성, 특정 사회 계급에 속하는 신분이 아닌 오로지 예수님에 대한 믿음을 특징으로 한다(갈 3:28). 바울이 폄하하는 '율법의 행위'는 인간 스스로 도덕적 노력을 통해 이룬 업적이 아니고, 사회 내 정의를 위해 일하고자 하나님이 의도하신 일은 더더욱 아니며, 어떤 이가 아브라함의 민족에 속한다는 것을 보여 주기 위해 고안한 유대교 율법의 세부 명령들에 대한 순종이다. 이 수준에서 메시지는 단순하다. 즉 예수님을 믿는 모든 이는 같은 가족의 일원이며, 같은 식탁에서 먹어야 한다. 그것이 바울의 칭의 교리의 본질이다. 서로 다른 배경을 가진 그리스도인들을 연합시키려고 고안된 교리가 너무나 자주 그들을 분열시키는 수단으로 사용된 것은 아이러니다. 통치자들 및 권세들에 맞서 투쟁하며 형성된 교리가 복음을 그런 사안들에 관련지으면 복음이 '변질'된다며 반대하는 이들의 표어로 그렇게 자주 사용된다는 것은 훨씬 더 심한 아이러니다. 우리는 이 아이러니들 없이 지낼 수 있다.

그렇다면 '칭의'는 '그리스도인이 되는 법'에 관한 교리가 아니다. 그것은 누군가가 **그리스도인이 된** 사실을 **인식**하는 법에 관한 교리로, 전자와 매우 다르다. 엘리자베스 시대의 위대한 성공회 신학자인 리처드 후커

(Richard Hooker)는 사람이 의롭게 되는 것은 이신칭의를 믿어서가 아니라고 강하고 정확하게 주장했다. 사람은 **믿음으로**, 다시 말해 예수님에 대한 믿음으로 의롭게 된다. 그리고 복음은 남녀노소 모두에게 바로 그러한 믿음으로 나아오라고 권고한다. 그러한 믿음은 무엇을 의미할까?

오해하지 말자. 온 세상에 미치는 예수님의 주권을 선포하는 일은 사람들에게 세상의 권력 구조는 내버려 두고 개인적 구원만 받아들이도록 권하는 문제일 수 없다. 만약 그렇게 축소된다면, 신약 전체의 이름을 걸고 우리는 그러한 메시지가 말하는 예수님은 나사렛 예수가 아니라 그분의 이름을 빼앗고 그분의 메시지를 왜곡한 우상이라고 말해야 한다. 그리고 동시에 십자가에 달려 죽으시고 다시 살아나신 예수님이 세상의 주님이며 그분의 성령이 오늘날 그분의 승리가 효력을 발하도록 일하신다는 선언 외에 다른 것을 기초로 세상의 정의와 평화를 위해 일하는 것은, 우상숭배를 하며 우상숭배와 싸우는 것이라고 말해야 한다. 오직 예수님, 참 예수님만 주님이시다. 오직 그분의 영으로 말미암아 승리가 있고 희망이 있다. 복음은 우상에서 돌아서서 예수님을 신뢰하는 모든 이에게 다가올 시대의 새로운 삶과 부활의 소망을 약속한다. 승리하신 그분의 통치가 이미 시작되었기 때문에, 자기를 내어 주는 그분의 사랑의 능력으로 인간의 삶을 사로잡고 왜곡하며 파괴하는 우상들에게 도전할 수 있으며, 그 우상들을 권좌에서 몰아낼 수 있다고 동일한 복음은 약속한다. 복음은 하나다. "몸이 하나요 성령도 한 분이시니…부르심의 한 소망 안에서…주도 한 분이시요 믿음도 하나요 세례도 하나요 하나님도 한 분이시니 곧 만유의 아버지"이시기 때문이다(엡 4:4-6). 세상은 하나요, 하나님은 한 분이며, 복음은 하나다. 그리고 우리는 아무리 놀랍다 해도 이 복음을 위임받았다. 우리는 이 드라마의 관중이 아니다. 하나님은 이 경천동지할 메시지가 너무도 절실히 필요한 세상과 교회에(!) 그것을 가져오는 대리인으로 바로 우리를 부르신다.

이 모든 것이 사실이라면, 최종 질문 하나가 남았다. 우리가 예배하는 이 하나님은 누구인가? 우리가 예배에서 경축하며 세상에 선포하는 그 진리를 제대로 다루기 시작할 말들을 어떻게 사용할 수 있을까?

토론을 위한 질문

1. 당신의 교회는 '전도'와 '선교' 중 어느 것에 더 능숙한가? 두 가지 모두에 어려움을 겪고 있는가? 그렇다면 그 이유는 무엇인가? 당신은 어디에서 그 과제에 과감히 뛰어들기 시작할 수 있을까?
2. 교회 내에서 '전도'와 '선교' 간 분리를 그렇게 많이 용인한 이유는 무엇일까?
3. 우리는 예수님의 통합된 복음 선포에서 어떤 교훈을 얻을 수 있을까?
4. 이 장에 비추어 볼 때, 교회는 국가적 수준과 지역적 수준에서 어떻게 복음 전도에 관여해야 할까?
5. 당신은 승천일을 주로 어떻게 기념하는가?
6. 교회에서 그리고 가족과 함께 승천일을 기념하는 새롭고 적절한 방식 몇 가지를 떠올려 보라.

15장
우리가 고백하는 삼위일체 하나님

성령강림절

창세기 11:1-9; 사도행전 2:1-21; 요한복음 20:19-23

그리스도인들이 자신 앞에 놓인 위대한 사명에 관여하려고 한다면, 특별히 하나님에 대해 새로운 통찰력을 지닐 필요가 있다. 초대교회가 이교주의와 싸울 때 문제의 핵심은 이것이었다. 하나님은 누구신가? 삼위일체 교리는 바로 이 문제에 응답하면서 등장했다. 왜 그렇게 됐을까?

전망의 성숙

나는 성 패트릭이 아일랜드를 복음화하기 위해 왜 토끼풀을 이용했는지 젊은 시절에는 결코 이해할 수 없었다. 그때까지 삼위일체 교리를 설명한 복음주의적 설교를 들어본 적도 없었으며 왜 그런 설교를 하는지도 알 수 없었다. 이제 나는 그것을 훨씬 더 이해하게 됐다. 패트릭은 그리스도인이 '하나님'이라고 말할 때 아일랜드인들은 그것이 무엇을 의미하는지 안다고 전제할 수 없었다. 오늘날 우리도 마찬가지다. 우리가 저기 밖과 여기 안에 계시는 하나님, 지극히 거룩하고 선하지만 악을 자신 안으로 받아들여 처리하신 하나님에 대해 그들에게 말하려면, 토끼풀 이상이 필요할 것이다.

삼위일체에 대한 믿음은 단지 지적 수준에서 그 교리가 맞다고 동의하며 그 옆에 마음으로 체크 표시를 하는 것이 아니다. 이 믿음은 학문적 논쟁에서 타결되었지만, 로마 경기장의 극심한 고통 속에서 시험을 거쳤다. 이교주의 세력에 직면한 초기 그리스도인들은 하나님에 대한 바로 이러한 관점을 분명히 표현할 수밖에 없었다. 바벨의 오만함과 혼란(창 11장)에 대한 하나님의 대응은 아브라함을 부르신 것이었다. 그리고 아브라함의 관점에서 보면 그는 유일신을 받아들였다. 하나님은 2천 년 전 이교주의의 오만과 혼란에 대한 대응으로 아브라함에게 자신을 계시하시고, 그 계시가 아버지, 아들, 성령으로 온전히 드러나기까지 발전시키신 것이었다.

초기 교부들이 이 교리를 표현하기 위해 사용한 단어들, 즉 '본체'(substance), '본성'(nature), '위격'(person) 등은 고정불변한 것이 아니다. 어떤 사람이 현대 영어에서 'person'이 뜻하는 바대로 하나님이 세 사람으로 존재한다고 정말로 믿는다면, 그는 아마 세 신이 있다고 믿는 것이다. 중요한 것은 교부들이 무엇을 표현하려고 이 단어들을 사용했느냐다. 그들은 학자들의 신앙고백문을 만들어 무식한 사람들을 당황하게 하거나 철학적 난문을 만들어 자기들만의 방식으로 이교도들에게 호소하려고 한 것이 아니었다. 비결을 전수받은 이들만 이해할 수 있는 불가사의한 신비를 제공한 것도 아니다. 그들은 신약의 중심 진리를 붙들었고 자신의 동시대인들에게 그것을 전달하기 위해 최선을 다했다. 우리 차례가 되면 우리도 그에 못지않게 할 수 있다.

이 교리를 생각해 낸 신학자들은 근래에 정기적으로 비판을 받는다. 그들은 복음을 예수님의 단순한 메시지에서 헬라 철학의 악몽으로 변형시켰다고 비난받았다. 삼위일체주일이 가까워 오면 성직자들이 자기들은 그 모든 것의 갈피를 잡을 수 없으며 회중도 마찬가지 사정임을 안다고 말하는 것을 듣는 일은 지긋지긋하게 흔한 일이 되었다. 내가 보기에 그러한 현상이 일어난 이유는 얼마 전부터 교회가 하나님에 관한 소식을 듣고 이교 세계에 말을 거는 본연의 과제를 포기하고 그 대신 그 과제와 하나님에 대한 관점을 대체하는 유사 기독교적 관점에 빠져들었기 때문이다. 교부들을 비판하는 이들은 스스로를 솔직하고 단순한 사람들이라고 여기지만, 실제로 그 비웃음들은 점차 진부해지고 있는 계몽주의의 부속물들로 이루어진 상당히 복잡한 의제를 반영한다.

좀더 보수 성향의 그리스도인들은 통상 삼위일체 교리를 고수하지만, 그것은 흔히 그들의 사고 안에서 최소한의 역할을 한다(실제로는 일정 부분 그들의 사고에 도전할지도 모른다). 어떤 보수적 개신교도들에게 그 교리를 믿는지 여부는, 이 교리를 가르치는 것으로 추정되는 성경을 믿는지의 여부를 보여 주는 징후다. 어떤 보수적 가톨릭 신자들에게 그것은, 그들이 이해할 수 있든 없든 교회 전통을 받아들이는지의 여부를 드러내는 시험이다. 그러나 새로운 과제에 직면한 우리는 그러한 입장들로 만족하고 있을 수는 없다. 어떻게 초기 교부들이 표현하려고 한 사실을 재전유할 것인가?

하나님에 대해 진실하게 말하기

내가 보기에 초기 신학 논쟁의 전문 용어들이 일상의 언어가 되지 않아서 사람들이 오래된 단어들을 듣고 분별없이 빈말로 인정하거나, 분별력을 가지고 불신하는 것이 문제의 전부가 아니다. 더 큰 문제는 현대 서구인들이 '하나님'(God) 또는 심지어 '신'(god)이라는 단어가 모호하지 않은 하나의 뜻을 가졌다고 간주하게 된 점이다. 그들은 그 단어가 오직 한 가지를 의미하며 모든 이가 그 단어를 사용할 때 동일한 것을 의미한다고 생각한다. 거리에서 "하나님을 믿으십니까?"라는 질문(요즘에는 전도자보다 여론조사 요원에게 받을 것 같은 질문)을 받는다면, 우리는 모두 무슨 말을 하는지 알고 있다고 생각한다. "어떤 하나님이요?"라고 대답한다면, 질문자는 아마 통계는 고사하고 혼란에 빠질 것이다.

하지만 그 대답이 유일하게 제대로 된 대답임이 분명하다. 우리는 수

많은 신이 우리 사회에서 철저히 숭배되고 있음을 보았다. 그 신들 가운데 이신론적 신앙의 오래된 신, 즉 멀고 동떨어진 일종의 정찰 위성과 같은 신이 여전히 발견된다. 그 신은 아마 세상을 창조하는 일에 관여했을 것이다. 그러나 자기가 거의 관심을 갖지 않은 추상적 힘들에 위임했을 것이다. 그는 예수님과 다소 가까운 관계를 가졌을 수도 있고, 그러지 않았을 수도 있다. 현대의 개인들과 사회에 많은 관심을 가질지도 모르지만, 아마 그러지 않을 것이다. 학생들이 흔히 내게 하나님을 믿지 않는다고 말할 때, 더 상세히 물어보면 **그들이 믿지 않는다는 하나님이 바로 이런 신임**을 자주 발견한다. 그리고 그들 역시 놀라게 된다. **나 역시 그런 하나님을 믿지 않기** 때문이다. 나는 성경의 하나님을 믿는다. 그리고 그분에 관해 배우면 배울수록 그분에 관해 말해야 할 세 가지 사항이 있다는 것과 아버지, 아들, 성령이라는 오래된 단어들이 내가 여태 들어 온 다른 어느 것보다 그분을 정확히 설명한다는 것을 발견한다.

이 교리가 사실은 비성경적이라고 주장하는 이들이 있다. 이는 이 책에서 충분히 다루기에는 너무나 큰 문제지만, 나는 그 혐의가 상당히 잘못되었다고 생각한다. 실제로 성경의 저자들은 교부들이 사용한 상세한 신학 용어를 사용한 적이 없다. 그렇지만 그 저자들은 교부들이 따르게 될 의제를 설정했다. 갈라디아서 4장 1-22절, 로마서 8장 1-11절, 요한복음 14-16장, 20장을 비롯한 더 많은 구절을 읽어 보라. 초기 교부들이 존재하지 않았더라도 삼위일체 교리를 고안해 낼 필요가 있다고 말할 수밖에 없음을 틀림없이 발견할 것이다. 그들이 그 일을 해 놓지 않았다면 우리가 아무런 사전 지식 없이 그 일을 해야 했을 것이다.

고인이 된 스티븐 닐(Stephen Neill) 주교가 기독론은 하나님에 대한 교리이며 삼위일체는 예수님에 대한 교리라고 말한 적이 있다. 이 명백한 역설의 중심에 매우 중요한 진리가 담겨 있다. 우리는 바로 예수님을 보면서 하나님이 진정 누구신지 발견한다. 하지만 예수님에 집중하면서도 하나님에 대해 이야기하려면 한편으로 예수님과 창조주 하나님 사이, 그리고 다른 한편으로 인간 예수님과 하나님의 백성 안에 거하는 성령 사이의 구별이 필요하다. 이 구별을 탐구하면 무슨 일이 일어날까?

예수님께 집중하면서 우리는 하나님이 이원론자의 신이 아님을 거듭 발견한다. 그분은 우주의 창조주시다. 빛과 어둠의 이원론도, 세상은 별 볼일 없는 신의 관할 아래 있다는 관념도 설 자리가 없다. 예수님에게서 드러난 하나님은 세상을 만드셨으며 계속 그 세상을 사랑하고 그 안에서 활동하신다. 또한 우리는 이 창조주께서 우리의 인간적 삶에 함께하시고 세상을 구원하는 수단으로 선택된 민족인 이스라엘의 중심점으로 죽으시며 자신의 사랑을 몸소 표현하신 것을 발견한다. 그것은 계속해서 우리 앞에 놀라운 일로 나타난다. 창조주는 우리를 *그만큼* 사랑하신다. 하나님은 십자가에서 달려 죽으시고 부활하신 예수님을 절대적으로 중심이 되게 하신다는 통찰만이 이 놀라운 진리를 놓치지 않게 한다. 이원론, 이교주의, 이신론, 상대주의 가운데 그 어떤 것도 이 통찰과 겨룰 수 없다.

그러나 그렇게 뚜렷해지는 하나님에 대한 통찰에는 마지막 요소가 필요하며, 우리는 그것을 성령강림절에 받는다. 유대인들은 창조주를 활동적이며 살아 계셔서 세상을 안으로부터 치유하고 새롭게 하시는 분으로 이야기하는 몇 가지 방식을 발전시켰다. 그들은 외견상 추상적이거나 유사 물질적 실체들을 마치 일종의 독립적 실재인 것처럼 다양하게 의인화하면서 하나님의 말씀, 그분의 현존, 그분의 지혜, 그분의 영에 대해 이야기했다. 동시에 그들은 유일하신 하나님을 계속 고수했다. 기독교가 이 언어의 일부를 예수님께 적용한 것은 이상한 일이 아니다. 예수님은 하나님의 말씀, 하나님의 지혜다. 그러나 초기 그리스도인들은 예수님의 승천 이후 이전에는 매우 제한된 집단, 특히 선지자들과 다른 위대한 하나님의 백성의 지도자들만 알던 방식으로 하나님을 경험하기 시작했다. 그들은 그들 가운데 살아 계시며, 그들이 호흡하도록 주어진 새 바람과 그들을 태우지 않고 타오르는 불처럼 나타나시는 하나님을 경험했다. 그리고 이 새로운 삶에는 알아볼 수 있는 특징이 새겨졌다. 그것은 예수님의 삶이었다. 부활한 예수님은 시야에서 사라졌으나, 그분이 약속한 대로 하나님으로부터 온 바람이 그들을 사로잡았다. 그들은 이 바람, 혹은 숨, 혹은 영 (헬라어나 아람어로 이 단어들은 동일하다)이 바로 그들이 예수님에게서 가장 분명히 보았던 하나님, 그 살아 계신 하나님의 살아 있는 현존임을 알았다. 예수님은 말씀하셨다. "내가 아버지께 구하겠으니 그가 또 다른 보혜사를 너희에게 주사 영원토록 너희와 함께 있게 하리니 그는 진리의 영이라 세상은 능히 그를 받지 못하나니 이는 그를 보지도 못하고 알지도 못함이라 그러나 너희는 그를 아나니 그는 너희와 함께 거하심이요 또 너희 속에 계시겠음이라"(요 14:16-17).

그러므로 초기 그리스도인들이 이 유일하신 하나님에 대한 삼중성을 이야기하는 것은 때때로 가볍게 주장되는 것처럼 이교주의에 빠지는 것이 결코 아니었다. 그것은 유일하신 하나님과 그분이 자기 세상과 맺으신 관계에 대해 유대교가 수 세기에 걸쳐 형성한 사상을 더욱 견고히 하는 것이었으며, 이스라엘의 희망과 믿음이 이제 예수님 안에서 실현되었고 성령께서 그 효력이 발생하게 하신다는 주장이었다. 유일하신 참 하나님,

창조주는 자신의 세상에서 늘 활동하셨으며 이스라엘이 세상의 빛이 되도록 부르기 위해 선지자들을 통해 말씀해 오셨다. 이제 예수님 안에서 창조주께서 몸소 이스라엘의 운명을 실현하셨다. 이제 성령 안에서 창조주/구원자 하나님은 자신의 백성 안에 살면서 그들이 예수님을 믿고 그분의 증인이 되도록 하시며 세상이 우상들을 버리고 대신 자신을 예배함으로써 해방과 생명을 발견하도록 권고하고 계신다.

삼위일체 신학의 방향을 아주 분명히 가리키는 구절들이 특히 바울 서신에 있다. 그러므로 내가 보기에 바울이 스스로 무슨 말을 하는지 깨닫지 못했다고 생각하는 것은 불가능하다. 예컨대 고린도에 편지를 쓸 때 그는 여러 '영들'이 사람들을 '사로잡는' 이교주의의 배경에 직면한다. 이에 맞서 그는 그리스도인의 다양한 영적 체험이 하나의 통일성 안에 결합되어야 한다고 강력히 주장한다. 그는 정확히 이교의 다신교에 대항해서 유대교 방식의 유일신교를 주장한다. 그렇지만 결정적 내용은 이 주장 안에서 세 부분으로 이루어져 있다. "은사는 여러 가지나 성령은 같고, 직분은 여러 가지나 주는 같으며, 또 사역은 여러 가지나 모든 것을 모든 사람 가운데서 이루시는 하나님은 같으니"(고전 12:4-6). 나는 종종 과소평가되는 이 구절이 신약 전체의 삼위일체 사상을 매우 강력하게 대변한다고 생각한다. 어떤 사람이 이교주의에 직면하여 우주의 창조주에 관한 진리를 말하려고 한다면, 부득불 단일성과 삼중성에 대해 거듭 말하지 않을 수 없을 것이다. 그리고 삼중성은 다음과 같은 형태로 반복해서 나온다. 하나님, 주, 성령. 아버지, 아들, 성령. 하나님, 예수님, 성령. 창조주, 말씀, 숨. 그렇기 때문에 우리는 교회력 안에서 성령강림절에 이르면 이제 그림이 완성되었다는 느낌을 갖는다. 삼위일체주일은 우리가 성금요일과 부활절,

승천일과 성령강림절의 사건들을 바라볼 때 눈앞에서 점진적으로 펼쳐지던 계시 전체를 묵상하는 기회를 준다. 그러나 우리가 가지고 있는 것에 아무것도 더하지 않는다.

하나님에 대해 이런 식으로 말하는 것이 옳다면, 우리 앞에 놓인 과제에 뛰어들면서 우리는 어떻게 이 진리를 계속 고수할 수 있을까?

삼위일체 신앙: 과제를 위한 필수 요소

내가 이 책에서 이야기한 전체 내용의 요지는 참 하나님이 예수님 안에서 거짓 신들을 권좌에서 몰아냈으며, 자신의 백성 안에서 그리고 그 백성을 통하여 일하는 자신의 영으로 말미암아 오늘날 세상 안에서 그 승리에 효력을 주고 계시다는 것이다. 그러나 이 참 하나님을 예배하고 진정 그분을 믿는 것은 쉬운 일이 아니다. 그것은 짙은 안개와 회오리바람을 뚫고 산길을 계속 걷는 것과 같다. 방향을 유지하려면 꾸준히 나침반을 확인해야 한다. 우리는 이 일을 어떻게 행할 것이며, 그렇게 할 때 발견하는 것은 무엇일까?

우리에게 나침반이 되시는 분은 언제나 예수님이다. 복음서는 아무리 잘 알아도 지나치지 않다. 언제나 곰곰이 생각하게 만드는 것이 더 있고, 발견하게 되는 것이 더 있으며, 우리가 안이하게 받아들이고 행한 유사 우상숭배에 도전하는 것이 더 있다. 우리는 언제나 진로를 벗어나기 쉬우나, 예수님을 면밀하게 지속적으로 연구하고 묵상하면 견고해질 것이다. 또한 그러기 위해서는 그저 수 세기에 걸쳐 기독교가 그려 온 예수님이 아니라 그분의 실제 맥락 속에서 계속 그분을 더 많이 발견할 준비가 되어야 한다.

하나님이 역사상 인물인 나사렛 예수 안에서 자신을 드러내셨으므로, 우리는 역사적으로 생각하고자 애쓰는 일을 피할 수 없다. C. S. 루이스와 루돌프 불트만(Rudolf Bultmann)과 같은 서로 매우 다른 인물들을 포함해 20세기의 몇몇 그리스도인은 우리가 '역사적 예수'를 찾는 노력을 할 수 없으며 해서도 안 된다고 권고했다. 그들은 우리가 듣는 모든 것이 우리 질문의 반향이라고 말한다. 하지만 솔직히, 우리가 스스로를 비추게 될 수도 있다는 이유로 탐구를 포기하는 것은 패배주의다. 1세기 팔레스타인의 예수님을 버리고 교회가 자기 마음대로 그리스도상을 만들게 허용하는 것이 더 나쁘다. 참담한 일이지만 그러한 일은 매우 자주 일어났다. 우리는 예수님으로부터 벗어날 수 없다. 우리는 다름 아닌 예수님에 비추어 우주의 창조주가 진정 누구인지 거듭 재발견한다. 우리는 다름 아닌 예수님에 비추어 성령이 누구인지 계속 재발견하며 그분의 영과 이따금씩 우리에게 나타나는 다른 영을 계속 식별할 수 있다.

요컨대, 온갖 유형의 이교주의와 이원론에 대항하여 우리가 마지막으로 의지할 분은 바로 삼위일체 하나님이라는 실상이다. 사람들은 오래된 삼위일체 신조와 찬송가를 비웃곤 했지만 신이교주의의 발흥과 함께 점점 더 그것들로 되돌아가게 될 것이다. 우리는 각자의 힘만으로, 혹은 그저 개인적 종교 체험이 주는 안도감으로 우리 반대편의 권세들에 직면하지 않는다. 우리 자신의 밖으로 눈을 돌리고 우리가 신뢰하는 하나님에게 의지한다.

나는 앞서 성 패트릭을 언급했으며 지난 장에서는 사도 바울이 추천한 그리스도인의 갑주를 살펴보았다. 이제 패트릭이 십자가에서 드러난 사랑의 하나님에 대한 소식으로 해묵은 이교주의에 맞서기 위해 입겠다고 한 "흉배"(breastplate)를 살펴보자. 특히 두 번째 연에서 그가 어떻게 우리가 이 책에서 추적한 예수님의 삶 속에 일어난 사건들에 또렷이 집중하는지에 주목하자. 그리고 세 번째 연에서 그가 어떻게 이교주의가 찬탈한 영역을 되찾아 삼위일체 하나님을 위해 그 영역의 소유권을 주장하는지에 주목하자.

나는 오늘 삼위일체의 강한 이름을 나 자신에게 동여맵니다.
하나 안의 셋이자 셋 안의 하나이신 동일하신 분의 간구로.
그분으로 말미암아 모든 자연은 창조를,
영원한 아버지를, 성령을, 말씀을 가집니다.
내 구원의 주님을 찬양합니다. 구원은 그리스도 주님의 것입니다.

나는 오늘 나 자신에게 영원히, 믿음의 능력으로 동여맵니다.
그리스도의 성육신을, 요단 강의 세례를,
나의 구원을 위해 십자가에서 죽으심을,
향료가 뿌려진 무덤을 박차고 나오심을,
하늘 길을 따라 올라가심을,
최후의 심판 날에 오실 것을,
나는 오늘 나 자신에게 동여맵니다.

나는 오늘 나 자신에게 동여맵니다.
별이 반짝이는 하늘의 고결함을,
찬란한 태양의 생명을 주는 광선을, 저녁달의 순백함을,

자유로운 번개의 번쩍임을, 회오리바람의 격동을,

안정된 땅을, 오래된 영원한 바위를 둘러싼 깊은 염해를.

나는 오늘 나 자신에게 동여맵니다.

붙잡으시고 이끄시는 하나님의 능력을, 지켜보시는 그분의 눈을,

가만히 머무시는 그분의 힘을, 내 필요에 귀 기울이시는 그분의 귀를,

가르치시는 내 하나님의 지혜를, 안내하시는 그분의 손을,

막아 내시는 그분의 방패를, 내게 말하는 능력을 주시는 하나님의 말씀을,

나를 경호해 주는 그분의 천군 천사를.

그리스도여 나와 함께 하소서.

그리스도여 내 안에, 그리스도여 내 뒤에, 그리스도여 내 앞에, 그리스도여 내 옆에,

그리스도여 나를 설복시키기 위해, 그리스도여 나를 위로하고 회복시키기 위해.

그리스도여 내 밑에, 그리스도여 내 위에, 그리스도여 고요 가운데,

그리스도여 위험 가운데, 그리스도여 나를 사랑하는 모두의 마음속에,

그리스도여 친구와 이방인의 입 속에.

나는 오늘 삼위일체의 강한 이름을 나 자신에게 동여맵니다.

하나 안의 셋이자 셋 안의 하나이신 동일하신 분의 간구로.

그분으로 말미암아 모든 자연은 창조를,

영원한 아버지를, 성령을, 말씀을 가집니다.

내 구원의 주님께 찬양합니다. 구원은 그리스도 주님의 것입니다.

이와 같은 찬송 시가 말하는 영광과 진리를 오늘날 그리스도인들이 다시 배울 수 있다면, 우리는 하나님이 우리에게 현 세대를 위해 그분의 백성이 되라고 하시는 부르심을 따르기 시작할 것이다.

그러므로 세상 앞에서 명료하게 선택해야 한다. 이 하나님, 곧 세 분이자 한 분인 하나님을 받들거나 아니면 우상들을 받들거나 중에서 말이다. 첫째 길은 생명에 이르는 길, 창조주 자신을 반영하는 인간성을 향상시키고 궁극적으로 긍정하는 길이다. 둘째 길은 파멸에 이르는 길, 사회적·개인적 모든 수준에서 그 형상을 완전히 파괴하고 비인간화하는 길이다. 이것은 이원론이 아니다. 단지 선과 악 사이, 참 하나님과 거짓 신들 사이의 차이를 진지하게 받아들이는 것뿐이다.

그렇다면 우리의 복음은 무엇인가? 그것은 성령의 능력 안에서 십자가에 달려 죽으시고 부활한 예수님이 주님이라고 선포하는 것이다. 이 선포는 모든 인간적 열망과 모든 인간적 꿈이 십자가를 지고 예수님을 따르는 역설적 경로를 따라 실현됨을 발견하라는, 모든 사람을 향한 권고다. 이는 땅을 약속하는 우상들을 포기하고 현실 피조 세계의 참된 성취로서 새 하늘과 새 땅을 약속하시는 하나님을 받들라는 의미이기도 할 것이다. 그것은 현재 세상을 다스리는 권세들을 향해 예수님의 지혜로우며 치유를 가져오는 통치에 자리를 양보하라는 권고를 뜻할 것이다. 물론 사방이 우상숭배로 둘러싸여 있을 때 참 하나님을 예배하기 위해 치러야 할 대가를 가볍게 봐서는 안 된다. 열망과 꿈들은 다시 살아나기에 앞서 죽음에 처할 것이다. 그러나 이 복음은 십자가에서 부활과 참된 인간성의 선물인 성령을 발견하라고 우리를 개인적·집단적으로 부른다. 이것이 우리가 믿고 선포하도록 부름받은 복음이다.

그러므로 교회 앞에 놓인 선택지 또한 명료해져야 한다. 이교주의와 타협하고 동화하며, 기독교 신앙을 좀더 입맛에 맞게 만들고, 인류의 적이라는 비방을 피하기 위해 기독교 신앙의 특징들을 희석할 것인가? 이원론으로, 고립된 구역으로, 우리에게 내세의 구원을 보증하지만 세상의 권세들이 그들의 충성을 요구하는 예수님의 도전을 받지 않게 내버려 두는 사사로운 '영적' 종교로 후퇴할 것인가? 그렇지 않으면 아버지, 아들, 성령이신 하나님을 예배하고 그 예배 안에서 과제를 수행하기 위해 새로워진 용기, 새로워진 방향감각, 새로워진 희망을 찾을 것인가?

토론을 위한 질문

1. 삼위일체 교리는 어느 지점에서 오늘날 세상의 삶을 검토하고 그에 도전한다고 보는가?
2. 삼위일체 교리는 어느 지점에서 오늘날 교회의 삶에 도전한다고 생각하는가?
3. 삼위일체 교리는 어떻게 평범한 교인들에게 더 생생한 교리가 될 수 있을까?
4. 삼위일체를 믿는 것이 그토록 어려운 이유는 무엇일까?
5. 성 패트릭이 삼위일체 교리를 설명하기 위해 토끼풀을 사용했다면, 당신은 믿지 않는 자나 삼위일체에 대해 결코 생각해 본 적이 없는 그리스도인에게 어떤 이미지를 사용할 수 있을까?

에필로그:
삼위일체 기도

삼위일체 주일

이사야 6:1-8; 에베소서 1:3-14; 요한복음 14:8-17

나는 13장에서 적절한 영성의 길을 모색하는 이들이 현대 세계에서 탐구할 수 있는 여러 유형의 기도가 있을 것이라고 언급했다. 삼위일체 주일을 위한 세 가지 성서 일과 본문 각각에는 기도와 예배의 맥락에서 하나님의 삼중성이 계시된다. 우리가 진정으로 참 하나님에 대해 이야기하는 것이라면, 하나님 대한 추상적 논의는 결코 그 이야기에 가장 적합한 형식이 될 수 없다. 그것은 하나님께 하는 말이어야 한다. 예배여야 하고 기도여야 한다.

나는 이 간략한 에필로그에서 내가 지금까지 말하고자 한 모든 것을 요약한다고 생각하는 특별한 기도 형식을 제안하려고 한다. 이 기도 형식은 여러 관심사와 배경에서 파생되어 발전했다. 기독교적 방식으로 이러한 문제들과 씨름하는, 다시 말해 단지 지적 노력이 아니라 기도와 명상으로 그리고 하나님의 뜻과 길을 일정한 방식으로 꾸준히 찾는 이들에게 이 기도 형식이 도움을 줄 것이라고 생각한다. 기도와 기질은 서로 밀접하게 관련되어 있으며, 매우 타당한 이유로 내 제안을 이해할 수 없다거나 불필요하다고 여길 사람들도 당연히 있을 것임을 알고 있다. 그들은 이 짧은 장에서 무언가 유익을 발견할 수도 있는 이들을 위해 양해해 줄 것이라고 믿는다.

우선 이 기도 형식에서 활용하려는 기도 전통들에 대해 한마디 할 필요가 있다. 유대인들은 적어도 예수님 시대부터, 아니 아마도 훨씬 더 이전부터 정기적으로 다양한 기도를 사용했다. 이사야 6장의 위대한 환상에 나오는 스랍의 "거룩하다 거룩하다 거룩하다 만군의 여호와여 그의 영광이 온 땅에 충만하도다"라는 외침이 그런 기도 중 하나였을 것이다. 유대교 매일 기도의 기초를 이루는 또 다른 기도는 "이스라엘아 들으라 우리 하나님 여호와는 오직 유일한 여호와이시니 너는 마음을 다하고 뜻을 다하고 힘을 다하여 네 하나님 여호와를 사랑하라"(신 6:4-5)로 시작하는 셰마(Shema)였다. 이는 명령으로 이어지는 신조에 더 가까워 보이기 때문에 다소 이상한 '기도'라는 인상을 줄 수도 있다. 9절까지 계속되며 그 뒤로 신명기 11장 13-21절과 민수기 15장 37-41절을 덧붙이는 셰마의 나머지 부분은 훨씬 더 많은 명령을 포함한다. 그러나 예수님 시대에 그것은 그저 하루 세 번씩 반복하는 신조일 뿐 아니라 이미 유대 백성의 의식 속에 뿌리박힌 충성의 증표이자 따라야 할 의제였다. 또한 참 하나님이 어디로 이끄시든지 그분을 따르는 또 다른 날, 또 다른 시간을 위해 나침반을 설정하는 신앙의 진술이었다. 하드리아누스 황제의 반유대주의 입법에 대항하다가 고문하는 자들의 손에 처참하게 죽은 노령의 고결한 랍비 아키바(Akiba)는 더 이상 그렇게 할 수 없을 때까지 계속 조용히 셰마를 암송했다. 스랍들이 끊임없이 "거룩하다 거룩하다 거룩하다"라고 외친 것처럼 아키바는 숨쉬기와 같이 습관적이고 필수적으로 셰마를 되뇐 것이다.

다른 하나는 동방정교회의 전통으로 13장에서 언급했다. 동방정교회에서 '예수 기도'는 적절하게 인기를 누려 왔다. "주 예수 그리스도, 살아계신 하나님의 아들이시여, 이 죄인에게 자비를 베푸소서." 변형된 형태들이 있지만 이것이 가장 잘 알려진 형태일 것이다. 예수님의 사랑을 인격 안에 깊이 새기는 이 기도는 유대교의 셰마처럼 숨쉬는 행위의 일부가 될 때까지 거듭해서 말하도록 고안되었다. 이 기도는 신앙의 고백으로 시작하는 것도 셰마와 같지만 여기에서 그것은 말을 거는 형식이다. 또한 그것은 지켜야 할 명령들 대신, 살아 계신 하나님이 자비를 구하는 모든 사람에게 자기 아들을 통해 베푸시는 자비에 초점을 맞춘다. 이 기도는 정교회와 여러 전통을 이어 오는 많은 사람에게 무척 사랑받아 왔다. 그들은 또 무엇을 기도해야 할지 모를 때 이 기도가 습관적으로 마음에 떠오르고, 무엇을 염려하든 집중하게 하여 그것을 아버지의 현존 안으로 가져오는 수단이 된다는 것을 발견했다.

나는 이 전통을 대단히 예찬하지만 언제나 어떤 불편함을 느꼈다. 우선, 예수님만 부르는 것은 부적절해 보인다. 정교회는 당연히 삼위일체 신앙을 소중히 간직해 왔으며 그 신앙은 다년간 힘든 시기를 겪은 그들에게 큰 도움이 되었다. 사실 그 기도에는 삼위일체 교리가 암묵적으로 들어 있다. 즉 예수님은 살아 계신 하나님의 아들이라 불리며, 그리스도인들은 이 하나님께 바치는 기도가 그 자체로 성령에 의해 불러일으켜진다고 믿는다. 그렇지만 그 기도가 온전한 삼위일체 신학을 가장 분명히 구현한 것 같지는 않다. 게다가 이 기도를 사용하는 데 나보다 더 친숙한 사람들은 그 기도를 세상 전체를 아우르도록 전개해야 한다고 말해 왔다. 그러나 그 기도에 사용되는 실제 단어들은 개인적으로 기도하는 사람에게 아주 뚜렷이 집중되어 있다. 개인적 부분이 기독교 신앙의 사적 핵심으로서 필수적이긴 하지만, 우리의 기도에 이전보다 더 넓은 관심사들을 더 명시적으로 반영하는 것이 더 시급해 보인다.

그러므로 나는 정교회의 예수 기도와 비슷한 형식을 유지하면서도 그것을 삼위일체적으로 확대한 기도를 사용하자고 제안한다.

전능하신 아버지, 천지의 창조주시여,
당신의 나라를 우리 가운데 세우소서.

주 예수 그리스도, 살아 계신 하나님의 아들이시여,
이 죄인에게 자비를 베푸소서.

성령, 살아 계신 하나님의 숨이시여,
저와 온 세상을 새롭게 하소서.

이 복합 기도를 설명하기 위해 언급하고 싶은 것이 많다. 우선, 이 기도의 **강조점**들을 이야기하겠다. 초반에는 주기도문의 앞부분이 반영되었다. 주기도문의 앞부분은 하나님이 그분의 정의와 평화의 나라를 들여오시길 바라는 이스라엘의 염원을 포착하며, 이 간구를 예수님의 전 사역에 비추어 온 세상으로 확장시킨다. 바울은 에베소서 1장에서 이와 유사한 일을 한다. 그는 성령을 언급함으로써 삼위일체의 그림을 완성할 때까지 그리스도 안에서 하나님이 하신 일을 묵상하고 크게 기뻐하면서, 유대교의 오래된 기도 문구를 예수님께 초점을 맞춰 새롭게 활용한다. 같은 방식으로 내가 제안하는 기도에서 우리는 온 우주의 유일하신 창조주, 홀로 만물의 근원이신 분, 수많은 이교주의가 패러디하는 분의 이름을 부른다. 그렇게 한 뒤 그분의 나라가 도래하기를 기도한다. 우리는 그 기도 안에 정의와 평화, 그리고 굶주린 자들이 배부르고 가난한 자들이 필요를 공급받는 것에 대한 우리의 기대와 갈망을 끼워 넣는다. 하나님이 오셔서 왕으로 다스리시기를 절실하게 구하는 어떤 상황에서도 이 기도를 사용할 수 있다. 특히 이른바 복음 전도에도 당연히 사용할 수 있다. 예수님을 사람들의 충성을 요구하는 주님으로 소개하는 것은 하나님 나라가 그들의 삶에 영향을 미치게 하려는 행위다.

이 첫 번째 구절만으로는 승리주의적 기도가 될 수도 있다. 그것은 우리가 하나님 나라가 무엇을 의미하는지 정확히 알고 있으며 그저 우리가 계획한 것을 이루기 위해 창조주의 협조를 구할 뿐이라고 상상하도록 우리를 이끌 수도 있다. 그러한 기도는 얼마나 그릇될 것인가. 우리가 정직하다면 하나님 나라를 위해 진심 어린 기도를 드릴 때 우리 자신의 혼란, 과업에 대한 미흡함, 반항, 하나님의 뜻을 왜곡한 일, 노골적이고 실제적으로 흔히 지은 죄에 대한 깊은 깨달음에 직면하게 된다. 그러므로 우리는 그 기도의 중반부를 정교회 신자들이 사용하는 것과 매우 비슷하게 사용할 필요가 있다. 이 부분만으로는 우리가 자기중심적 기도를 하게 된다고 하더라도 그것 없이 우리가 하는 기도는 공허해질 수 있다. 예수님의 예외적 사랑과 은총이 매개하는 하나님의 값없는 자비와 사랑에 시시각각 의존할 필요가 없는 그리스도인은 아무도 없다. 이 기도는 물론 특정 죄에 대한 특정 참회의 맥락에서도 사용될 수 있다. 하나님은 우리에게 그것이 무척 필요하다는 것을 알고 계신다.

그러나 거기에서 그칠 수 없다. 우리가 일단 예수님 안에서 하나님의 사랑에 새로이 붙잡혀, 우리 스스로 왜곡한 것들로부터 자유롭게 하나님 나라를 위해 일할 수 있도록 나름의 우상숭배에서 해방되었다면, 세상을 향해 눈을 들어 우리를 기다리는 새로운 일을 보아야 한다. 이럴 경우에 우리는, 하나님의 지시를 받은 에스겔이 마른 뼈들을 살아나게 할 생기를 불러낸 것처럼, 성령께 기도할 수 있고 기도해야 한다. 우리는 우리뿐 아니라 온 세상에 생명을 주실 수 있는 유일한 분인 성령께 기도해야 한다. 적어도 세 가지를 기도할 것이다. 우리는 부활에서 절정에 이르게 되겠지만 현재의 삶 가운데 온갖 방식으로 미리 일어날 수도 있는 치유가 우리에게 일어나 스스로 존재의 심연으로부터 새로워지기를 기도할 것이다. 두 번째로, 우리는 다른 이들이 예수님 안에서 드러난 하나님을 예배하며 우상을 버리고 세상과 창조주에 관한 진리를 발견하게 되기를 기도할 것이다. 그리고 우리는 인간뿐 아니라 모든 피조물이 각자 창조된 목적인 활기 넘치는 삶을 찾게 되기를 기도할 것이다. 다시 말해, 우리는 하나님 나라가 최종 도래하기를 기도할 것이다. 다만 이번에는 자신의 영으로 피조물을 충만하게 하시는 살아 계신 하나님의 관점에서 이해되는 나라의 도래를 위해 기도할 것이다. 그리하여 피조물 전체가 예루살렘의 성전이 되어야 했던 것, 즉 그분이 현존하시고 예배받으시며, 자신이 빚으신 인간들을 사랑과 은총 가운데 만나시는 장소, 생명과 치유의 물로 이루어진 강들이 흘러나오는 곳이 되도록 말이다. 복음 속의 희망에서 언뜻 보이는 이러한 실재는 이교적 범신론에서 패러디된다. 이 기도는 복음 전도 사역만큼 생태적 사역에도 적절할 것이다. 또한 치유 사역의 일부로 적절할 것이며 개인적 혹은 공동체적 갱신과 활성화를 추구하는 맥락에도 마찬가지일 것이다.

다음으로, 이 기도 전체를 **활용**하는 것에 대해 한마디 해야 한다. 분명히 누구나 이 기도를 자기가 원하는 대로 사용할 자유가 있지만, 특히 내 마음을 끈 두 가지 방식을 소개한다.

첫째 방식은 연도(連禱, 선창자가 외는 기도에 따라 회중이 제창하는 기도 형식—옮긴이) 안에서 활용하는 것이다. 각 부분의 첫 줄은 사제의 단구로, 둘째 줄은 회중의 응답으로 활용될 수 있다. 세 부분을 한데 모으면 교회가 기도해야 하는 아주 많은 영역을 망라하므로, 세 가지 제목 아래 청원의 여러 영역을 분류하고 필요한 만큼 자주 각 구절을 되풀이하며 전체적으로 좋은 운율과 균형을 맞춘다면 조리 있게 될 것이다. 둘째 절과 셋째 절의 "저"는 물론 "저희"가 될 수 있다. 그리고 이런 식으로 이 기도를 활용할 경우 청원뿐 아니라 찬양과 고백이 될 수도 있다. 여기에는 탐구 가능한 것들이 많으며 회중이 그것들을 활용하여 이 책의 주요 내용을 진지한 공동 기도로 전환시킬 수도 있다.

둘째 방식은 좀더 개인적 활용과 관련된다. 나는 유대교와 정교회 전통에서 어떤 기도를, 말하자면 인격에 새겨질 정도로 끊임없이 사용하는 것에 대해 말한 바 있다. 어떤 그리스도인은 13장에서 논의한 이유들 때문에 이런 식의 기도를 접하고 처음에는 놀랄 수도 있을 것이다. 개인적으로 이러한 기도를 불안하게 여길 어떤 이유도 찾을 수 없지만, 이 기도를 실천할 이유는 충분하다고 생각한다. 스랍들이 "거룩하다 거룩하다 거룩하다"를 끊임없이 반복했으므로, 내가 알기에 그리스도인이 삼중의 영광스러운 하나님에 관한 말을 반복하지 말아야 할 이유는 없다. 우리가 그만두어야 할 것은 다름 아닌 **공허한** 반복이다. 내가 제안한 기도를 끊임없이 반복하면 적어도 어떤 그리스도인들에게 그 기도는 인간적 실존의 중심이 될 것이다.

왜냐하면 부분적으로 그 기도는 인간에게 공통되는 두 가지 특징에 기초하고 있기 때문이다. 그중 첫째 특징은 인간의 숨쉬기와 관련된다. 창세기 2장 7절에는 하나님이 생명의 숨("생기")을 사람의 코에 불어넣으시니 사람이 살아 있는 존재("생령")가 되었다고 쓰였다. 여기에는 우리가 보통 파악하지 못하는 낯선 진리가 있다. 혹시라도 숨을 쉬는 행위에 대해 생각한다면, 우리는 아마 그것을 순전히 '자연적' 혹은 '과학적' 현상으로 여길 것이다. 창세기는 그것을 하나님의 생명이라는, 인간을 향한 선물의 일부로 간주한다. 숨쉬기는 조용히 우리의 생기와 활기를 북돋우는 리듬을 만든다.

내가 제안한 구절들을 가지고 하는 기도 습관은 그 사실을 받아들이며 그 사실에 기반을 둔다. 각 대구의 첫 절은 숨을 들이쉬면서 마음속으로 내뱉는다. 우리는 하나님의 생명의 선물인 그분의 숨을 빨아들이는 것이다.

전능하신 아버지, 천지의 창조주시여…

주 예수 그리스도, 살아 계신 하나님의 아들이시여…

그리고 특히,

성령, 살아 계신 하나님의 숨이시여…

각각의 경우에 진리와 하나님의 생명을, 이를테면 '들이쉰' 다음에는 기적이 일어난다. 하나님의 생명이 우리의 것이 된다.[14] 하나님의 숨이 우리의 숨이 되는 것과 마찬가지로, 살아 계신 하나님을 부르는 기도는 (삼위일체의 지속적이고 사랑을 주며 기쁨에 찬 기도의 일부인) 하나님의 기도인 동시에 우리의 기도가 된다. 요한복음 14장이 분명히 밝히듯, 하나님의 삼중성에 대한 이해에 다가설수록, 우리는 온전히 기독교적인 기도로 부름받는다. 우리는 우리 자신의 것이 된 숨을 내쉬며 응답한다.

당신의 나라를 우리 가운데 세우소서.

이 죄인에게 자비를 베푸소서.

저와 온 세상을 새롭게 하소서.

이와 같이 하나님이 주신 숨쉬기 자체의 리듬을 포착하면 새로운 온전함이 생겨난다. 그것은 마치 숨이 기도가 됨으로써 더욱 온전한 숨이 되는 것과 같으며, 마치 기도가 숨이 됨으로써 더욱 온전한 기도가 되는 것과 같다.

그러한 기도 습관의 기반이 될 수 있는 둘째 특징은 인간의 반(半)의식적 마음과 관계있다. 대부분의 인간은 대부분의 시간에 비교적 텅 빈 마음을 지니고 있는데, 이 마음은 시시각각 모호한 기억의 단편들, 이상한 단어와 구절, 이상한 기대와 두려움, 이상한 노래나 음악의 단편들로 채워진다. 말하자면 '머릿속에' 무엇인가 있는데 그것을 제거할 수 없다면 참으로 골칫거리일 것이다. 이 기도에 대해 내가 제안한 용법은 우리가 줄곧 혼자 속으로 중얼거리는 습관을 부드럽게 사로잡아 복음으로 설득한다. 그것은 마음이 '중립에' 있는 시간들을 책임진다. 또한 마음속으로 가볍고 엉뚱하며 무의식적으로 재잘대는 말을, 헤아릴 수 없이 도전적이면서도 헤아릴 수 없이 위안이 되는 내용의 말을 고요히 기쁘게 되뇌는 것으로 대체한다.

그러한 방식의 기도는 하룻밤 사이에 습득되지 않는다. 또한 많은 사람에게 알맞은 습관이 아닐 수도 있다. 그러한 이들에게 적절한 다른 기도나 이 기도를 드리는 다른 방식이 있을 것이다. 그러나 나는 이런 기도 방식을 실천해 보는 것이 현재 아무런 시도도 하지 않는 것보다는 더 도움이 되지 않을까 생각한다. 바울은 어차피 우리에게 "쉬지 말고 기도하라"

고 말했다. 그가 유대교 정규 기도 시간인 '아침, 정오, 밤'을 의미한 것뿐일 수도 있지만, 내가 설명한 유형의 기도를 염두에 두었을지도 모른다.

중요한 것은 시작이다. 어쩌면 그 구절들을 한 번에 하나씩 사용하는 것이 가장 좋은 방법일 수도 있다. 즉 첫째 구절은 아침에 둘째 구절은 오후에 그리고 셋째 구절은 저녁에 사용하거나, 그렇지 않으면 하루는 첫째 구절을 다음 날은 둘째 구절을 그 다음 날은 셋째 구절을 사용할 수 있다. 정해진 규칙은 없다. 어쩌면 정규 기도 시간에 시작한 다음, 이어지는 시간의 분주함과 안일함 가운데 그 기도로 돌아가 그 과정에서 조용히 하나님에게서 힘을 얻을 수 있다. 꾸준히 계속하면 점차 그 기도가 마음과 가슴에 자발적으로 떠오를 것이다. 그것이 우리 정체성의 일부가 된 것이다. 그러한 점진적이고 고요한 변화가 자신과 교회를 위해, 또 세상을 위해 갖는 잠재적 결과는 헤아릴 수 없다.

나는 그러한 기도가 내가 이 책에서 말한 모든 것을 개인의 신앙생활 그리고 교회의 기도 생활의 일부가 되게 하는 한 가지 방법이라고 생각한다. 내가 간추려 말한 실제적 과제들이 삼위일체 하나님에 대한 예배자 개인의 사랑 안에서 그 본거지를 잃지 않는 것은 매우 중요하다. 그것은 결국 세상의 빛이 되도록 부름받은 하나님의 백성을 향한 기본 명령이었다. 그것은 예수님이 자신의 가르침을 하나의 요점으로 되풀이한 것이었다 (막 12:29-34). 우리는 신이교주의에 직면하여 삼위일체적 유일신론을 고수하도록 부름받는다. 또한 유일하신 하나님이 자신의 사랑, 거룩함, 치유, 그리고 정의를 세상에 알리는 수단으로서 그분의 백성이 되도록 부름받는다. 하나님의 사랑이 우리가 지닌 메시지라면, 그 사랑은 우리에게 생명의 숨이 되어야 한다. 이와 같은 기도는 이 목적을 이루기 위한 하나의 수단이 될 수 있으며, 새로워진 교회가 하나님이 주신 새로운 사명에 마주하도록 준비시킬 수 있다.

읽을거리

이 책에서 광범위한 주제들을 다루었기 때문에, 더 깊은 연구를 위한 독서와 관련하여 몇 가지를 제안하는 것 이상은 할 수 없다. 그렇지만 다음 책들은 어떤 이들에게 유용할 것이다. 이 책들은 상당히 다른 기독교 전통들에서 나왔지만, 모두 현대 기독교 신앙의 중심 사안들을 다룬다. 소개하는 책의 모든 내용에 동의해서가 아니라 관련된 사안들에 대한 생각을 자극하기 때문에 언급하는 것임을 밝힌다.

Ali, Michael Nazir. *From Everywhere to Everywhere: A World View of Christian Mission* (London: Collins, 1990).

Alton, David. *Faith in Britain* (London: Hodder and Stoughton, 1991).

Bauckham, Richard. *The Bible in Politics: How to Read the Bible Politically* (Louisville: Westminster/John Knox Press, 1990).

Birch, Charles, William Eakin, and Jay McDaniel, eds. *Liberating Life: Contemporary Approaches to Ecological Theology* (Maryknoll: Orbis, 1990).

Doctrine Commission of the Church of England. *We Believe in God* (London: Church House, 1987).

Dorr, Donal. *Spirituality and Justice* (Maryknoll: Orbis, 1985). 『영성과 정의』(분도출판사).

Elliott, Charles. *Praying the Kingdom: Towards a Political Spirituality* (Mahwah: Paulist Press, 1986).

Foster, Richard J. *Money, Sex and Power: The Spiritual Disciplines of Poverty Chastity and Obedience* (London: Hodder and Stoughton, 1985). 『돈 섹스 권력』(두란노).

Goudzwaard, Bob. *Idols of Our Time* (Downers Grove, Illinois: InterVarsity Press, 1984). 『현대 우상, 이데올로기』(IVP).

Hughes, Gerard W. *God of Surprises* (London: Darton, Longman and Todd, 1985). 『놀라우신 하느님』(성바오로 출판사).

McLoughrey, Roy. *The Eye of the Needle* (Leicester: InterVarsity Press, 1990).

_____ *Taking Action* (Leicester: InterVarsity Press, 1990).

Marshall, Michael. *The Gospel Connection: A Study in Evangelism for the Nineties* (Harrisburg: Morehouse Pub., 1990).

Montefiore, Hugh. *Reclaiming the High Ground: A Christian Response to Secularism* (New York: St. Martin's Press, Inc., 1990).

Moore, Peter C. *Disarming the Secular Gods* (Downers Grove, Illinois: InterVarsity Press, 1989).

Neill, Stephen C. *Crises of Belief* (London: Hodder and Stoughton, 1984).

Newbigin, Lesslie. *The Other Side of 1984: Questions for the Churches* (London: World Council of Churches, 1984). 『서구 기독교의 위기』(대한기독교서회).

Newbigin, Lesslie. *The Gospel in a Pluralist Society* (London/Grand Rapids: SPCK/Eerdmans, 1990). 『다원주의 사회에서의 복음』(한국기독학생회출판부).

Samuel, Vinay, and Albrecht Hauser, eds. *Proclaiming Christ in Christ's Way: Studies in Integral Evangelism* (Oxford: Regnum Books, 1989).

Samuel, Vinay, and Christopher M. N. Sugden, eds. *A.D. 2000 and Beyond: A Mission Agenda* (Oxford: Regnum Books, 1991).

Sider, Ron. *Rich Christians in an Age of Hunger.* 2nd ed. (Irving: Word, Inc., 1990[1978]). 『가난한 시대를 사는 부유한 그리스도인』(IVP).

Stott, John R. W. *Issues Facing Christians Today: New Perspectives on Social and Moral Dilemmas.* 2nd ed. (London: Collins/Marshall Pickering, 1990[1984]). 『현대 사회 문제와 그리스도인의 책임』(IVP).

Tucker, Ruth. *Strange Gospels: A Comprehensive Survey of Cults, Alternative Religions and the New Age Movement* (London: Marshall Pickering, 1989).

Vanier, Jean. *Man and Woman He Made Them* (Mahwah: Paulist Press, 1985). 『남자와 여자』(성바오로출판사).

Walsh, Brian J., and J. Richard Middleton. *The Transforming Vision: Shaping a Christian World View* (Downers Grove, Illinois: InterVarsity Press, 1984). 『그리스도인의 비전』(IVP).

Wink, Walter. *Naming the Powers: The Language of Power in the New Testament.* The Powers, vol. 1 (Philadelphia: Fortress Press, 1984).

_____ *Unmasking the Powers: The Invisible Forces That Determine Human Existence.* The Powers, vol. 2 (Philadelphia: Fortress Press, 1986).『사탄의 가면을 벗겨라』(한국기독교연구소).

Wright, N. T. *The Crown and the Fire* (London: SPCK, 1992).『십자가를 향하여』(말씀사랑).

덧붙여, 현재 진행 중인 "The Gospel and Our Culture"(복음과 우리 문화)라는 이름의 프로젝트는 이 책에서 논의되는 사안들 중 다수를 직접 다루고 있다. (이 프로젝트는 현재 미셔널 처치 운동이란 이름으로 국내에 소개되어 있다—편집자주)

주

서문
1 Leith Anderson, *Dying for Change* (Bethany House Publishers, 1990), p. 134.

3장
2 예를 들어, 신명기 4:26, 30:19, 31:28; 예레미야 2:12, 6:19을 보라.

5장
3 이 분야에서 나를 안내해 준 Margaret Brearley 박사에게 감사를 드린다. *Christian Jewish Relations* 22 (1989), pp. 37-49에서 Matthew Fox를 비판한 내용, 그리고 *The Coiled Serpent*라는 가제로 Hodder and Stoughton에서 출판될 예정인 뉴에이지에 대한 유대-기독교적 관점의 책을 보라.
4 M. Brearley, 앞의 책을 보라.
5 진정한 성경적 "우주적 그리스도" 이미지에 관해서는 14장을 보라.
6 David Spangler, *Revelation: The Birth of a New Age* (Findhorn, 1976), pp. 74-81, 137-144와 비교해 보라. M. Brearley, 앞의 책에 추가 논의가 있다.

6장
7 나의 책 *The Crown and the Fire* (SPCK, 1992), 1부를 보라.

7장
8 이 본문에 대한 더 충분한 논의를 위해서는, 나의 책 *The Climax of the Covenant* (T&T Clark, 1991), 4장을 보라.

12장

9 이것을 골치 아픈 기독교-유대교 관계 문제에 적용한 예를 확인하려면, 나의 책 *The Climax of the Covenant*, 13장을 보라.

13장

10 *The Crown and the Fire*, 11장을 보라.

14장

11 Bishop Michael Nazir-Ali, *From Everywhere to Everywhere: A World View of Christian Mission* (Collins, 1990).
12 나의 주석 *Colossians and Philemon* (IVP, 1987)과 *The Climax of the Covenant*, 5장을 보라.
13 Josephus, *Life*, 110; 참고. 17, 167, 262

에필로그

14 창세기 2:7; 사도행전 17:25과 비교하라.

옮긴이 김소영은 연세대학교 영어영문학과를 졸업하고 장로회신학대학원에서 신학을 공부했다. 현재 시골에 살면서 번역 일을 하고 있다. 옮긴 책으로 『십자가란 무엇인가』(IVP) 등이 있다.

우상의 시대 교회의 사명

초판 발행_ 2016년 11월 7일
초판 2쇄_ 2022년 8월 5일

지은이_ 톰 라이트
옮긴이_ 김소영
펴낸이_ 정모세

펴낸곳_ 한국기독학생회출판부
등록번호_ 제2001-000198호(1978.6.1)
주소_ 04031 서울 마포구 동교로 156-10
대표 전화_ (02)337-2257 팩스_ (02)337-2258
영업 전화_ (02)338-2282 팩스_ 080-915-1515
홈페이지_ http://www.ivp.co.kr 이메일_ ivp@ivp.co.kr
ISBN 978-89-328-1461-2

ⓒ 한국기독학생회출판부 2016

책값은 뒤표지에 있습니다.
무단 전재와 복제를 금합니다.